新时代职业教育
精品规划教材

第二版

幼儿教育学

主编　杜克生　陈卫彦　钱炳君

YOUER JIAOYUXUE

中国石油大学出版社
CHINA UNIVERSITY OF PETROLEUM PRESS
山东·青岛

图书在版编目(CIP)数据

幼儿教育学 / 杜克生，陈卫彦，钱炳君主编. --2版. --青岛 ：中国石油大学出版社，2023.4
ISBN 978-7-5636-7813-6

Ⅰ. ①幼… Ⅱ. ①杜… ②陈… ③钱… Ⅲ. ①幼儿教育学－高等职业教育－教材 Ⅳ. ①G610

中国国家版本馆 CIP 数据核字(2023)第 059793 号

书　　名：幼儿教育学
主　　编：杜克生　陈卫彦　钱炳君

责任编辑：吕华华　董　然(电话 0532-86981529)
封面设计：赵志勇

出 版 者：中国石油大学出版社
(地址：山东省青岛市黄岛区长江西路 66 号　邮编：266580)
网　　址：http://cbs.upc.edu.cn
电子邮箱：84041401@qq.com
排 版 者：青岛天舒常青文化传媒有限公司
印 刷 者：沂南县汇丰印刷有限公司
发 行 者：中国石油大学出版社(电话 0532-86983437)
开　　本：710 mm×1 000 mm　1/16
印　　张：18.5
字　　数：286 千字
版 印 次：2023 年 4 月第 2 版　2023 年 4 月第 1 次印刷
书　　号：ISBN 978-7-5636-7813-6
定　　价：36.80 元

编审人员名单

主　编	杜克生	陈卫彦	钱炳君
副主编	王文娟	李尊娟	解自珍
编　委	邱继花	郑慧慧	王婷伟
	高玉珠	王　静	冯　敏
主　审	陈国琴	潘艳艳	张　伟

前言

Preface

新时代职业教育精品规划教材《幼儿教育学》自2020年出版发行以来，以其完备的教材体系、完善的教材内容、规范而灵活的编写形式、突出的师范类职业教育特色及蕴含的幼儿教育学学科特点，获得了教材选用院校的高度评价。同时，我们也积极征求相关方面包括使用教材的师生的意见和建议，并调整了编审人员组成，对教材进行了再版。此次再版，在保持原版教材基本体系、基本内容和编写风格的前提下，主要做了以下工作：

第一，将原版教材"第一章"变为"绪论"并按"绪论"的格式要求修改了其体例。

第二，重新编写了原版教材"幼儿教育思想理论的产生与发展"中的内容。

第三，调整了原版教材"幼儿园游戏活动"中有关问题的排列顺序并对有关内容进行重新编写。

第四，根据《教育部关于大力推进幼儿园与小学科学衔接的指导意见》和《幼儿园保育教育质量评估指南》的要求，重新编写了原版教材"幼儿园与小学的衔接"和"幼儿园教育评价"的相关内容。

第五，完善了原版教材中对个别概念或理论的表述。

第六，调整了原版教材中"思考与讨论""拓展阅读"等栏目。

第七，根据教育部课程思政建设相关要求，在第二版教材中重点融入了家国情怀、文化素养和道德修养等课程思政内容。

第八，针对上述修订，将原版教材每章的作业进行了相应调整。

通过以上工作，第二版教材体系更科学、更适用，内容更丰富、更完善，表述更严谨、更规范，而且紧跟党和国家有关幼儿教育的新政策、新规定，更加适应职业教育中幼儿教育专业的新形势、新要求。

目 录

Contents

绪　论 …… 1

第一章　幼儿园全面发展教育 …… 17

第一节　我国幼儿园教育的目标、任务和原则 …… 17

第二节　幼儿德育 …… 28

第三节　幼儿智育 …… 34

第四节　幼儿体育 …… 40

第五节　幼儿美育 …… 45

第六节　幼儿劳动教育 …… 51

本章作业 …… 60

第二章　幼儿园教育的基本要素 …… 64

第一节　幼儿教师 …… 64

第二节　幼　儿 …… 76

第三节　幼儿园环境 …… 82

本章作业 …… 91

第三章　幼儿园课程 …… 94

第一节　幼儿园课程概述 …… 94

第二节　幼儿园课程方案的编制 …… 102
本章作业 …… 116

第四章　幼儿园教学活动 …… 119

第一节　幼儿园教学活动概述 …… 119
第二节　幼儿园教学活动的原则、手段与方法 …… 124
第三节　幼儿园教学活动的设计、组织与指导策略 …… 133
本章作业 …… 142

第五章　幼儿园游戏活动 …… 146

第一节　幼儿游戏概述 …… 147
第二节　幼儿游戏的组织实施 …… 155
第三节　幼儿游戏的材料 …… 174
本章作业 …… 181

第六章　幼儿园日常生活活动、节日活动及娱乐活动 …… 185

第一节　幼儿园日常生活活动 …… 185
第二节　幼儿园节日活动和娱乐活动 …… 194
本章作业 …… 205

第七章　幼儿园与家庭、社区的合作 …… 208

第一节　幼儿园与家庭的合作 …… 208
第二节　幼儿园与社区的合作 …… 219
本章作业 …… 224

第八章　幼儿园与小学的衔接 …… 227

第一节　幼儿园与小学的差异及儿童升入小学后的困难 …… 227
第二节　幼儿入小学准备教育的任务、途径与方法 …… 231
本章作业 …… 243

第九章　幼儿园教育评价 …………………………………… 246

第一节　幼儿园教育评价概述 ……………………………………… 246

第二节　幼儿园教育评价的内容及标准 ……………………………… 251

第三节　幼儿园教育评价的原则、方式、方法、步骤 ……………… 268

本章作业 ……………………………………………………………… 281

参考文献 ……………………………………………………………… 285

绪　论

——教育、幼儿教育、幼儿教育学概述

对初学者来说，幼儿教育学是一门比较陌生的课程。为了帮助大家认识并了解这门课程，并为学习后续课程铺垫基础，下面我们将学习有关幼儿教育学的入门知识，包括教育的本质与分类，幼儿教育的本质、产生与发展，幼儿教育学的性质及研究内容，幼儿教育学的形成，学习幼儿教育学的意义，以及学习幼儿教育学的一般方法等内容。

一、教育的本质与分类

有关教育的概念，我们用得很多；有关各类教育，我们了解得也不少。这里，我们从学科角度阐述教育这一概念的本质，并对我国目前学校教育的类别进行归纳。

（一）教育的市质

我们常说：家庭教育对孩子起着基础性作用，学校是专门教育人的地方，社会大环境对教育的影响很重要。从上述角度来讲，教育是一个很宽泛的概念。

广义地讲，凡是增进人们的知识和技能，影响人们思想品德的活动，都是教育。这就是我们通常说的广义的教育，包括上面所说的家庭教育、学校教育、社会教育。

与广义的教育相对的就是狭义的教育。具体地讲，狭义的教育是指

在专门的教育机构中，教育者按照一定社会或阶级的要求，有目的、有计划、有组织地对受教育者的身心施加影响，促进受教育者向一定社会或阶级所要求的方向发展的实践活动。其中，专门的教育机构主要指学校。因此，狭义的教育主要指学校教育。

思考与讨论

有的成年人在小孩子面前说脏话、抽烟、乱扔垃圾，时间久了，小孩子也这样做，这是不是教育的结果？

（二）目前我国学校教育的类别

目前，我国的学校教育的层次纵向上可分为学前教育、小学教育、初中教育、高中阶段教育及高等教育。其中，学前教育又分为0～3岁的婴幼儿教育和3～6岁的幼儿教育；高等教育又分为专科教育、本科教育和研究生教育，而研究生教育还分硕士、博士两个层次的学位教育。

如果按照横向的范围分，则上述高中阶段教育包括教育系统的普通高中教育、职业高中教育、中等专业学校教育，人力资源和社会保障系统的技工学校教育及高级技工学校和技师学院教育中的中级技工教育；高等教育中的专科教育包括教育系统的高等职业院校教育、高等专科学校教育（简称“高职高专”），人力资源和社会保障系统的高级技工学校教育和技师学院中的高级技工教育；高等教育中的本科教育包括教育系统的本科院校教育、技师学院中的预备技师教育。

在上述各层次教育中，学前教育、小学教育、初中教育、普通高中教育属于基础教育。就全国范围看，目前小学教育、初中教育属于九年制义务教育。

除了上述各级各类教育外，还需要说明的是特殊教育。特殊教育的特殊性在于教育对象和教学内容、手段及方法的特殊。特殊教育既有学历教育又有非学历教育。例如，为培养残疾人开办的特教学校、为矫正问题少年开办的工读学校，都属于特殊教育机构。

思考与讨论

你是如何理解基础教育和义务教育这两个概念的?

拓展阅读

全日制高等教育和非全日制高等教育

全日制高等教育,是指具有高中阶段学历或同等学力的学生,通过国家统一组织的高等院校入学考试(即高考),通过省一级招生办公室录取,实际进入各高等院校就读,以在校学习为主而接受的高等教育。

非全日制高等教育,是指具有高中阶段学历或同等学力的学生通过多种形式接受的高等教育。目前我国非全日制高等教育的形式主要包括:函授——通过国家统一组织的高等院校入学考试(即成人高考),通过省一级招生办公室录取,通过以校外学习特别是自学为主接受的高等教育;自学考试——报名入学,平时自学,按照规定参加考试;网络教育——通过网络注册、学习、考试。

二、幼儿教育的本质、产生与发展

(一) 幼儿教育的本质

幼儿教育是对三周岁以上学龄前幼儿所实施的教育。广义的幼儿教育泛指一切影响幼儿身体成长和认知、情感、性格等方面发展的教育活动,包括家庭教育、专门的教育机构的教育、社会教育;狭义的幼儿教育是指专门的幼儿教育机构开展的幼儿教育,主要指幼儿园教育。

(二) 幼儿教育的产生

在原始社会,人类为了生存、延续,需要抚养后代,随之便产生了人类最早的幼儿教育,即原始社会的幼儿教育。可见,人类的幼儿教育是随着人类的诞生而产生的。

分析甲骨文的"教"字可以看出,在距今 3 600 多年前的殷商时期,我们国家有些文字中就已经蕴藏了幼儿教育的含义。目前我国最早有专门文字记载的关于幼儿教育的内容，可见于西汉时期戴德、戴圣汇总整理的《礼经》中的《内则》，其中的“育儿”部分记载了关于幼儿生活习惯与礼仪教育的内容，如“子能食食，教以右手；能言，男唯女俞”。

思考与讨论

在教师的指导下，分析甲骨文中“教”字的结构与含义，从中领会我国古代教育的特点。

甲骨文中的“教”字

（三）幼儿教育形式的发展

1. 原始社会的幼儿教育

原始社会初期，群婚制导致幼儿教育由整个氏族共同完成；原始社会末期，随着家庭的形成产生了家庭教育。由于原始社会生产力低下，身体素质好的人都要为了生存而奔波，幼儿教育主要由母亲和“老弱病残”完成，且以生存教育为主；整个原始社会没有阶级，因而教育没有阶级性，幼儿受到的教育是原始但平等的。

2. 奴隶社会和封建社会的幼儿教育

奴隶社会和封建社会中，幼儿教育在家族中进行。但是，随着阶级的形成，教育出现了阶级性和等级性，不同阶级甚至同一阶级不同阶层的家庭，幼儿教育的指导思想和形式是不一样的。

需要说明的是，在由家庭或家族举办的封建社会的私塾中，由于入学年龄混杂，五六岁的幼儿也有加入私塾学习的。

3. 资本主义社会的幼儿教育

18世纪中叶，英国爆发工业革命，资本主义制度在欧洲建立，工业化生产需要大批工人，妇女也被招用到工厂做工，孩子无人照看，这一现象成了社会化问题。为了解决这一问题，产生了集中照看、教育幼儿的机构，从此，人类开始了幼儿教育的社会化。

世界上第一所幼儿园的诞生特别值得一提。1837年前后，德国幼儿教育家福禄贝尔在德国布兰肯堡创办了世界上第一所具有幼儿师范性质的“保姆养成所”。为了解决保姆的实习问题,福禄贝尔创立了世界上第一所具有幼儿园性质的“游戏与作业教育所”,后改名“幼儿园”,世界上第一所幼儿园就这样诞生了。1840年,“幼儿园”的名字正式公布于世,福禄贝尔也被公认为“世界幼儿园之父”。

4. 我国幼儿教育机构的产生与发展

我国第一所幼儿园是1903年在湖北武昌创办的湖北幼稚园,我国第一所乡村幼儿园是陶行知于1927年创办的南京燕子矶幼稚园,我国最早的幼儿教育实验中心是陈鹤琴于1923年创办的南京鼓楼幼稚园。

旧中国的幼儿教育事业发展非常缓慢,1947年全国幼儿园只有1 301所。

中华人民共和国成立后,幼儿教育获得了长足的发展。到1965年,幼儿园数量就已经是1950年的10倍。但是,1966—1976年的“文化大革命”期间,我国幼儿教育遭到了严重破坏。1978年改革开放以后,我国幼儿教育得到迅速恢复和发展,尤其是中国特色社会主义进入新时代以来,其发展更是日新月异。截至2022年底,全国共有幼儿园28.12万所,在园幼儿数量达到4 805.2万人。

(四) 幼儿教育思想理论的产生和发展

1. 我国幼儿教育思想理论的产生与发展

(1) 我国古代婴幼儿教育代表性思想简介

像前文已经介绍的那样,目前我国最早有专门文字记载的关于婴幼儿教育的思想,就是《礼经》中《内则》的“育儿”部分记载的关于婴幼儿生活习惯与礼仪教育的内容,如“子能食食,教以右手;能言,男唯女俞”。

南北朝时期的文学家、教育家颜之推,在其所著的我国第一部系统性家训著作《颜氏家训》中指出:当及婴稚,识人颜色,知人喜怒,便加教诲,使为则为,使止则止。

宋朝朱熹认为“乳母之教,所系尤切”。乳母应当“宽容、慈、慧、温、良、恭、敬”,对儿童应“教之以事”。

成书于南宋时期的《三字经》,提出了“人之初,性本善,性相近,习相远”的教育观点。

以上足以说明，我国婴幼儿教育的思想理论古已有之。

思考与讨论

《礼经》是“四书五经”之一，你能说出“四书五经”包括哪些经典著作吗？

(2) 我国近现代婴幼儿教育代表性思想理论简介

① 康有为(1858—1927)。康有为是中国晚清时期重要的政治家、思想家、教育家。他不仅十分重视婴幼儿教育，而且十分重视胎教，认为“生人之本，皆在胚胎，人道之始，万化之原也”，必须“教之于未成形质之前”，才能“正生人之本，厚人道之原”，从而使人能成为“至善”之人。为了实施胎教，他专为孕妇设计了“人本院”。关于婴幼儿教育，他指出“自始生而镕铸冶斲，长后而镕铸冶斲则难”；婴儿出生满 6 个月即断奶，产母离开人本院，婴儿则被送到育婴院养育；满 3 岁后，移入慈幼院或怀幼院教养，如不设慈幼院，则仍在育婴院受教育，直到 6 岁入学为止；婴幼儿教养任务是“养儿体，乐儿魂，开儿知识。”为了做好婴幼儿阶段的教育，他提出了 17 条措施，对工作人员的任用和院址选定、院舍布置、教育目标及内容等都提出了明确要求。

康有为在我国学前教育史上首次提出了一整套儿童公育思想，设想了从胎教到婴幼儿教育的完整的学前公育教育体系。关于学校教育制度的设想反映在他 1884 年写成的《大同书》中。

自 1903 年建立第一所幼儿园后，我国具有开创性且比较著名的幼儿教育思想理论主要是陶行知、陈鹤琴及张雪门的有关思想理论。

② 陶行知(1891—1946)。陶行知是我国伟大的人民教育家。他非常重视幼儿教育，认为“幼儿教育实为人生之基础”“根本之根本”。他不仅在幼儿教育实践方面成就卓著，在幼儿教育理论方面也贡献颇多。例如，他创立了生活教育理论，认为生活是教育的中心，生活即教育，游戏即工作；他创立了教、学、做合一的教育方法，认为“教学做是一件事，不是三件

事，我们要在做上教，在做上学”“做是学的中心，也是教的中心”。他提倡要启发、解放儿童的创造力，为他们提供手脑并用的条件和机会。

陶行知有关幼儿教育的代表性著作包括《创设乡村幼稚园宣言》和《幼稚园之新大陆》等。

③ 陈鹤琴(1892—1982)。陈鹤琴是我国著名儿童教育家，一生致力于探索中国化、平民化、科学化的幼儿教育，在幼儿教育实践方面成绩卓著，在幼儿教育理论方面颇多建树。他围绕教育观(教育应当是儿童自动的学习)、教育目标(做人、做中国人、做现代中国人)、教育方法(做中教、做中学)、教育内容(大自然、大社会是我们的活教材)、教育原则(活教育十七条原则)等，创立了幼儿教育的“活教育”理论；围绕课程中心(儿童的环境即自然和社会的环境是幼稚园课程系统的中心)、课程结构(应当把幼稚园的课程打成一片，成为有系统的组织)、课程实施[幼儿经验、身心发展特点、社会发展需要是选择教材的标准，以社会、自然为中心进行综合(不是分科)的单元教学、游戏式教学等]，建立了幼儿园课程理论。他非常重视幼儿园和家庭的合作，认为只有幼儿园和幼儿家庭配合起来，才会有更好的效果。

陈鹤琴有关幼儿教育的代表性著作包括《儿童心理之研究》和《家庭教育》，以及 1927 年创办的《幼稚教育》杂志等。

思考与讨论

陶行知和陈鹤琴的幼儿教育思想是否有相似的地方？

④ 张雪门(1891—1973)。张雪门是我国著名的幼儿教育专家，在 20 世纪 30 年代，与陈鹤琴并称“南陈北张”。

张雪门认为优秀民族实基于幼稚教育，并提出改造民族幼稚教育的四项具体目标：一是铲除我民族的劣根性；二是唤起我民族的自信心；三是养成劳动与客观的习惯态度；四是锻炼我民族为争中华之自由平等而向帝国主义做斗争之决心与实力。他主张幼稚教育必须遵循三条原则：一是中国的传统文化；二是国家民族的需要；三是儿童的心理发展。其代表性学前教育理论是幼稚园课程理论。他认为生活就是教育，五六岁的孩子们在幼稚园生活的实践就是课程——行为即课程。他强调通过儿童的实际行为使其获得直接经验。同时，他要求根据儿童的能力、兴趣和需要组织教学，主张采取单元设计的方法，打破各种学科的界限。

张雪门有关幼儿教育的代表性著作包括《幼稚园教育概论》《新幼稚教育》《幼稚园的课程》和《幼稚园组织法》等。

2. 国外代表性幼儿教育思想理论简介

(1) 欧洲代表性幼儿教育思想理论

① 夸美纽斯(1592—1670)。夸美纽斯是捷克伟大的民主主义教育家，西方近代教育理论的奠基者。他的幼儿教育思想主要体现在其关于6岁以下婴幼儿家庭教育的专著《母育学校》中。关于婴幼儿教育的重要性，他认为"一切都有赖于开端""整个国家的基础在于童年的正确教育"；关于家庭教育的重要性，他认为家庭是儿童的第一所学校，家庭教育是学校教育的初步阶段，父母是孩子的第一任老师，特别是母亲对孩子的教育负有特殊的责任和义务；关于儿童家庭教育的原则、内容、方法，他认为教育应遵循儿童的自然性原则，内容应由简到繁、形成梯度、循序渐进，教育方法应简单灵活、易于操作，还制定了儿童体育、儿童智育、儿童道德"百科全书"式的启蒙教育方法。他还在该书最后专门探讨了有关幼儿入学及做好入学前准备工作的问题，并提出了许多有益的建议。

《母育学校》于1632年出版，在人类史上首次制定了6岁以下儿童详细教育大纲，被认为是世界上第一部学前家庭教育专著。

② 福禄贝尔(1782—1852)。福禄贝尔不仅创办了世界上第一所幼儿园，而且创立了一整套幼儿教育理论和教育方法及教材、玩具等，其教育思想主要包括：幼儿自我发展原理，认为幼儿的行为是其内在生命形式的表现，是由内在的动机支配的；游戏理论，他是第一个阐明游戏教育价值的人，认为游戏是起于快乐而终于智慧的学习；协调发展理论，认为人是环境中的人，人的发展应当与社会和自然环境协调一致；亲子教育观，认为要让孩子在爱中成长，父母应多给孩子爱的教育。

福禄贝尔教育理论中带有浓厚的宗教色彩和唯心主义观点，但他在实践上和理论上推动了各国幼儿园的建立和幼儿教育学的研究,使幼儿教育成为教育体系中一个独立的领域,从普通教育学中分化出来,开始形成一门独立的学科并初步发展起来。

福禄贝尔的主要教育类著作有《人的教育》《幼儿园教育学》和《慈母游戏和儿歌》。

③ 蒙台梭利(1870—1952)。蒙台梭利是意大利儿童教育家,1907 年在罗马贫民区创办“幼儿之家”,创建了后来以她的名字命名的幼儿教育方法——蒙台梭利教育法,也称蒙氏教育法。蒙台梭利被誉为 20 世纪初的幼儿园改革家。

蒙台梭利通过自己对婴幼儿的观察和研究,认为“人类在三岁前吸收获取的知识和能力,相当于成人花六十年获得的知识”,这引起她对婴幼儿教育的极端重视。

蒙台梭利的幼儿教育思想主要包括以下内容:

第一,儿童自我学习的法则。提倡注重培养和保护儿童自身的学习积极性。

第二,重视教育环境的作用。教育就是给儿童创造一个好的学习环境。

第三,教师的作用。儿童自由学习的质量是由教师的质量决定的,正是教师才使儿童的自由得以实现。

第四,儿童自由和作业组织相结合的原则。给予儿童自由和教师对于作业的组织是一个统一体的两个侧面。

第五,重视感觉教育。必须对儿童进行系统的和多方面的感官训练,使他们通过与外部世界的直接接触发展敏锐的感觉和观察力,为高级的智力活动和思维发展奠定基础。

蒙台梭利的著作收录在《蒙台梭利文集》中。

(2) 美国代表性幼儿教育思想理论

近代以来,在欧洲幼儿教育思想影响下,美国探索出了具有自身特色的幼儿教育思想理论体系,这一思想理论体系最著名的代表人物是杜威。

杜威(1859—1952)是美国哲学家、教育家,在教育实践方面做出了非常大的贡献，在儿童观、教育价值观、课程及教学方法论等方面所提出的新观念、新思想对传统学前教育的改革起到了巨大的推动作用，被誉为20世纪影响最大的教育家。“教育即生活、教育即生长、教育即经验的不断改造”是杜威教育本质的观点。他提出的“做中学”“儿童中心主义”思想更是现代教育的重要指导思想。

我国著名教育家陶行知、陈鹤琴都曾经在哥伦比亚大学师从于杜威，此外，五四运动时期，杜威在中国待了一年之久，曾在北京、南京、杭州等地讲学。所以，杜威的教育主张传播到了我国，影响了我国教育尤其是幼儿教育的发展。

杜威有关教育的著作包括《我的教育信条》《教育哲学》《明日之学校》《儿童与教材》《学校与社会》和《经验和教育》等。

(3) 苏联代表性幼儿教育思想理论

中华人民共和国成立初期，我国在很大程度上借鉴了苏联的教育思想，包括幼儿教育指导思想。苏霍姆林斯基、马卡连柯、凯洛夫是苏联对我国教育影响较大的几位教育家。

苏霍姆林斯基(1918—1970)是苏联著名教育实践家和教育理论家，他从多角度论述了教育目的，提出了“培养共产主义建设者”“培养全面和谐发展的人”“聪明的人”“幸福的人”“合格的公民”等，其中最集中也最深刻的一个观点是要把青少年培养成为“全面和谐发展的人，社会进步的积极参与者”，而培养这种人需要实现全面发展的教育任务，即应使“智育、体育、德育、劳动教育和审美教育深入地相互渗透和相互交织在一起，使这几个方面的教育呈现一个统一的完整的过程”。

作为一位从教育实践一线成长起来的教育家，苏霍姆林斯基对教学和学校管理也有丰富、系统、独到的建树。

苏霍姆林斯基有关教育的著作包括《教育的艺术》《给教师的一百条建议》《把整个心灵献给孩子》和《怎样培养真正的人》等。

思考与讨论

查找资料，说出马卡连柯和凯洛夫对我国教育影响最大的代表性著作,并简述其主要内容。

三、幼儿教育学的性质及研究内容

幼儿教育学是一门通过研究幼儿教育现象,揭示幼儿教育规律和幼儿教育机构的工作规律的科学。可见,幼儿教育学是人们在幼儿教育的实践经验中总结提炼出来的教育理论,是一门应用科学。

具体来讲,我们所学习的幼儿教育学,在揭示教育、幼儿教育的本质及幼儿教育产生和发展过程的基础上,以幼儿园全面发展教育为统领,研究幼儿园教育的基本要素,幼儿园课程,幼儿园教学活动,幼儿园游戏活动,幼儿园日常生活活动、节日活动及娱乐活动,幼儿园与家庭和社区的合作,幼儿园与小学的衔接,幼儿园教育评估等内容。

四、幼儿教育学的形成

(一) 国外幼儿教育学的诞生

幼儿教育学真正成为一门独立的学科,是从福禄贝尔开始的。他的主要著作有《人的教育》(1826)、《慈母游戏和儿歌》(1843)、《幼儿园教育学》(福禄贝尔去世后,由他人整理其原稿并于1861年出版)。虽然福禄贝尔教育理论中有唯心主义观点,但他在实践和理论上推动了各国幼儿园的建立和幼儿教育学的研究,使幼儿教育学从普通教育学中分化出来,开始形成一门独立的学科并初步发展起来。

(二) 我国幼儿教育学的诞生

20世纪20年代,陈鹤琴对幼儿园的课程、教材、教学方法和设备进行了实验研究,1925年出版了《儿童心理之研究》《家庭教育》,1927年与陶行知等创办了幼稚教育研究会及《幼稚教育》杂志。同期,陶行知创办农村和工厂幼儿园,发表了《创设乡村幼稚园宣言》《幼稚园之新大陆》等名篇。

我国现代著名幼儿教育家张雪门(1891—1973)于1930年主编了"幼稚师范丛书",1931年出版了《幼稚园教育概论》等著作。

以上理论成果标志着我国幼儿园教育学的初步形成。

需要特别说明的是，我们通常说的幼儿教育学即我们要学习的幼儿教育学，严格来讲应当称为“幼儿园教育学”，只是习惯了“幼儿教育学”的说法便约定俗成了。

五、学习幼儿教育学的意义

（一）增强幼儿教育事业责任感

通过学习幼儿教育学，深刻认识幼儿教育的本质、意义，深入了解幼儿教育产生和发展的历史，明确自己作为一名幼儿教师的地位和责任，增强自己对幼儿教育事业的责任感，鞭策自己在校努力学习、参加工作后努力进取。

（二）促进本专业整体学习质量的提高

本课程是幼儿教育专业一门重要的必开课程，不仅与心理学、教学法等课程关系密切，而且可为学习本专业其他专业课程奠定基础。此外，学习本课程还能用学到的相关知识指导自己的教育实习活动。总之，学好本课程能够促进本专业整体学习质量的提高。

（三）为今后幼儿教育生涯奠定基础

通过学习幼儿教育学，可以系统掌握幼儿教育基础知识和基本理论，为参加工作后科学施教奠定坚实的基础，以使我们少走弯路、多出成绩。而且，有科学系统的理论作为指导，能够帮助我们科学地进行教学研究，促进我们取得新的理论成果，丰富和创新幼儿教育学，为幼儿教育学的发展做出自己的贡献。

六、学习幼儿教育学的一般方法

（一）明确学科内容的体系

要学习一门课程，在明确这门课程性质的基础上，必须明确该课程的知识体系，只有这样，才能做到对这门课程有整体性的把握，便于使学习内容条理化，正所谓“纲举目张”。

我们所学习的《幼儿教育学》除绪论外共分九章，即幼儿园全面发展教育,幼儿园教育的基本要素,幼儿园课程,幼儿园教学活动,幼儿园游戏活动,幼儿园日常生活活动、节日活动及娱乐活动,幼儿园与家庭、社区的合作,幼儿园与小学的衔接,幼儿园教育评价。可以看出,课程体系非常完善,各章之间逻辑关系非常紧密,有利于大家把握该学科的整体内容。

(二) 学好学科基本概念、基本理论和基本方法

学科基本概念、基本理论和基本方法是指导今后幼儿教育工作的重要基础。此外,作为师范类专业的学生,需要考取相关职业资格证书,而教育学是必考科目,其中基本概念、基本理论、基本方法是重点内容。

我们所学习的幼儿教育学,全面贯彻新时代党的教育方针的新要求和习近平新时代中国特色社会主义教育思想,围绕 2016 年最新修订实施的《幼儿园工作规程》等有关幼儿教育的法规、纲要、指南,结合新时代幼儿园教育实际,揭示基本概念,阐述基本理论,讨论基本方法,将理论与实践相结合,用实践验证理论,让理论指导实践。本课程依据职业教育的应用型特点,遵循理论够用、技能过硬的职业教育教学原则,对于纯粹理论性内容,侧重结论介绍,不涉及深入的论证、广泛的延伸。可见,这门课程内容完备、行文精练,具有很强的实用性和适用性。

(三) 处理好各门课程的相互关系

幼儿教育学是学前教育(幼儿教育)专业的一门重要课程,其各门专业课的教学法部分都是在幼儿教育学有关理论的指导下进行研究、讨论的。学好幼儿教育学是学习各门专业课教学法的基础。

幼儿心理学和幼儿卫生学等课程。为幼儿教育学的研究提供了科学的依据。要学好幼儿教育学,必须学习这些课程。

鉴于幼儿教育学涉及领域广泛,学习有关社会科学如哲学、社会学、语言学、美学等,有关自然科学如数学、物理学、生物学等,对于学好幼儿教育学都具有积极的作用。

(四) 认真学习党的教育方针和有关政策与法律法规

我们开设的幼儿教育学,不仅认真贯彻党的教育方针,还紧紧围绕党和国家有关幼儿教育的政策和法律法规,如《幼儿园工作规程》《幼儿园教

育指导纲要》《3—6岁儿童学习与发展指南》《幼儿园保育与教育质量评估指南》《幼儿园教师专业标准》等。认真学习党的教育方针和有关政策与法律法规，不仅能够保证本学科的学习质量，而且可为毕业后在幼儿教育的实际工作过程中依法执教奠定坚实的基础。

（五）注重理论联系实际

理论联系实际是学习任何一门课程都必须遵循的原则和方法。在学习幼儿教育学的过程中，要有目的、有计划地深入幼儿园实习，通过观察、学习、实践，加深对幼儿教育学有关知识的理解，在锻炼中提升技能水平；要有针对性地深入家庭及社区参观、走访、调查，尝试一些教育活动，探索一些教育试验，在促进幼儿教育学学习的同时，为今后工作的开展奠定基础；要关心有关社会现象，关注有关社会信息，尝试用学过的幼儿教育学知识对社会上出现的有关幼儿教育的现象、问题、思潮、观点进行分析、思考、辨别、判断，促进学科学习效果，增强分析、判断、解决问题的能力，助推自己尽快成长为一名具备综合素质的幼儿教育教师。

本章作业

一、复习绪论内容，列出绪论内容四级目录总结表

二、填空题（将下列各题的正确答案填在横线上）

1. 广义的教育包括________教育、________教育、________教育三种类型，狭义的教育主要是指其中的________教育。

2. 幼儿教育是对________周岁以上学龄前幼儿所实施的教育；狭义的幼儿教育是指专门的____________开展的幼儿教育，主要是指幼儿园教育。

3. 世界上第一所幼儿园是德国幼儿教育家________创办的，幼儿园的名字于________年正式公布于世。

4. 我国第一所幼儿园是清政府于1903年创办的____________，我国第一所乡村幼儿园是________于1927年创办的____________，我国最早的幼儿教育实验中心是________于 1923 年创办的________________。

5. 中华人民共和国成立以来，经国务院批准颁布、实施的第一部幼儿教育法规，是原国家教育委员会发布，自 1990 年 2 月 1 日起试行的________________。

6. 蒙氏教育法是以意大利儿童教育家________的名字命名的。

7. ________提出的“做中学”“儿童中心主义”思想是现代幼儿教育的指导思想之一。

8. 对我国教育影响最大的几位苏联教育家分别是____________、____________、____________。

9. 我国伟大的人民教育家________创立了生活教育理论和________、________、________合一的教育方法；我国著名儿童教育家陈鹤琴创立了幼儿教育的________理论。

10. 对我国幼儿教育学做出奠基性贡献的教育家是________、________、________。

三、判断题（正确的填“√”，错误的填“×”）

1. 就世界范围看，幼儿教育学真正成为一门独立的学科，是从捷克教育家夸美纽斯开始的。（　　）

2. 幼儿教育是随着人类的产生而产生的。（　　）

3. 教育自产生以来便具有阶级性。（　　）

4. 社会生产的工业化促使幼儿教育社会化。（　　）

5. 比较系统的幼儿教育思想首先产生于美国。（　　）

6. 苏联著名教育家马卡连柯的代表作是《教育学》，凯洛夫的代表作是《教育诗》。

四、选择题（将正确选项的代号填在括号中，每题可能有一个或多个正确选项）

1. 就目前我国教育的整体情况看，下列各阶段教育属于义务教育的是（　　）。

A. 学前教育　　B. 小学教育　　C. 初中教育　　D. 普通高中教育

2. 目前我国的高中阶段教育包括（　　）。

A. 普通高中教育

B. 职业高中教育

C. 职业中专教育

D. 技工学校、高级技工学校及技师学院的中级技工教育

3. 世界上第一个阐明游戏教育价值的人是(　　)。

A. 福禄贝尔　　B. 蒙台梭利　　C. 杜威　　D. 苏霍姆林斯基

4. 1861 年出版的《幼儿园教育学》的作者是(　　)。

A. 福禄贝尔　　B. 杜威　　C. 马卡连柯　　D. 陶行知

5. 1931 年我国商务印书馆出版的《幼稚园教育概论》的作者是(　　)。

A. 陶行知　　B. 张雪门　　C. 陈鹤琴　　D. 凯洛夫

五、问答题

1. 学校教育的本质是什么?

2. 简述苏霍姆林斯基的教育思想。

3. 简述陈鹤琴的幼儿教育思想。

4. 你打算如何学习幼儿教育学这门课程?

六、实践题

邀请已经参加工作的优秀毕业生来校为大家做关于学好幼儿教育学的专题报告,报告的主要内容为幼儿教育学与幼儿教育工作的关系以及如何学习幼儿教育学。

报告会结束以后,请同学们写出以个人对幼儿教育学的认识以及打算如何学习幼儿教育学为主要内容的学习体会,并在班级宣传栏开设一期“我与幼儿教育学”专栏。

第一章

幼儿园全面发展教育

本章引言

幼儿园的一切保育和教育工作，都必须自觉贯彻党和国家的教育方针，围绕幼儿园教育目标，遵循幼儿园教育原则，完成幼儿园教育任务，使幼儿在德智体美劳各方面都得到发展。

作为本教材以下各章的统领，本章中我们首先学习党和国家的教育方针以及幼儿园教育的目标、任务和原则，然后分节学习幼儿园德育、智育、体育、美育、劳动教育，包括其含义及意义、目标与内容、实施途径与手段，以及实施过程中应当注意的问题等内容。

第一节　我国幼儿园教育的目标、任务和原则

本节中，我们将在熟悉党和国家教育方针的基础上，学习幼儿园教育的目标、任务以及幼儿园教育应当遵循的原则。

一、党和国家的教育方针

教育方针是一个国家或政党在一定历史时期，根据社会政治经济发展需要、国家现实状况与发展趋势，通过一定的法定程序制定的，为教育

事业确立的总的工作方向和奋斗目标，是教育基本政策的总概括。教育方针的基本内容主要包括教育发展的指导思想、教育目的、实施途径几个方面。

（一）新中国党和国家教育方针的提出

1957年，毛泽东同志在《关于正确处理人民内部矛盾的问题》一文中指出："我们的教育方针，应该使受教育者在德育、智育、体育几方面都得到发展，成为有社会主义觉悟的有文化的劳动者。"1958年，中共中央、国务院在《关于教育工作的指示》中明确指出："教育的目的，是培养有社会主义觉悟的有文化的劳动者。"

（二）改革开放初期党和国家教育方针的表述

20世纪80年代，邓小平同志完整地提出了"有理想、有道德、有文化、有纪律"的"四有"教育思想。1981年，中共中央在《关于建国以来党的若干历史问题的决议》中提出"坚持德智体全面发展、又红又专、知识分子与工人农民相结合，脑力劳动与体力劳动相结合的教育方针"。

（三）《中华人民共和国教育法》对党和国家教育方针的表述

1995年，全国人民代表大会通过了《中华人民共和国教育法》（以下简称《教育法》），把党的教育方针通过法律形式转化为国家意志。《教育法》分别于2009年和2015年经历了两次修正。2015年12月全国人大常委会审议通过修正的《教育法》将教育方针规定为："教育必须为社会主义现代化建设服务、为人民服务，必须与生产劳动和社会实践相结合，培养德、智、体、美等方面全面发展的社会主义建设者和接班人。"

（四）新时代党和国家教育方针的新内涵

中国特色社会主义进入新时代以来，以习近平同志为核心的党中央高度重视党和国家的教育事业，围绕"培养什么人、怎样培养人、为谁培养人"这一根本问题提出了一系列富有创见的新理念、新思想、新观点，系统回答了一系列方向性、全局性、战略性重大问题，为教育事业发展提供了根本遵循。

在2018年9月召开的全国教育大会上，习近平同志提出，教育必须把培养社会主义建设者和接班人作为根本任务，培养一代又一代拥护中国共产党领导和我国社会主义制度、立志为中国特色社会主义奋斗终身的有用人才。要努力构建德智体美劳全面培养的教育体系，形成更高水平的人才培养体系。

2019 年 3 月 18 日，习近平总书记在主持召开学校思想政治理论课教师座谈会上强调，新时代贯彻党的教育方针，要坚持马克思主义指导地位，贯彻习近平新时代中国特色社会主义思想，坚持社会主义办学方向，落实立德树人的根本任务，坚持教育为人民服务、为中国共产党治国理政服务、为巩固和发展中国特色社会主义制度服务、为改革开放和社会主义现代化建设服务，扎根中国大地办教育，同生产劳动和社会实践相结合，加快推进教育现代化、建设教育强国、办好人民满意的教育，努力培养担当民族复兴大任的时代新人，培养德智体美劳全面发展的社会主义建设者和接班人。

思考与讨论

邓小平同志的“四有”教育思想具体是在哪一年什么场合下提出来的？

二、幼儿园教育的目标

幼儿园教育的目标包括幼儿园教育的国家目标和各个幼儿园的具体教育目标。

（一）幼儿园教育的国家目标

1. 幼儿园教育的国家目标的性质与作用

幼儿园教育的国家目标，是党和国家的教育方针在幼儿园教育这一阶段的具体化，是国家对幼儿园提出的培养人的规格和要求，是全国各类型幼儿教育机构统一的指导思想，是确定幼儿园教育任务、评估幼儿园教育质量的根本依据。国家通过这一目标对全国幼儿园教育进行领导和调控。

2. 制订幼儿园教育的国家目标的依据

(1) 党和国家的教育方针

在党和国家的教育方针总的要求之下,制订幼儿园教育的国家教育目标。

(2) 幼儿的年龄特征及身心发展特点

幼儿的年龄特征和身心发展特点决定了其接受教育的可能性,也是制订国家教育目标的依据之一。具体说来,幼儿的发展是有一定年龄特征和规律的,是按照一定顺序、不断地从低级到高级发展的过程,教育目标如果不符合幼儿身心发展的需要和可能性,就不可能实现。所以,教育目标的制订必须符合幼儿的年龄特征及身心发展特点。

3. 幼儿园教育国家目标的内容

教育部 2015 年通过、2016 年实施的《幼儿园工作规程》,明确提出了我国幼儿园保育和教育的国家目标:促进幼儿身体正常发育和机能的协调发展,增强体质,促进心理健康,培养良好的生活习惯、卫生习惯和参加体育活动的兴趣;发展幼儿智力,培养正确运用感官和运用语言交往的基本能力,增进对环境的认识,培养有益的兴趣和求知欲望,培养初步的动手探究能力;萌发幼儿爱祖国、爱家乡、爱集体、爱劳动、爱科学的情感,培养诚实、自信、友爱、勇敢、勤学、好问、爱护公物、克服困难、讲礼貌、守纪律等良好的品德行为和习惯,以及活泼开朗的性格;培养幼儿初步感受美和表现美的情趣和能力。

总结上述内容,可以用一句话概括幼儿园教育国家目标的内容:使幼儿在德智体美等方面全面发展。

拓展阅读

请上网搜索 2015 年通过、2016 年实施的《幼儿园工作规程》,查找并学习其中幼儿园教育国家目标的内容。

(二) 幼儿园具体教育目标

1. 幼儿园具体教育目标的含义及特点

幼儿园具体教育目标,是指每个幼儿园根据党的教育方针和幼儿园教育的国家目标，结合本园的具体情况制订的幼儿园自己的教育目标。幼儿园具体教育目标既体现了国家对幼儿教育的一般要求，又具有其本身的特色。

2. 幼儿园具体教育目标的分类

(1) 按时间范围划分

按时间范围，幼儿园具体教育目标分为以下四个层次：第一层次，学年教育目标；第二层次，学期教育目标；第三层次，一个月或一周或一个单元活动的教育目标，单元既可以是主题活动单元，又可以是教材单元；第四层次，一日或一个活动的教育目标。

(2) 按教育目标指导的范围划分

按这一标准，幼儿园具体教育目标分为以下四个层次：第一层次，指导本园的教育目标；第二层次，指导一个年级的教育目标；第三层次，指导一个班级的教育目标；第四层次，指导每个个体的教育目标。

3. 制订幼儿园具体教育目标应注意的问题

(1) 教育目标涵盖的内容要全面

分析总结许多幼儿园的具体教育目标可以看出，有的幼儿园制订的具体教育目标出现了偏差，除了在德智体美劳各育中或重智轻德，或重体轻智外，在每一领域的教育中也有类似情况出现。例如，在德育中重视社会常识的掌握而轻视道德情感的培养，在智育中重知识轻技能或重知识、技能轻智力培养，在体育中重视动作技能的发展而轻视生活与卫生习惯的培养，在美育中重视艺术技能的掌握而轻视审美情操和创造性的培养，在劳动教育中重视劳动技能的掌握而轻视劳动习惯的培养。这些问题提醒我们，幼儿园教育目标不论分解到哪一层，都要保证教育目标的整体结构不受损害，教育目标所涵盖的内容要全面协调，即包括幼儿全面发展的各个方面和每个方面的全部内容。

(2) 教育目标要有连续性和一致性

幼儿园教育目标的实现，要分若干个不同的阶段来完成，每个阶段的目标之间要互相衔接，体现幼儿身心发展的渐进性和连续性。另外，幼儿园教育的下层目标和上层目标之间、局部目标与整体目标之间要协调一致，以保证每一个具体目标的完成都成为其上、下目标实现的有效环节，都有利于总目标的实现。

三、幼儿园教育的任务

（一）幼儿园任务的内容

《幼儿园工作规程》第三条明确指出：

幼儿园的任务是：贯彻国家的教育方针，按照保育与教育相结合的原则，遵循幼儿身心发展特点和规律，实施德、智、体、美等方面全面发展的教育，促进幼儿身心和谐发展。幼儿园同时面向幼儿家长提供科学育儿指导。

简而言之，上述幼儿园的任务可以总结为两条：第一，对幼儿进行保育和教育；第二，面向幼儿家长提供育儿指导。可见，幼儿园是肩负着双重任务的。

思考与讨论

有人认为，幼儿园的双重任务是对幼儿进行保育和教育；有人认为，幼儿园的双重任务是对幼儿进行保育和教育，为家长工作和学习提供便利条件。请说说你对这两种观点的看法。

（二）新时代幼儿园任务的特点

随着中国特色社会主义进入新时代，我国的幼儿教育发生了许多新的变化，幼儿园的任务也随之产生了许多新的特点。

1. 时代对幼儿素质的培养提出了更高的要求

科学技术的日新月异、经济社会的迅速发展，对幼儿素质的培养提出了更高的要求。幼儿园教育必须从素质教育入手，对教育思想、教育内容、教育形式、教育方法等全面地进行改革。否则，幼儿园就难以跟上时代发展的步伐。

2. 家长对幼儿园教育的质量寄予了更高的期望

随着社会的进步，家长的水平不断提高，对幼儿教育重要性的认识不断提高，对幼儿园保育和教育质量的要求也不断提高，幼儿园办园质量的高低成为家长最关心的问题，只有那些保育和教育质量都很高的幼儿园，才能满足家长的愿望。因此，提高保育和教育的质量成为幼儿园生存和发展的关键所在。

3. 家长对幼儿园服务的范围和水平提出了更高的要求

随着社会的不断发展及家长水平的不断提高，家长工作、学习、生活的方式越来越多样化。家长希望幼儿园为家长服务，包括幼儿园向家长进行育儿指导的范围不断扩大、方式更加灵活、水平不断提高，这就促使幼儿园在办园形式、管理制度、收托时间、保教范围、运作机制以及指导家长的水平和方式方法等各方面深化改革，以适应家长工作、学习、生活方式的变化以及育儿水平的不断提高。

拓展阅读

素质与素质教育

素：元素、要素。质：质量或水平，即通常讲的好与差。用素质衡量人，是指评价人的体质、品质和能力水平的总和。

人的素质具有几种性质：整体性，即素质各要素之间相互作用；基础性，即素质对人的发展起基础性作用；潜在性，即素质在客观现实中的适当条件下才能表现出来。此外，人的素质相对来看具有稳定性，但也不是一成不变的，所以从长远来看，其具有发展性。

素质教育是指促进人的素质全面发展的教育活动。

思考与讨论

你知道人的体质的含义吗？

四、幼儿园教育的原则

（一）幼儿园教育原则的含义

幼儿园教育的原则，是根据党的教育方针、幼儿园教育的国家目标和幼儿园具体教育目标，在总结幼儿教育实践的基础上提出来的，幼儿教师为了完成教育任务，达到教育目标，在对幼儿进行教育的过程中必须遵循的基本要求。

（二）幼儿园教育原则的内容

《幼儿园工作规程》第二十五条明确提出了幼儿园教育应当贯彻的六项原则和要求，为了便于大家学习、理解、记忆、应用，我们将这些原则和要求进行归纳，形成了幼儿园教育应当遵循的六大原则。

1.促进幼儿全面发展的原则

这一原则，对应的是《幼儿园工作规程》第二十五条："（一）德、智、体、美等方面的教育应当互相渗透，有机结合。"贯彻这一原则应当注意以下两点：

第一，幼儿的发展是德智体美劳所有领域整体的发展，而不是某一领域片面的发展。当前，个别幼儿园为了追求所谓的品牌，实际上最终是为了追求效益，举办所谓的智力开发、艺术发展等特长教育年龄班，办园方向明显偏离全面发展的幼儿教育原则，是不符合教育规律尤其是幼儿教育规律的，当然也不符合党和国家的要求。

第二，幼儿的发展是德智体美劳各领域内部各个方面的协调发展，而不是某一方面片面的发展。例如在幼儿体育领域，幼儿生理方面身体的各个器官、各系统机能的协调发展；幼儿心理方面各种心理机能包括认知、情感、性格、社会性等方面的协调发展；幼儿的生理机能和心理机能的协调发展。

2.促进幼儿个性发展的原则

这一原则，对应的是《幼儿园工作规程》第二十五条："（二）遵循幼儿身心发展规律，符合幼儿年龄特点，注重个体差异，因人施教，引导幼儿个性健康发展。"

贯彻这一原则，应当注意处理好幼儿的全面发展与个性发展的关系，正确的观点与做法是，引导幼儿在全面发展的基础上进行个性发展，即在认真贯彻党的教育方针和幼儿园教育目标，引导幼儿德智体美劳全面发展的基础上，根据每个幼儿的特点和可能性，引导幼儿充分发挥各自的潜能，实现有自我特色的发展。当前，个别幼儿园片面理解幼儿园教育目标的内涵，机械追求幼儿园教育目标的实现，在幼儿教育过程中，采取像工厂里自动化批量生产同一批次的产品那样的做法，实行“流水线操作”或者“模具化生产”，其结果是埋没了幼儿的个性，不利于人才的培养，也不利于社会的发展。

3. 面向全体，热爱幼儿，开展正面教育的原则

这一原则，对应的是《幼儿园工作规程》第二十五条：“（三）面向全体幼儿，热爱幼儿，坚持积极鼓励、启发引导的正面教育。”贯彻这一原则应当注意以下三点：

第一，教育要促进每个幼儿在自身原有基础上实现最大限度的发展。要做到这一点，教师对幼儿开展教育的过程中要面对每个幼儿，而不能把精力只用在那些表现突出的幼儿身上。当然，面向全体幼儿开展教育，要正视幼儿之间在兴趣、需求、能力等方面的不同，有针对性地引导每个幼儿，实现其自身原有基础上最大限度的发展，而不能搞“一刀切”，不切实际地追求全体幼儿在所有方面都必须达到同等水平、同样的高度。

第二，幼儿教师要热爱幼儿。幼儿教育实践证明，没有对幼儿的爱，做好幼教工作就是一句空话。爱幼儿，体现在具体的幼教工作中，最基本的是尊重幼儿人格尊严，保障幼儿合法权益。幼儿比成年人享有更多的合法权益，但是幼儿的很多权益又需要成年人的引导甚至保护才能实现，幼儿教师只有从内心深处关注、关心、关爱幼儿，才能充分保障幼儿合法权益的实现。

第三，在对幼儿开展教育的过程中，要努力做到以鼓励、启发、引导等正面教育为主。需要指出的是，这与幼儿出现问题时教师对其讲清危害、责任，幼儿发生过激行为时教师对其及时制止并不矛盾。事实上，在“讲清”“制止”的过程中，需要教师启发幼儿认识到问题与过激行为的危害，引导幼儿认识到如何才能向积极的方向发展，而一旦幼儿有了积极的表现，教师当然要给予表扬并鼓励幼儿继续进步。

4.发挥幼儿一日活动整体教育功能的原则

这一原则，对应的是《幼儿园工作规程》第二十五条："（四）综合组织健康、语言、社会、科学、艺术各领域的教育内容，渗透于幼儿一日生活的各项活动中，充分发挥各种教育手段的交互作用。"贯彻这一原则，应当注意以下几点：

第一，幼儿园健康、语言、社会、科学、艺术等各领域课程，分别侧重从不同的角度促进幼儿某一方向的发展，但是，各领域课程之间不是孤立的，而是相互渗透、相互促进的，共同形成幼儿全面发展的教育内容的整体。

第二，保育和教育要相互结合。幼儿园教育的实践告诉我们，对幼儿的保育和教育是可以在同一活动过程中实现的。一方面，对幼儿实施保育的过程，实质上也是对幼儿德智体美劳各方面实施有效影响的过程。另一方面，对幼儿进行教育的过程中包含了保育的成分。那种认为保育是保育员的事、教育是教师的事，或者认为保教结合就是保育员和教师的简单配合的观点和做法，是片面的，也是肤浅的，很不利于发挥幼儿在园一日活动的整体教育功能。

第三，综合运用各种教育手段。幼儿在园一日各种内容和各种形式的活动不可偏废，无论是幼儿"吃喝拉撒睡"一类的生活活动还是对幼儿开展的各领域专门的教育活动，无论是有组织开展的活动还是幼儿自主进行的活动，对幼儿的发展各具不同的教育作用，都是不可缺少的。但是，幼儿在园一日的所有活动，必须统一在共同的教育目标之下，形成合力，只有这样，才能发挥整体教育功能。例如，培养幼儿的独立性，就需要在保育活动中培养幼儿自己吃饭、穿衣、上厕所等自理能力；在教育活动中启发幼儿独立思考，独立克服困难，独立完成任务。

思考与讨论

请分别举出对幼儿的保育中蕴含着教育精神、对幼儿的教育中蕴含着保育成分的具体例子。

拓展阅读

教育手段

教育手段是指教育者为达到一定的教育目的所采用的活动方式和方法的总称，主要指各种教育工具、教育方法和教育组织形式等。随着现代科学技术的发展，现代教育技术在教育领域中得到广泛运用，教育手段也不断丰富和发展，并使教育方法和组织形式发生了革命性变化。

5. 以游戏为基本活动，寓教育于各项活动中的原则

这一原则，对应的是《幼儿园工作规程》第二十五条："（五）以游戏为基本活动，寓教育于各项活动之中。"贯彻这一原则，应当注意以下三点：

第一，幼儿身心发展的特点，决定了他们不能像中小学学生那样主要通过课堂上书本知识的学习获得发展，而是主要在活动中通过实际操作及与人交往，接触各种事务和现象，学习知识、技能并积累经验。游戏是最适合幼儿阶段的活动，因此，应当把游戏作为幼儿园教育的基本活动。

第二，满足幼儿对各种可行性游戏的需求，充分利用游戏（包括幼儿的自发性游戏），组织幼儿园的各类教育活动，寓教育于各项活动中。

第三，在组织幼儿游戏的过程中，要重视幼儿在游戏过程中的自主性。

关于幼儿园游戏活动的内容，我们将在本书第五章中专门学习。

6. 创设适应幼儿活动和发展环境的原则

这一原则，对应的是《幼儿园工作规程》第二十五条："（六）创设与教育相适应的良好环境，为幼儿提供活动和表现能力的机会与条件。"贯彻这一原则，应当注意以下三点：

第一，充分认识适宜的环境在幼儿园教育中的重要性，确立环境是重要教育资源的教育观念。

第二，正确认识环境不仅仅是"美化""绿化""儿童化"等外在的装饰，而是教师为幼儿准备的，满足幼儿发展需要的，有利于幼儿德智体美劳诸

方面发展的物质和精神的综合条件。

第三，积极利用并努力开发园内外各种显性和隐性教育资源（如幼儿园的空间、设施、活动材料和常规要求，自然和家庭、社区环境，幼儿及其群体的生活方式、生活经验、相互之间的影响等）。应优化教育资源配置，为幼儿创设适宜的教育环境，引导、支持幼儿与环境之间积极主动地相互作用，使幼儿在与环境的交互作用中身心得到和谐发展。

关于幼儿园环境的内容，我们将在本书第二章中专门学习。

第二节　幼儿德育

本节主要介绍幼儿德育的含义及意义，目标、内容及要求，实施途径与手段及实施过程中应当注意的问题。

一、幼儿德育的含义及意义

（一）德育及幼儿德育的含义

幼儿德育是德育的重要组成部分。

德育，是指教育者按照一定社会或阶级的要求对受教育者进行道德品质教育。

幼儿德育，是指幼儿园根据幼儿身心发展特点和实际需求，按照一定社会或阶级的要求，有目的、有计划地发展幼儿个性及社会性，培养幼儿道德品质的教育。

无论是德育还是幼儿德育，都涉及道德的概念，它是指一定社会条件下形成与发展起来的人们共同生活的行为准则的总和。

思考与讨论

你能说出“品质”的含义吗？

（二）幼儿德育的意义

幼儿时期正是人的个性、社会性、道德品质等形成与发展的起步阶段，是人的世界观、人生观、价值观的萌芽时期，幼儿在这一时期形成的对己、对人、对事的态度，以及逐渐发展的个性品质和行为风格，不仅直接影响幼儿生活的快乐与幸福，影响其身心健康以及知识、能力、智力的形成与发展，更可能影响其一生的学习、工作和生活。俗话说的“三岁看大”“七岁看老”，虽不完全正确，却颇有借鉴意义。所以说，幼儿德育对幼儿起到培根奠基的作用，是德育基础工程的基础，对立德树人、培养德智体美劳全面发展的社会主义建设者和接班人具有特殊的重要意义。

二、幼儿德育的目标、内容及要求

（一）幼儿德育的目标

幼儿的思维具体、形象，知识基础和经验积累都比较薄弱，加上幼儿德育是整个德育的起始阶段，因而幼儿的德育目标强调从情感入手，培养幼儿最基本的个性品质和良好的行为习惯，使幼儿的个性和品德发展有良好的开端，不但为其升入小学做准备，而且为其一生的发展奠定基础。

《幼儿园工作规程》对幼儿德育的目标做了明确要求：“萌发幼儿爱祖国、爱家乡、爱集体、爱劳动、爱科学的情感，培养诚实、自信、友爱、勇敢、勤学、好问、爱护公物、克服困难、讲礼貌、守纪律等良好的品德行为和习惯，以及活泼开朗的性格。”

（二）幼儿德育的内容及要求

根据围绕幼儿德育目标确立幼儿德育内容的原则，幼儿德育应当包括如下几个方面的内容：

1. 萌发幼儿爱的情感

爱祖国、爱家乡、爱集体、爱劳动、爱科学的情感，是幼儿思想、品德、能力等发展的基础。

萌发幼儿爱祖国、爱家乡的情感，要由近及远。例如，从热爱自己的父母、老师、小伙伴，逐渐扩大到热爱各行各业的劳动者。萌发幼儿爱祖国、爱家乡的情感，要从具体的事物入手。例如，认识家乡和祖国的名胜古迹、自然风景、革命文物，了解有关祖国的简单知识如首都、国旗、国徽和一些重大节日，了解家乡革命和建设的历史，尤其是中国特色社会主义进入新时代以来自己的祖国和家乡发生的巨大变化，等等。

萌发幼儿爱集体的情感，要引导幼儿喜欢并逐渐习惯进而热爱幼儿园的集体生活，引导幼儿关心集体并逐步建立初步的集体荣誉感，引导幼儿学习并逐步遵守集体活动的规则。

萌发幼儿爱劳动的情感，要引导幼儿认识周围成年人的劳动及他们的劳动与幼儿生活的关系，知道劳动成果来之不易，从而尊重劳动者，爱护劳动成果，如爱惜物品、爱护公共财物等；要引导幼儿参加简单的自我服务和为集体服务的劳动，学习并掌握简单的劳动技能，体验劳动过程、劳动成果带来的快乐，逐渐对劳动产生感情，进而热爱劳动。

萌发幼儿爱科学的情感，要从培养幼儿对于科学活动的兴趣着手。由于认知能力、知识基础、技能水平、经验积累都比较薄弱，幼儿对新鲜事物常常表现出强烈的好奇心和探究欲望，幼儿园要倍加爱护幼儿的好奇心理，十分珍视幼儿的探究欲望，积极地将幼儿的好奇心理、探究欲望引导到幼儿对于科学活动的兴趣上来，让幼儿从参与科学活动过程以及活动成果的收获中体验到快乐，从而对科学活动产生兴趣，进而热爱科学。

2.培养幼儿的良好个性

良好个性品质包括诚实、自信、勇敢、坚强、主动性、独立性、活泼、开朗等，这些个性品质对促进幼儿健康成长意义重大，因此，培养幼儿良好个性品质是幼儿德育的重要内容。《幼儿园工作规程》第三十二条明确提出："幼儿园应当充分尊重幼儿的个体差异，根据幼儿不同的心理发展水平，研究有效的活动形式和方法，注重培养幼儿良好的个性心理品质。"

3.发展幼儿的社会性

幼儿社会性发展的主要内容包括人际关系和社会适应，诸如友爱、讲礼貌、守纪律、爱护公物等，都属于幼儿社会性发展中人际关系和社会适应方面的主要内容。幼儿园要创造机会，使幼儿有更多与教师、同伴及其他人交往的机会，使他们在与人交往的过程中，了解自己和他人，关爱他人，礼貌待人，学会处理与教师、同伴及其他人的关系，从而发展其交往能力；要引导幼儿在集体生活中讲文明、守纪律、爱护公物等，逐步学会遵守社会行为规范，不断提高社会适应能力。

三、幼儿德育的实施

《幼儿园工作规程》第三十一条提出："幼儿园的品德教育应当以情感教育和培养良好行为习惯为主，注重潜移默化的影响，并贯穿于幼儿生活以及各项活动之中。"

（一）实施幼儿德育的途径和手段

幼儿园要将幼儿的日常生活、游戏、专门的德育活动等结合起来，同时发挥家庭和社区的合力，有效实施幼儿德育，最大化实现幼儿德育的目标。

1. 在幼儿的日常生活中实施幼儿德育

在日常生活中，幼儿与同伴及成人交往，了解人、事、物之间的关系以及一定的行为准则，并且进行各种行为练习，日积月累，循序渐进，就会逐步形成许多良好的行为品质。例如，在一日生活常规和生活制度中渗透着道德教育的内容，通过常规训练和严格执行生活制度，可以培养幼儿有礼貌、守纪律、诚实、勇敢、自信、关心他人、爱惜公物、不怕困难等的品德和行为习惯。

2. 在幼儿的游戏中实施幼儿德育

在游戏中，幼儿通过扮演一定的社会角色，实践一定的社会行为，从而接受相应的道德教育。例如，在"超市"游戏中利用"排号结账"的情节对幼儿进行规矩意识和纪律教育，利用各种游戏活动结束时整理器材的环节对幼儿实施爱护公物的教育，等等。在游戏中，幼儿通过与他人交往体验一定的社会情感。例如，幼儿在相应的游戏情境中，逐渐了解自己和他人之间的关系，逐步学会发现自我和他人，体会到与成人、同伴交往的快乐，了解到建立亲密的朋友关系、亲子关系、师幼关系的重要性。

总的来看，利用游戏进行道德品质的教育，对幼儿社会性发展具有其他形式难以替代的效果。

3.在专门的德育活动中实施幼儿德育

专门的德育活动，是指幼儿园根据各年龄班德育的内容与要求，结合幼儿的年龄特征、本班幼儿的实际情况等因素，为实现某项德育内容，有目的、有计划地组织的德育活动。例如，谈话、讨论、阅读图书、开故事会、表演、参观、劳动、进行节日活动等，都可以作为德育活动的手段。

（二）实施幼儿德育应该注意的问题

1.热爱、尊重幼儿

热爱幼儿，建立亲密、民主、和谐的师幼关系，创设积极的教育环境，是向幼儿进行德育的前提，正所谓"亲其师，信其道"。但是，教师对幼儿的爱要建立在教师对教育、对幼儿发展的深刻理解的基础上，不但基于对幼儿的感情，而且基于一种社会责任，是一种理智的爱。一方面，这种爱必须有利于幼儿向着自立自强、富有爱心和责任感的方向发展，那种要么为幼儿包办一切，要么对幼儿放纵一切的做法，都不是真正意义上的爱。另一方面，这种爱应当是对所有幼儿一视同仁的爱，而不是偏爱，特别不能歧视个别有这样或那样的缺点或者在某一方面接受能力相对较弱的幼儿，反之，应当以"一个也不能少"的执着的爱，给予这样的幼儿更多的关注、关心、关爱。

在实施幼儿德育的过程中，幼儿园一方面要坚持正面教育，善于发现幼儿的优点并加以表扬，当幼儿遇到困难时，要多多鼓励并引导、帮助幼儿克服困难，决不能做恐吓、责骂、体罚等伤害幼儿的自尊心甚至有损幼儿人格的事情；另一方面要尊重并充分发挥幼儿的主体性，从活动计划的制订、活动规则的制定、活动材料的准备、活动分工等，到活动开展过程中各环节的进行，再到活动结束后的场地和材料的整理以及活动总结，都要引导幼儿充分发挥自己的主动性和创造性。

2.依据幼儿道德发展的水平实施德育

人在幼儿时期，还不能进行主观道德判断，一般是以自身以外的成人规则来评价自身以及周围发生的行为，这就是所谓的他律阶段。针对幼儿的这一特点，幼儿园应当要求教师把道德的知识教给幼儿。通过教师的告诫和示范，幼儿开始了解一些规则，随着认知水平的提高，加上在交往与活动中的持续学习，幼儿会逐步学会一些道德规范，从而将对权威的敬畏转化为对具体规则的了解、遵守，逐渐向自律阶段发展。

在幼儿从他律阶段向自律阶段发展的过程中，幼儿园要加强对幼儿的道德判断和道德情感等方面的引导，其中很重要的一个方面就是为幼儿树立道德榜样或称道德标杆，尤其是教师的道德形象会对幼儿产生相当大的影响。

曾任中国人民解放军国防大学教授的金一南先生在自己的随笔集《心胜》中曾经提到，在黑龙江抚远三角洲，一位边防团长给他讲了这样一件事：到黑龙江和乌苏里江对岸的哈巴罗夫斯克市访问，给他留下最深印象的，不是俄罗斯远东最大城市的异国风情，而是在该市无名烈士墓旁，看见幼儿园老师领着一群孩子，给孩子们讲故事，老师哭，孩子哭，大人小孩哭成一团。这位团长告诉他，那场景使他深受震动。

金一南将军与那位团长讨论：三岁到五岁的孩子，懂得多少事情？竟然会在烈士墓前流泪。关键是老师流泪了，他们看见以后也跟着流泪。

这个例子中，教师的道德形象对幼儿的影响不言而喻。

3. 遵循德育基本规律实施幼儿德育

一个人的每种品德都由道德认识、道德情感、道德意志、道德行为四个要素构成。在幼儿品德的形成过程中，道德"四要素"的发展是不同步的，其中道德认识、道德意志发展较慢，因此可以先从道德情感入手，重点落在道德行为的形成上。在这一过程中要注意：由近及远、由具体到抽象对幼儿实施德育；向幼儿传授的道德规范应该在幼儿能够接受的范围内；重视对幼儿行为方式方法的具体指导；承认差异，允许反复，注意有针对性地抓反复、反复抓，持之以恒地将德育进行下去。

思考与讨论

根据由近及远、由具体到抽象的德育方式，谈谈你打算如何对幼儿进行爱国教育。

4.注重发挥多方面的积极性

幼儿品德的形成受多方面因素的影响，幼儿园在做好自身工作的基础上，要注意做好和幼儿家庭、幼儿园所在社区以至幼儿家庭所在社区的配合，调动多方面的积极性，形成合力，共同促进幼儿个性的健康发展。

关于幼儿园与家庭、社区合作的内容，我们将在本书第七章中专门介绍。

第三节 幼儿智育

我们通过本节来学习幼儿智育的含义及意义、目标与内容，以及如何实施幼儿智育。

一、幼儿智育的含义及意义

（一）幼儿智育的含义

幼儿智育是智育的重要组成部分。

智育，是指有目的、有计划地使受教育者系统地学习科学知识和技能，促进智力发展的教育。

幼儿智育，是幼儿园遵循幼儿认知发展的特点，有目的、有计划地增进幼儿对周围环境的认识，帮助幼儿获得粗浅的科学知识和技能，发展幼儿智力，培养幼儿认知兴趣和良好学习习惯的教育。

无论是智育还是幼儿智育，都涉及知识、技能、智力这三个概念。其中，知识是人们在改造世界的实践中获得的认识和经验的总结，属于理论范畴的内容；技能是人们利用知识和经验进行活动的方式方法，属于实践范畴的内容；智力是指人认识事物的能力，包括观察力、注意力、记忆力、思维力、想象力、创造力等要素，其中思维能力是智力的核心要素。智力的强弱就是通常所说的智商。

（二）幼儿智育的意义

大量早期教育的科学实验证明，幼儿期是大脑迅速发展的时期，但是人的大脑的结构和功能是在后天的环境中不断发育成熟的，排除必需的营养因素的影响，接受早期教育和训练的幼儿大脑发育会超越没有接受早期教育的幼儿，形成所谓的“高智商”，也就是通常我们说的“聪明”。

此外，幼儿虽然有强烈的认知需求，即强烈的好奇心和求知欲，但是由其认知水平所限，幼儿的认知带有明显的不随意性，只能注意事物突出的表面现象，所获得的知识一般也都是表面的、零散的甚至是片面的，只有有目的、有计划地对幼儿进行智育，才能引导幼儿科学、有序、全面地认识周围的事物，正确理解各种现象及其因果关系，逐步学会学习，培养智力品质，并为其他各育的实施创造良好的前提条件，为今后乃至一生的发展奠定坚实的基础。

二、幼儿智育的目标与内容

（一）幼儿智育的目标

《幼儿园工作规程》第五条明确提出的幼儿园智育的目标是：“发展幼儿智力，培养正确运用感官和运用语言交往的基本能力，增进对环境的认识，培养有益的兴趣和求知欲望，培养初步的动手探究能力。”

幼儿智育的核心目标是发展幼儿智力。培养幼儿正确运用感官的基本能力、运用语言交往的基本能力，增进幼儿对环境的认识，培养幼儿有益的兴趣和求知欲望，培养幼儿初步的动手探究能力，都是为了实现发展幼儿智力这一幼儿智育的核心目标。当幼儿的智力得到发展，反过来又能促进幼儿运用感官的能力、语言交往的能力、接受知识的能力，激发幼儿的学习兴趣和求知欲望，提高幼儿的动手操作能力。

拓展阅读

非智力因素

非智力因素是指不直接参与人的认识过程的心理因素，包括情感、意志、兴趣、性格、态度、习惯等。

人的智力活动的效果往往受到智力因素和非智力因素的共同影响，

有时候非智力因素的影响还会超过智力因素。例如，有些人看起来智商并不很高，但是通过持之以恒的艰苦努力，终于登上科学技术的高峰，便是对上述观点的印证。

（二）幼儿智育的内容

1.培养幼儿的感知能力

培养幼儿的感知能力，就是发展幼儿正确运用视觉、听觉、触觉等感觉器官来感知外部世界的能力。

运用感觉器官来感知外部世界是幼儿的一个重要认知特点，因此，感知能力的培养是幼儿园智育的基础，当然也就成为幼儿园智育的重要内容。

2.培养幼儿运用语言交往的能力

发展幼儿运用语言交往的基本能力与发展幼儿智力关系密切，因为幼儿的语言理解能力以及表达能力与其思维能力紧密相关，正所谓“言为心声”。

全面地讲，幼儿运用语言交往的能力包括以下几个方面：运用口头语言与他人进行交往的能力；对于他人语言的理解能力；表达自己的想法和感受，说明和描述事物及过程的语言表述能力；对于简单字词和简单短句的阅读和书写能力，即前阅读和前书写能力。

3.引导幼儿学习初步的生活知识

知识是思维的材料，引导幼儿学习周围生活中的粗浅知识，形成对一些事物的初步概念，增进对环境的认识，有利于促进幼儿智力的发展。

幼儿需要学习的生活中的初步知识主要包括以下几个方面：

(1) 有关社会生活的常识。认识自己，如知道自己的名字、年龄、性别；认识自己和别人的关系，如自己和家人的关系、自己和老师的关系等；认识周围环境，如家、幼儿园、社区、马路等；认识成人的劳动，如做饭、开车、打扫卫生等；认识自己的国家，如知道国家名称、认识国旗和国徽等；知道重要节日，如春节、中秋节、国庆节等；了解基本的安全常识，认识基本的交通工具和常用的交通规则。

(2) 有关自然界的常识。如知道天气和季节的变化,认识常见的动植物,认识水的三态变化、物体的沉浮、声光电等基本物理现象。

(3) 有关数的常识。如认识并比较物体的大小、多少、长短、高低、宽窄、轻重等,认识简单的几何形体、基本的时间和空间,认识 10 以内的数。

4. 培养幼儿初步的动手操作及探究能力

幼儿在摆弄、分类、比较、排列、堆叠等动手操作过程中,除了能获得动作经验,还能获得相关感知知识和经验,如物体的颜色、大小、形状、软硬、冷热等。这些知识和经验会促进幼儿思维能力的发展,可见动手操作能力与智力发展也有关系。

5. 培养幼儿的学习兴趣、学习主动性、学习习惯

浓厚的学习兴趣、强烈的求知欲望、良好的学习习惯等非智力因素,当被用来考察对于学习效果的促进作用时,也称学习品质。上述非智力因素,或称学习品质,能够引导幼儿在认识事物的过程中主动探索、细心观察、集中注意力、活跃思维,当然也就非常有利于促进幼儿智力品质的发展。

三、幼儿智育的实施

(一) 实施幼儿智育的途径和手段

1. 创造适宜的学习环境

幼儿园为幼儿提供适宜的学习环境并提供充足的可操作材料,是开展幼儿智育、促进幼儿智力发展的首要条件。

要按照幼儿身心发展的需求创设活动环境,尤其是要提供多种多样的学习材料,引导幼儿在可能的范围内,按照自己的兴趣选择活动材料和操作方式进行活动。在活动过程中,要鼓励幼儿主动与环境相互作用,鼓励幼儿想说、敢说、喜欢说、找机会说,尽可能地激发幼儿的兴趣,调动幼儿的观察力、创造力、想象力等智力因素,从而促进幼儿智力发展。

2. 组织丰富多彩的活动

幼儿主要是在各种实践活动中主动学习并获得发展的,幼儿园应当

将各种实践活动作为实施幼儿智育的主要途径，根据幼儿的年龄特点，引导他们开展以游戏为主要方式的各种实践活动，让他们在解决问题的实际操作和体验中丰富感性经验，更新知识结构，发展思维能力，提高智力水平。

需要注意的是，一提到发展智力，有人往往想到集体教学的途径，但是，由幼儿的年龄和心智特点所限，集体教学不能作为幼儿园智育的主要途径。即使需要进行集体教学，也要尽可能以游戏的方式进行。

3. 将智育渗透于幼儿一日生活中

利用幼儿"百事问""打破砂锅纹(问)到底"的好奇心和求知欲，将智育渗透进幼儿一日生活的各种活动中；利用一日生活的各个环节，让幼儿在学会生活尤其是解决生活问题的过程中发展智力。例如，利用点名的机会让幼儿清点班级人数，发展幼儿数的概念和计算能力；利用整队的机会除了让幼儿清点人数，还可以引导幼儿学会比较队形的长短、小伙伴的高矮等，发展幼儿形的概念和比较能力。

（二）实施幼儿智育应该注意的问题

1. 正确认识并处理知识、技能、智力之间的关系

思考与讨论

解释知识、技能、智力。

应当注意，知识、技能、智力是三个不同的概念，但是它们又紧密联系、相互依赖、彼此促进，尤其是知识和智力更是如此。知识是发展智力的基础，没有知识就没有思维的材料，难以谈智力的发展；智力是掌握知识的武器，智力发展水平的高低影响着对知识的掌握。当然，不能想当然地认为，智力水平高，掌握的知识就丰富。同样，也不能想当然地认为，只要掌握了知识，智力就会自然得到发展。

2. 关注幼儿的学习品质

学习品质主要是指幼儿在学习活动中表现出来的好奇心、主动性、独

立性、意志力、目标意识、专注程度、习惯与方法等。幼儿园要高度关注幼儿学习品质的养成，因为这些因素在很大程度上影响着幼儿对学习的情感和态度，决定着幼儿今后能否独立、自主，积极主动地获取知识、发展能力，甚至决定着幼儿将来能否取得成功。

3. 注意幼儿学习结果的结构化及其应用

根据奥苏贝尔的理论，判断幼儿是否进行了有意义的学习，一是看幼儿是否能够把新学习的内容和已经有的经验联系起来，形成系统或网络；二是看幼儿学习以后能否用学过的知识解决问题。这就要求幼儿园既要关注幼儿学习内容的结构化，又要关注幼儿应用学习内容解决问题的能力。在引导幼儿将学习内容结构化的过程中，引导幼儿利用语言表达甚至归纳自己的收获，是实现智力综合发展、不断发展的有效手段。每次活动、每天甚至每周活动结束，都注意这样总结，长此以往，幼儿的综合智力水平一定会扎实提高。例如，学习交通规则以后，让幼儿总结指示灯、标记线、交警手势等常识，便于幼儿综合性地认识并记住交通规则包括的几个方面、几种形式，就是一个很好的应用语言来表述和归纳学习内容的例子。

需要注意的是，幼儿的知识结构是建立在幼儿感性经验的基础上的，与中小学那种以概念为中心的学科知识体系有本质的不同。在引导幼儿学习事物和现象的知识、经验时，要注意引导幼儿理解知识、经验的简单联系和基本规律，帮助幼儿把所获得的知识、经验等加以整理并形成有机联系和体系。例如，在引导幼儿学习数的加减法的过程中，首先要引导幼儿认识单个基数的含义，然后引导幼儿通过对具体实物的反复操作、反思，逐渐理解加减法运算的实际含义，这样幼儿自然就学会了数的加减法。

至于幼儿应用学习内容解决问题的能力，更是需要通过持之以恒的科学培养才能得到逐渐提高。

思考与讨论

通过查找资料，谈谈奥苏贝尔的主要生平和成就。

第四节　幼儿体育

本节中，我们将学习体育及幼儿体育的含义、意义、目标、内容和实施。

一、幼儿体育有关概念及意义

（一）体育及幼儿体育的含义

思考与讨论

人的体质包括哪几个方面的要素？

1. 体育

顾名思义，体育就是增强人的身体质量即体质方面的教育。实际上，体育的概念有广义和狭义之分。广义的体育泛指人类社会的各种体育活动；狭义的体育是指专门的教育机构为了增强受教育者的体质，保证受教育者的身体生长发育良好，有计划、有组织地开展的教育。

2. 幼儿体育

幼儿体育，是指幼儿园遵循幼儿身体生长发育规律，运用科学方法，以增强幼儿体质、促进幼儿健康成长为目的的教育。

（二）幼儿体育的意义

人在幼儿时期，机体发育还不成熟和完善，心理素质还很脆弱，对环境的适应能力还很差，幼儿园积极开展幼儿体育，能够健全幼儿体格，增强幼儿体能，提高幼儿适应能力，发展幼儿心理素质，抓住幼儿生长发育速度很快、可塑性很大的有利时机，促进幼儿沿着科学的轨道健康成长，为幼儿德育、智育、美育、劳动教育等的实施提供有力的保障，为幼儿今后的发展打下坚实的基础。

总的来看，由于幼儿时期是一个人发育、成长的重要基础阶段，体育对于幼儿来说有着特殊的重要意义，幼儿园必须把保护幼儿的生命和促进幼儿的健康放在工作的首位来抓。

思考与讨论

有一种观点认为：对一个人来说，健康是1，其他都是0。你是怎样理解这种观点的？

二、幼儿体育的目标与内容

（一）幼儿体育的目标

《幼儿园工作规程》第五条提出的幼儿体育的目标包括："促进幼儿身体正常发育和机能的协调发展，增强体质，促进心理健康，培养良好的生活习惯、卫生习惯和参加体育活动的兴趣。"

思考与讨论

幼儿园体育的目标通常被归纳为"三促进、三培养"，你能说出"三促进、三培养"的具体内容吗？

正确认识幼儿体育的目标需要注意以下几点：

第一，幼儿体育的几个方面的目标是有机联系的，必须全面完成，不可偏废。例如，幼儿只有身体正常发育、机能协调发展、心理健康，才算有好的体质，因为体质是通过体格、体能、适应能力和心理因素等几个方面来衡量的。

第二，幼儿体育的主要目的，不仅仅在于让幼儿掌握多少体育方面的技能、技巧，更重要的是通过体育，培养幼儿参加体育活动的兴趣，让幼儿喜欢参加体育活动；通过体育，让幼儿知道必要的安全保健常识，学习保护自己；通过体育，培养幼儿良好的生活、卫生习惯，锻炼其基本的生活自理能力。总之，通过幼儿体育，促进幼儿身心健康成长，并为其终身体育奠定坚实的基础。

（二）幼儿体育的内容

幼儿园体育的内容十分广泛，主要体现在幼儿园健康领域的保育和教育当中。

1.创建良好的生活环境

由于幼儿园保育和教育任务的特殊性、复杂性，加上幼儿自我防护能力的薄弱，为幼儿创建良好的活动室、寝室等生活环境尤为重要。

除了物质生活环境，还要注意为幼儿创建良好的精神生活环境，帮助幼儿建立良好的师幼、同伴关系，让幼儿在集体生活中感到温暖，心情愉快，产生安全感、信赖感。

2.制定并执行合理的生活与卫生保健制度

幼儿园要从幼儿身心发展的实际和全面发展教育的需求出发，根据季节变化和本园场地及设备等条件，结合家长的需求，制定并执行合理的生活与卫生保健制度，例如幼儿生活作息时间表、幼儿一日生活与活动计划、幼儿在园一日生活常规等。

执行生活与卫生保健制度，需要幼儿园全体工作人员的协调一致，还需要争取家长的配合，努力做到使幼儿在园和在家生活规律都能协调一致。

3.培养幼儿良好的生活与卫生习惯

幼儿正处于生长发育的重要时期，需要及时、足量的科学营养，而幼儿能否获得生长发育所需要的营养，与其是否具有良好的饮食习惯密切相关；睡眠对于幼儿大脑及身体的发育影响也很大，充足的睡眠和良好的睡眠习惯是睡眠质量的保障；良好的卫生习惯同样能有效保护幼儿的身体健康。

鉴于上述种种原因，幼儿园要注重培养幼儿良好的饮食、睡眠、盥洗、大小便等生活习惯和生活自理能力，教育幼儿爱清洁、讲卫生，注意保持个人和生活场所的整洁和卫生。

4.培养幼儿的自我保护意识和能力

幼儿好奇、好动，但是缺乏安全知识，基本活动能力尤其是独立活动能力较差，这就导致幼儿对危险不能做出准确判断，也难以在出现危险时保护自我。所以，自我保护意识和能力的培养对于幼儿的健康成长尤其重要。幼儿园要密切结合幼儿的生活进行安全、营养和保健教育，提高幼儿的自我保护意识和能力，例如遵守交通规则，安全使用火、电、水，遵守活动常规，不吃不新鲜的食物，等等。

5.积极开展体育活动

体育活动是幼儿体育的重要组成部分。

（1）体育游戏

幼儿园体育活动首选体育游戏。可以说，体育游戏是幼儿园体育活动的主要内容。丰富多彩而又有规则的体育游戏，对于发展幼儿基本动作，提高动作的协调性、灵活性，促进幼儿身体机能，健全幼儿体格，丰富幼儿的感觉和动作经验，培养幼儿参加体育活动的兴趣和习惯等，都具有无可替代的积极作用。由于幼儿各器官发育尚未完善，幼儿园一般不进行专门的技巧训练，不进行耐力、爆发力等强度大的身体素质训练，幼儿的基本动作练习主要是通过幼儿体育游戏来完成的。

（2）基本体操

基本体操也是幼儿园经常进行的体育活动。基本体操包括操练节奏如模仿操、韵律操等徒手操，哑铃操、旗操、球操等轻器械操，听口令做立正、稍息、看齐、原地踏步走、齐步走、跑步走等动作，听信号进行整理队形及简单队形变化等。

6.幼儿心理健康教育

无论是幼儿体育的含义，还是幼儿体育的目标，都涉及幼儿心理教育方面的内容。可见，促进幼儿心理健康是幼儿体育不可或缺的内容，应当引起幼儿园的重视。

幼儿体育所涉及的幼儿心理健康教育，主要是指在体育活动中，培养幼儿坚强、勇敢、不怕困难的意志品质和乐观、主动、积极合作的情绪与态度。

三、幼儿体育的实施

（一）实施幼儿体育的途径和手段

1.科学护理幼儿生活

幼儿园要在创建优美、自然、丰富、安全的生活环境的前提下，为幼儿提供合理、均衡的营养，保证幼儿充足的睡眠和适当的锻炼，满足幼儿生长发育的需要，增强幼儿对环境的适应能力和对疾病的抵抗能力。

除了做好园内工作，幼儿园还要注意做好与幼儿家庭、社区的配合，注意为幼儿在园、在家、在社区社会都提供温馨、安全的人际环境，让幼儿得到亲情和关爱，形成积极稳定的情绪。同时，为幼儿提供适当的社会交往机会及适当的自我表现机会，促进幼儿自信心和自尊心的发展，增强其社会适应能力。

2.开展丰富多彩的幼儿体育活动

包括户外体育活动在内的专门组织的体育活动、基本体能训练、基本体操、散步等，都是幼儿园常见的体育活动。

关于幼儿的户外活动，《幼儿园工作规程》第十八条规定："在正常情况下，幼儿户外活动时间（包括户外体育活动时间）每天不得少于 2 小时，寄宿制幼儿园不得少于 3 小时；高寒、高温地区可酌情增减。"

应当注意的是，体育游戏既是幼儿园体育活动的主要内容，又是幼儿园体育的主要途径和手段。

3.在日常生活中渗透幼儿体育

幼儿体育的有些目标，如培养幼儿良好的生活习惯、卫生习惯，仅仅依靠体育锻炼是不能完成的，还必须通过日常生活进行培养，而且日常活动中往往就包含对于幼儿体质的锻炼。所以，要实现体育的目标，需要将专门的体育活动与日常活动结合起来，尤其是需要在日常生活中渗透幼儿体育。

（二）实施幼儿体育应当注意的问题

1.保护与锻炼并重

所谓保护与锻炼并重，是指在安全的基础上进行锻炼。

在幼儿体育实施过程中，既要高度重视和满足幼儿受保护、受照顾的需要，又要尊重和满足他们不断增长的独立要求，避免过度保护和包办代替，鼓励并指导幼儿自理、自立的尝试。但是，鼓励幼儿自理自立，要充分尊重幼儿生长发育的规律，严禁以任何名义进行有损幼儿健康的训练、比赛或表演等体育活动。

2.身体健康与心理健康并重

树立正确的健康观念，在重视幼儿身体健康的同时，要高度重视幼儿的心理健康。一方面，不能因为幼儿心理健康教育属于隐性素质教育方面的内容而不加以重视；另一方面，正是因为幼儿心理健康教育看起来属于隐性素质教育方面的内容，往往出现被教育者无意识地忽视的现象，幼儿园尤其要注意避免这一现象的出现。

3.重视培养幼儿对体育活动的兴趣

为了培养幼儿对体育活动的兴趣和积极态度，幼儿园要根据幼儿的特点组织生动有趣、形式多样的体育活动，吸引幼儿主动参与，在体育活动的难度、趣味性以及环境条件等方面考虑到幼儿的特点和需求，引导幼儿充分体验参与体育活动的趣味，尤其是取得成功的快乐，切忌为了达到活动计划的目标，机械地要求幼儿完成某项运动，更不能因为幼儿没有达到计划的目标而对其进行责备甚至惩罚。

4.重视幼儿体育与其他领域教育的有机结合

幼儿是作为一个有机整体而发展的，进行幼儿体育，必须重视与其他领域教育的相互整合、渗透。像上面幼儿体育的意义中所说的那样，让幼儿体育为幼儿德育、智育、美育、劳动教育等的实施提供有力的保障，反过来，也要让其他领域的发展促进幼儿体育的效果。例如，幼儿在进行绘画、书法活动的过程中，同时也发展了手部动作的协调性等。

第五节　幼儿美育

本节内容包括美、美育和幼儿美育的含义，幼儿美育的意义、目标、内容及实施。

一、幼儿美育有关概念

（一）美、美育和幼儿美育的含义

1. 美的含义

我们常说，某某人的形象或言行、某某事物给人以美的感受，可见，美是客观事物和现象的具体表象，可被人感知且具有吸引力，能够使人愉悦、动情的一种属性。

一般地，美的形态包括自然美、社会美和艺术美三种。例如，美丽的山川河流、花草树木属于自然美，整洁的幼儿园、和谐的师幼关系属于社会美，沁人心脾的音乐、生动形象的舞蹈属于艺术美。

2. 美育的含义

不同时代的人、同一时代不同的人，受到时代风尚、民族传统、地域文化，知识修养、生活阅历、社会层次，感知能力、思维能力、想象能力等多种因素的影响，审美标准和审美能力不同。培养人们树立正确的审美观点，涵养高雅的审美情趣，提高人们欣赏美、表现美、创造美的能力的教育，就是美育。

思考与讨论

有人说，美育就是审美教育，你怎样评价这种观点？

3. 幼儿美育的含义

幼儿美育是幼儿园根据幼儿的身心特点，利用美的事物和现象，通过丰富多彩的活动，培育幼儿感受美、欣赏美、表现美、创造美的情趣和能力的教育。

（二）幼儿美育的意义

美是具体、形象、可感知的，因此，美的事物和现象可以锻炼幼儿的感知能力。例如，音乐旋律可以锻炼幼儿的听觉感知能力，绘画作品可以锻炼幼儿的视觉感知能力，气味、味道可以锻炼幼儿的嗅觉和味觉能力。幼儿的感知能力得到锻炼，会促进幼儿想象力的发展。

美育过程中，对幼儿进行鉴赏美的科学引导，可以促进幼儿审美能力和审美情趣的提高，使幼儿在陶冶心灵的过程中，形成积极向上的精神状态。

幼儿随着感受美和欣赏美的能力不断提高，对于美的事物和现象的兴趣越来越浓厚，一旦有了素材或机会，便可激发起表现美以至创造美的欲望，在表现美和创造美的过程中，幼儿的表现力和创造力得到提升。

由上述可见，美育实现了幼儿内在的认识、情感和外在的表现与创造的统一，提升了幼儿的综合素质，而综合素质的提升对于幼儿德育、智育、体育都有积极的促进作用。

二、幼儿美育的目标与内容

（一）幼儿美育的目标

《幼儿园工作规程》第五条提出的幼儿园美育的目标是："培养幼儿初步感受美和表现美的情趣和能力。"

幼儿园通过美育，使幼儿能初步感受并喜爱环境、生活和艺术中的美，从而引导幼儿发展感受美的情趣，并在此基础上培养幼儿鉴赏美的能力，为幼儿美育的进一步开展打下基础。

幼儿园通过美育，引导幼儿喜欢参加艺术活动，能用自己喜欢的方式进行艺术表现活动，并能大胆地表现自己的情感和体验，从而培养幼儿对美的初步的想象力和创造力等表现美的能力。

（二）幼儿美育的内容

幼儿美育的内容非常广泛，全面地归纳起来，应当包括感受美、鉴赏美、表现美、创造美多个方面。其中，感受美是美育的开端和基础；鉴赏美是在感受美的基础上对美的判断；表现美是在感受美和鉴赏美的基础上对美的表达；创造美是美育的最高层次，是美育的终极目标。

幼儿园要积极引导幼儿注意观察、体验自然环境如气象变化、山川河流、花草树木等；社会环境如街道、社区和幼儿园新颖的建筑、成荫的绿化、漂亮的墙饰，周围人们得体的着装、健康的风貌、文明的言行，尤其是幼儿日常生活中的衣着打扮、精神状态、言行举止，艺术教育中的书法、绘画、音乐、舞蹈、文学作品以及电影、戏剧、杂技、幼儿体操、手工制作等美的事物和美的现象，激发幼儿对美的兴趣和爱好，培养幼儿积极的审美情趣和鉴赏美、表现美、创造美的能力。

三、幼儿美育的实施

（一）实施幼儿美育的途径和手段

通过分析上述幼儿美育的含义、目标与内容，总结幼儿园实施美育的实践经验，可以看出，幼儿美育的途径和手段很多。

1.积极为幼儿创建美的幼儿园环境

为幼儿提供美的幼儿园环境，是幼儿美育最基本的手段之一。

幼儿园在实施美育的过程中，要努力做到全园环境整洁卫生、布置有序，绿化、美化、儿童化，成为真正的儿童乐园。要引导幼儿参与创建幼儿园环境，如美化自己班级的活动室、寝室以及室外走廊的墙壁，利用身边的物品或废旧材料制作玩具、手工艺品等，来美化幼儿园环境或开展其他活动。教师要积极为幼儿创设展示自己作品的条件，引导幼儿相互交流、相互欣赏，在实践中共同提升表现美、创造美的能力。

幼儿园在实施美育的过程中，要注意创建师幼之间、幼儿之间、教师之间良好的人际关系，组织好幼儿从入园到离园的一日活动并协调好各个活动之间的衔接，为幼儿创建一种虽然无形但却美好的幼儿园氛围，让幼儿在园一日始终感觉轻松、愉快而又充实，体验到幼儿园生活的美好，陶冶并塑造幼儿美好的心灵，激发幼儿内心深处美的情趣，增强幼儿表现美、创造美的动力。

2.充分利用大自然中美的资源

大自然是幼儿美育取之不尽的源泉。幼儿园在实施美育的过程中，要注意利用和创造条件，使幼儿有更多的机会去接触大自然，在充分呼吸新鲜空气的同时，领略大自然绚丽多彩、变化万千的美好景色。大自然这种真实的美、多样的美、变化的美，最容易被幼儿所感知，如果创造机会，借助艺术作品的感染力，便可帮助幼儿提升对自然美的感受力和鉴赏力，进一步吸引幼儿去表现美、创造美。

3. 充分利用社会生活的广阔天地

社会生活是美育的广阔天地。幼儿园在实施美育的过程中，要引导幼儿认识和欣赏社会生活中美的事物和美的现象，用美好的事物和现象感染幼儿，增进幼儿对美的感受力和鉴赏力。同时，幼儿生活在社会中，是社会生活中的一分子，对幼儿进行美育，要引导幼儿在日常生活中注意仪表端正、言谈文明、举止大方，追求仪表美、语言美、行为美，从而积极地表现美、创造美。

4. 充分挖掘艺术教育的丰富内容

艺术教育是幼儿美育的主要途径。就像上面“幼儿美育的内容”中列举的那样，艺术教育具有多种形式，幼儿园的艺术教育可以通过音乐活动、绘画活动、表演活动、手工制作、文学作品欣赏等实施。幼儿园在通过艺术教育培养幼儿感受美、鉴赏美、表现美、创造美的同时，应充分发挥艺术的情感教育功能，促进幼儿健全人格的形成。

（二）实施幼儿美育应当注意的问题

1. 综合利用多种途径和手段

现实生活中，有些人认为，美就是艺术，美育就是艺术教育。

从上述“实施幼儿美育的途径和手段”可以看出，艺术教育是幼儿美育的主要途径，但是幼儿美育的实施途径绝不是仅有艺术教育一种。可以明确地说，不能把美育当成单纯的艺术教育。幼儿园在实施美育的过程中，一定要结合具体的实际情况，因地制宜、因时而异、因人而异，综合利用各种途径，采用多种手段，全面开展幼儿美育。

2. 在面向全体幼儿的基础上关注个体差异

幼儿美育应当重视培养每个幼儿美的情感和心灵，促进每个幼儿人格的健全发展，而不能把美育当成单纯培养个别“小艺术家”的教育。幼儿园在实施美育的过程中，要面向全体幼儿，并针对每个幼儿的不同特点和需求，采取相应的措施，保障每个幼儿接受美育的权利，让每个幼儿都得到美的熏陶和培养。在此基础上，对于确有艺术天赋的幼儿，注意挖掘其特长，发展其潜能。总之，幼儿园实施幼儿美育，应当在面向全体幼儿的基础上关注个体差异。

3. 注重培养幼儿的健全人格

在幼儿美育的实施过程中，有一种比较明显的倾向，就是重理智、轻情感，具体表现为重视表演技能或者艺术活动的结果，忽视幼儿在活动过程中的情感体验和态度倾向，这种偏离正确的幼儿美育轨道的倾向，其危害性和危险性可想而知。

事实上，实施幼儿美育不仅仅是为了让幼儿学习多少欣赏美、表现美的方法和技巧，更重要的是，引导幼儿通过感受美、鉴赏美、表现美甚至创造美，发展积极的情感体验和态度倾向，塑造健全的人格，沿着心灵美好、品德高尚的方向健康发展。

4. 注意培养幼儿对美的想象力和创造力

培养幼儿对美的创造力是美育的最高层次，幼儿对美的创造力是以幼儿对美的丰富的想象力为重要基础的，这就要求幼儿园对幼儿进行美育时，注意保护幼儿的“天分”，多为幼儿提供自由表现的机会，鼓励幼儿用不同艺术形式大胆地表达自己对美的理解、想象和情感，尊重每个幼儿的想法，肯定和接纳幼儿富有个性和创造性的表现，使之体验到自由表达和创造的快乐，在大胆表现的过程中进一步发展自己对美的想象力和创造力。在此基础上，根据幼儿的发展状况和需要，在美的表现方式和技能、技巧方面给予适时、适当的指导，帮助幼儿提高表现美的技能、技巧，使之能够更好地表现美、创造美。那种把美育当成技术教育，拘泥于公式化、刻板化，过分强调技能、技巧和标准化要求的偏见，限制了幼儿创造美的主动性，制约了幼儿美的想象力的发展，应当引起幼儿园的高度注意。

思考与讨论

不少幼儿教师评价幼儿作品时，以“像不像”作为重要标准甚至是主要标准，说说你对这一标准的评价。

第六节　幼儿劳动教育

幼儿劳动教育，是幼儿全面发展教育的重要内容之一。本节从幼儿劳动的特点入手，介绍幼儿劳动教育的含义及意义、目标与内容、实施途径与手段，以及实施过程中应当注意的问题。

一、幼儿劳动的特点

一般地，劳动是指人们有目的、有意识地运用体力和智力改造外部世界从而创造价值的实践活动。

幼儿劳动具有许多明显的不同于成年人劳动的特点。

（一）幼儿劳动的简单化、生活化

人在幼儿阶段，身心发育尚未成熟，尤其是在手眼协调能力、手部精细动作、大肌肉及大活动发展几个方面，还处于最基础、最开始的薄弱脆嫩阶段，所以，幼儿能够参与的劳动，都是一些最基础、最简单的初级劳动。在这些最基础、最简单的初级劳动中，以照顾自己的生活、促进生活自理能力提高以及养成良好的生活作息和卫生习惯为主，就是那些为集体服务的劳动如值日生劳动和家务劳动，也主要是与幼儿的起居生活相关联的内容，而且多是轻微的简单的辅助性劳动。

（二）幼儿劳动的游戏化

幼儿好奇、好动、好模仿，喜欢自己动手参与劳动，但往往目的性并不明确，他们不在意劳动的成果，也不能深刻理解劳动的社会意义，而是从兴趣出发，以游戏的方式模仿成人劳动，边玩边做，满足于劳动过程中自己的动作，喜爱的是用来劳动的材料和工具。尤其是对年龄小的幼儿来说，劳动就是游戏，常常以游戏的方式完成劳动的要求。例如，小班幼儿洗手绢时玩肥皂沫，扫地时把扫帚当成玩具；中班幼儿为了看种下去的种子是否已经发芽，会性急地把种子挖出来看个究竟。即使到了大班，幼儿劳动中游戏的特点也不会完全消退，边玩边做的现象时有发生。总的来看，幼儿的劳动参与以游戏为基本活动。

二、幼儿劳动教育的含义及意义

（一）幼儿劳动教育的含义

幼儿劳动教育，是指幼儿园通过引导幼儿观察、认识、模仿成人劳动，参加自我服务、为集体服务、种植、饲养等简单劳动，教育幼儿初步认识各种劳动的意义，培养幼儿热爱劳动、尊重劳动者、珍惜劳动成果的道德情操，帮助幼儿学习初步的劳动知识、劳动技能并养成初步的劳动习惯。

（二）幼儿劳动教育的意义

1. 劳动教育能培养幼儿优秀的品格

幼儿劳动教育的实践证明，经常参加劳动的幼儿，能亲眼观察到劳动前后事物的变化，看到劳动的成果，体验到成功的欢乐，感受到自己是有能力的人，从而激发起学习和探索的愿望及自信、自立、自主、自强的精神；经常参加劳动的幼儿，能亲身体验到劳动的艰辛和劳动成果的来之不易，从而养成尊重他人劳动、爱惜物品、爱护公物的优良品德；经常参加劳动的幼儿，能培养坚持完成任务的意志力、与同伴协同合作的责任感以及热爱劳动的习惯。以上种种，不仅会影响幼儿升入小学后对学校生活的适应能力、对待学习的态度，甚至还关系到其一生中勤与懒、独立与依赖、奉献与索取等个性品质的形成。可见，幼儿劳动教育对幼儿的发展具有重要意义。

2. 劳动教育能使幼儿获得直接经验

《3—6 岁儿童学习与发展指南》指出：“幼儿的学习是以直接经验为基础，在游戏和日常生活中进行的。”直接经验必须通过亲身实践才能获取，而幼儿正是在劳动过程中，通过自身的操作和感知获得直接经验的。幼儿在劳动的实践活动中，生动、直观地认识所接触的事物的性质和特征，扩大了认识的范围，丰富了生活经验，并从运用工具和材料的操作活动中学习初步的劳动知识和简单的劳动技能。

3. 劳动教育能促进对幼儿的整体性教育

劳动教育能够促进幼儿身心健康发展。这是因为，劳动教育能为幼儿提供身体锻炼的机会，帮助幼儿各器官系统得到积极活动，尤其是可以促进其大小肌肉的发育以及手眼协调发展，还能提高其大脑的控制和调节机能，并且在劳动过程中幼儿能够形成积极、愉快的情绪情感。

劳动教育能够提高幼儿的语言表达能力。这是因为，劳动教育能够为幼儿创设自由、宽松的语言交往环境，促进幼儿在劳动的过程中与成人、同伴交流。同时，为了完成劳动任务，幼儿在劳动中必须集中注意力，运用各种感官，积极思考，相应地便促进了其智力的发展。

劳动教育能够增强幼儿的社会性。这是因为，劳动教育能够促进幼儿的人际交往与社会适应能力，支持幼儿学会遵守社会规则，建立基本的认同感和归属感。

劳动教育能够培养幼儿的科学探究意识和能力。这是因为，劳动教育能够为幼儿提供发现问题、分析问题和解决问题的机会，帮助幼儿不断积累科学探究的经验。

劳动教育能够帮助幼儿感受美、欣赏美、表现美、创造美。这是因为，幼儿通过自己的劳动，使个人的仪容保持整洁；通过自己对外在事物的改造，使周围的世界变得更加美好。幼儿由此也认识到爱劳动是人的美德的体现，从而产生用自己的劳动追求美的愿望。

由以上所述可见，劳动教育能够促进幼儿健康、语言、社会、科学和艺术五大领域的发展及其相互融合渗透，充分体现了对幼儿的整体性教育。

思考与讨论

“通过劳动人才具有用心灵去认识周围世界的能力”是谁的名言？通过请教老师或查找资料，简要介绍其生平及主要成果。

三、幼儿劳动教育的目标与内容

（一）幼儿劳动教育的目标

《幼儿园工作规程》《幼儿园教育指导纲要（试行）》《3—6岁儿童学习与发展指南》等，暂时没有对幼儿园劳动教育专门提出明确的目标要求。总结幼儿园劳动教育实践，我们认为，幼儿园通过幼儿劳动教育，应当让幼儿初步认识到各种劳动的意义，初步形成热爱劳动、尊重劳动者、珍惜劳动成果的道德情操，学会基本的劳动知识、劳动技能，尤其是基本的生活技能，初步养成良好的劳动习惯。

（二）幼儿劳动教育的内容

1.幼儿生活自我服务的劳动教育

幼儿生活方面自我服务的劳动，主要包括独立进餐、睡眠、盥洗、如厕、穿脱衣服和鞋袜、清洁整理生活用品等与幼儿日常生活息息相关的方方面面的劳动，是幼儿自己照料自己的劳动。

幼儿生活方面自我服务的劳动，是幼儿从依赖成人照顾到进入独立生活所不可缺少的劳动锻炼过程，对培养幼儿的生活自理能力和劳动习惯有重要的意义，所以，幼儿生活方面自我服务的劳动教育在幼儿劳动教育中占有重要的地位。

2.幼儿为集体服务的劳动教育

幼儿为集体服务的劳动，是指在教师的组织指导下，幼儿为班级、幼儿园、家庭、社区等进行的力所能及的劳动，主要包括集体劳动、值日生劳动、个别委托劳动和家务劳动等几种形式。

幼儿为集体服务的劳动，能培养幼儿对他人的关心和为集体服务的义务感与责任感，也是对幼儿进行热爱集体教育的有效途径。所以，幼儿为集体服务的劳动教育是幼儿园劳动教育的重要内容。

3.种植和饲养劳动教育

种植和饲养是幼儿在亲密接触自然环境中进行的劳动。劳动中幼儿可亲自参与种植一些易于管理和较短时间内能见到成果的农作物，或者照料适于幼儿饲养的小动物。种植和饲养过程丰富了幼儿的感性认识，开阔了幼儿的眼界，使幼儿初步学习了一些动植物的生长规律、人的劳动与动植物生长的关系等粗浅的知识，满足了幼儿的好奇心，激发了幼儿的求知欲和对科学知识的兴趣。此外，在此类劳动中不仅锻炼了幼儿的动作和体力，还培养了幼儿认真负责、持久细心的劳动态度，并使幼儿获得了劳动成果来之不易的情感体验，受到了爱惜劳动成果和保护动植物的教育。所以，种植和饲养劳动教育，对幼儿来说是一种非常有吸引力、有意义的劳动教育。

从组织方式来看，种植和饲养劳动往往具有集体劳动的性质。

4. 手工劳动教育

手工劳动是指幼儿运用材料进行手工制作的劳动，如自制玩具、学具、室内外装饰物、娱乐和体育活动的用品等。手工劳动不仅能使幼儿认识各种材料的性能，学习到加工和制作的技能，还能发展幼儿的注意力、想象力和创造力。所以，手工劳动教育是一种有趣而又有意义的幼儿劳动教育。

四、幼儿劳动教育的实施

（一）幼儿劳动教育实施的途径和手段

1. 通过主题活动实施幼儿劳动教育

开展以劳动教育为核心的主题活动，能够直接且有针对性地促进幼儿劳动知识、技能和情感等方面的发展。幼儿园应根据幼儿的年龄特征设计劳动教育主题活动。例如，对于小班幼儿，着重解决自身基本生活需要的各种劳动知识和技能，让幼儿体会自己的事情自己做的自豪感；对于中班幼儿，可以引导其参与家务劳动、园所劳动，培养其服务他人的合作意识；对于大班幼儿，可以引导其参与公益劳动类的劳动实践，通过相互合作完成社会劳动任务的形式，培养幼儿的社会公德和公民意识。

2. 通过游戏活动实施幼儿劳动教育

游戏是幼儿最喜欢的一种活动形式，把劳动教育设计成游戏活动，让幼儿在玩中学、在玩中做，幼儿参与意识强、积极性高，往往会达到事半功倍的教育效果。

通过游戏活动实施幼儿劳动教育，首先，应根据活动需要创设不同的区域（也称区角）供幼儿进行劳动，并适时给予劳动知识和技能方面的指导。如在“小作坊”区域，引导幼儿玩泥巴、剪纸、制作玩具、装饰器材等，不仅使幼儿认识了各种材料的性能，学习到加工和制作的技能，还可以使其体验到创作的乐趣；在“娃娃家”区域，引导幼儿通过扮演医生、厨师等劳动角色体会不同劳动者的工作内容；在“自然角”区域，引导幼儿在浇水、松土、喂食、换水等劳动过程中懂得劳动与动植物生长之间的关系，培养幼儿认真负责、持久细心的劳动态度。其次，游戏活动结束，应引导幼儿收拾游戏材料、分类物品并摆放整齐，对幼儿的劳动行为进行及时且适度的激励，从而激发幼儿的劳动热情。

3. 通过一日生活活动实施幼儿劳动教育

生活即教育。幼儿的劳动教育应与幼儿的一日生活紧密关联，主要包括生活自我服务劳动教育和为集体服务劳动教育两种途径。

生活自我服务劳动教育可以帮助幼儿培养良好的自理能力和劳动习惯。例如，在餐饮活动中指导幼儿自洗碗勺、擦拭饭桌；在睡眠活动中指导幼儿收拾被子、穿脱衣服及叠放衣物；在盥洗活动中指导幼儿自取毛巾、使用牙刷及洗刷杯子；在如厕活动中指导幼儿自己脱裤子、使用厕纸及会用厕具。

为集体服务劳动教育是在教师的组织、引导下，幼儿为班级、幼儿园或家庭做力所能及的事，培养幼儿关心他人、拥有为集体服务的义务感和责任感。例如，指导幼儿在班级中清扫活动室、修补图书、清洗玩具，在幼儿园中捡垃圾、修剪树木，在家庭中帮助父母打扫卫生、刷碗等。

思考与讨论

“生活即教育”是我国哪位著名教育家的观点？

（二）实施幼儿劳动教育应该注意的问题

1.重视发挥幼儿劳动教育的教育作用

幼儿园要明确幼儿劳动教育的目的，计划并安排好实施幼儿劳动教育的各个步骤，在劳动教育过程中，不仅重视幼儿对劳动知识和劳动技能的学习，更要充分发挥劳动的教育作用，让教育贯穿于劳动的全过程。例如，好多幼儿生活自我服务的能力差，不会穿脱衣服，不会叠小被子，没有收拾玩具的习惯；有的幼儿看见小椅子倒了，从一边绕过去，甚至用脚踢；有的幼儿毫不在意地把碎纸片扔在干净的地板上，把不喜欢吃的饭菜丢在地上。针对这些现象，幼儿园在实施幼儿劳动教育的过程中，要注意引导幼儿通过劳动过程认识劳动的意义，体验劳动创造的乐趣，热爱劳动，同时，引导幼儿认识劳动的艰辛，尊重劳动，珍惜他人的劳动成果，并逐步养成良好的劳动习惯。

那种把幼儿劳动教育看成实施劳动项目，把幼儿当作劳动力，或者把劳动当成惩罚手段，甚至追求幼儿劳动带来的经济效益的观点和做法都是错误的，是不允许的。

2.创设良好的幼儿劳动教育环境

鉴于幼儿劳动的特殊性，要实施幼儿劳动教育，良好的劳动教育环境（即劳动场所和设施）显得尤为重要。例如，根据各年龄班的劳动教育内容，可在室内创设自我服务“动手角”，幼儿随时可进行系鞋带、穿衣服、扣纽扣、叠被子等游戏性练习及比赛活动。利用幼儿园的边角空地，可在室外开辟种植园、养殖角，幼儿不出本园即可学习按季节种瓜、种豆，及时给植物松土、浇水、施肥、除草，采摘果实；很方便地学习饲养各种小动物，不但能随时了解这些动物的特征、习性，而且能利用零散时间，随时对小动物进行观察、保护，在实践中学会关心爱护小动物。

3.科学安排幼儿劳动教育的内容

科学安排幼儿劳动教育的内容，要求幼儿劳动的内容、时间、难易程度和劳动量等要适合幼儿的身心发展特点。例如，对于小班幼儿，可以安排其自己洗手、穿脱衣服、整理玩具和图书以及自己吃饭等；中班幼儿的生活自理能力有所增强，可以安排其学习自己洗脸、刷牙、叠被子、系鞋带、扣纽扣、洗手帕、洗玩具、分发碗筷等；对于大班幼儿，可以让其学习穿针引线，帮助老师扫地、倒垃圾，整理床铺、收拾碗筷，进行种植、养殖等活动。

4. 注意幼儿劳动教育形式的多样化、方式的趣味性

幼儿对劳动的兴趣和愿望，是幼儿参加劳动的内部动力。为了培养幼儿对于劳动的兴趣，并最终使其养成热爱劳动的道德情操，幼儿园要注意利用生动活泼、多种多样的形式实施幼儿劳动教育。例如，在幼儿自我生活服务的劳动中，就可通过唱儿歌、讲故事、歌舞表演、游戏等活动形式，引导幼儿实际操作，进行反复练习，学习生活技能，既能增强幼儿的兴趣，又能增强教育的效果。再如，先在“自然角”区域将准备种植的种子进行是否发芽的小试验，确定发芽后再进行种植。其他如鼓励幼儿提出和他人不同的自制玩具的设想和构思，启发幼儿结合劳动内容提出新颖有趣的问题，等等，都符合幼儿劳动教育的形式多样化、方式趣味性的要求，都能引导幼儿保持对劳动的兴趣。

5. 注意在劳动教育中对幼儿进行差异化教育

《3—6 岁儿童学习与发展指南》指出，“要充分理解和尊重幼儿发展进程中的个别差异，支持和引导他们从原有水平向更高水平发展”。《幼儿园教师专业标准（试行）》也明确要求：“了解幼儿在发展水平、速度与优势领域等方面的个体差异，掌握对应的策略与方法。”在劳动教育中，要通过把握幼儿的发展水平和劳动状态，为每个幼儿创设适宜的活动，以支持幼儿按照自身的力量、速度和方式进行劳动；让每个幼儿有机会充分表述自己的观点，并在与他人的交流中反思和改进这些观点；使用多种标准对幼儿的劳动过程和结果进行评价。总之，幼儿园要在劳动教育中对幼儿进行差异化教育，而不能不加分别地实施“一刀切”式的幼儿劳动教育。

6. 强化家园配合、同步要求

《幼儿园教育指导纲要（试行）》强调，幼儿园应“与家庭、社区合作，引导幼儿了解自己的亲人以及与自己生活有关的各行各业人们的劳动，培养其对劳动者的热爱和对劳动成果的尊重”。对孩子进行劳动教育离不开家长的配合与支持，否则，幼儿园与家庭要求不一致，家长事事处处包

办代替，幼儿劳动习惯和劳动情感的培养难以见成效。为此，要充分利用家长园地、家访等形式向家长宣传劳动教育的意义和方法，要求家长为孩子创造良好的劳动环境，提供一定的劳动条件，鼓励孩子自己能做的事情自己做，并做一些力所能及的家务劳动，不要因孩子不会做或做不好而加以制止、训斥、替代，使幼儿失去练习的机会。同时要将劳动教育的内容定期向家长公布，以便得到配合，形成家园合力。

7. 重视劳动教育过程的安全与卫生

幼儿身心发育尚未完善，缺乏自我保护的能力、知识和经验，实施幼儿劳动教育尤其要在安全卫生的条件下进行。例如，在劳动环境的创设方面，不能让幼儿在下雨、刮风或酷暑严寒的气候条件以及有噪声、污染或尘土飞扬的环境中劳动，禁止让幼儿在陡坡、河岸边、水井旁以及有车辆过往的地方劳动；在劳动工具的选择方面，除了满足种类齐全、数量充足的条件，还必须使其适合幼儿的身体情况，轻便、牢固，方便每个幼儿使用，而且要建立使用劳动工具的常规要求，防止事故的发生；在劳动量大小和时间长短方面，要适合幼儿的体力、耐性等特点，最长劳动时间不要超过 30 分钟，还要注意指导幼儿的劳动姿势，不能让幼儿长时间负重、弯腰、站立或下蹲等。

除了注意一般的要求，还要细心观察幼儿在劳动教育过程中身体状况的反应，如发现个别幼儿有气喘、出汗多、脸色不正常等状况，应立即询问了解情况，视情况让幼儿及时休息或安排就医。

8. 坚持幼儿劳动教育的一贯性

幼儿劳动教育的实践证明，必须通过长期的劳动教育，才能帮助幼儿培养正确的劳动态度，学会简单的劳动技能，养成良好的劳动习惯。所以，幼儿园实施幼儿劳动教育要坚持一贯性，即保持幼儿劳动教育的连续性和系统性。这就要求幼儿园不但每次组织幼儿劳动都要保持过程完整，而且要有计划地由易到难、从简单到复杂，经常性、制度化，持之以恒地组织幼儿劳动。例如，在幼儿每天的值日劳动中，要引导其保质保量地完成值日任务；在幼儿每个学期的值日劳动中，要鼓励其持之以恒、善始善终，而且要引导幼儿不断总结、不断改进、不断提高值日质量。

拓展阅读

方法不同，效果不同

中秋节快到了，幼儿园倡导各年龄班做灯笼装饰活动室。

大一班教师提议用废旧材料做灯笼。小朋友们各自回家收集了诸如牙膏盒、纸巾盒、汉堡盒等各种材料，教师把幼儿收集到的各种材料分类排列，另外又准备了剪刀、胶水、针线等工具和彩纸等辅助材料，让小朋友们两人一组，并建议每组经过协商，选择自己喜欢的材料，采用自己想到的方式方法制作灯笼，教师在一旁随机指导。结果，每组幼儿都制作了具有本组特色的中秋节灯笼。这些灯笼挂在活动室里，五彩缤纷，不仅本班小朋友对它们喜爱有加，还吸引了邻班小朋友纷纷前来参观。

大三班教师自己准备了统一的材料，耐心细致地教给幼儿制作灯笼的步骤，然后让小朋友们以两人为一组制作灯笼。结果各组制作了一模一样、都很漂亮的灯笼，挂在活动室里整齐划一。

本章作业

一、复习本章内容，列出本章内容四级目录总结表

二、填空题（将下列各题的正确答案填在横线上）

1. 教育方针是一个国家或政党在一定历史时期____基本政策的总概括，教育方针的基本内容主要包括教育发展的________、________、________几个方面。

2. 幼儿园教育的目标包括____________________和____________________，教育部2015年通过、2016年施行的《幼儿园工作规程》中提出的幼儿园保育和教育的目标属于上述目标中的____________________。

3. 幼儿园教育的基本活动是________。

4. 幼儿德育中的“五爱”是指__________、__________、__________、__________、__________。

5. 人的每种品德都由________、________、________、________四个要素构成。

6. 智商是指________。

7. 体质，即人的身体质量，它是人体在________、________、________、________等方面表现出来的相对稳定的综合特征。

8. 幼儿美育的内容包括________、________、________、________。

9. 幼儿劳动的特点包括________、________、________。

10. "生活即教育"是我国著名教育家________的观点。

三、判断题(正确的填"√"，错误的填"×")

1. 幼儿园的双重任务是对幼儿的保育和教育。(　　)

2. 幼儿园教育的原则是幼儿园对幼儿进行教育的过程中必须遵循的基本要求，《幼儿园工作规程》中提出的幼儿园教育的原则共分五条。(　　)

3. 幼儿全面发展是指幼儿在德智体美劳所有领域整体的发展。(　　)

4. 对幼儿的保育和教育很难在同一活动过程中实现，因为二者是不能相互渗透的。(　　)

5. 幼儿德育就是培养幼儿道德品质的教育。(　　)

6. 幼儿智育的核心目标是发展幼儿智力。(　　)

7. 实施幼儿体育时，应当使其在安全的基础上进行锻炼。(　　)

8. 美育就是艺术教育。(　　)

9. 幼儿的学习以获得间接经验为基础。(　　)

10. 简单轻微的幼儿劳动可以作为惩罚性教育幼儿的手段。(　　)

四、选择题(将正确选项的代号填在括号中，每题可能有一个或多个正确选项)

1. 按时间范围划分，以下属于幼儿园具体教育目标中第二层次目标的是(　　)。

A. 学年教育目标

B. 学期教育目标

C. 一月或一周或一个单元活动的教育目标

D. 一日或一个活动的教育目标

2. 按照教育目标指导的范围划分，以下属于幼儿园具体教育目标中第三层次目标的是(　　)。

A. 指导本园的教育目标

B. 指导一个年级的教育目标

C. 指导一个班级的教育目标

D. 指导每个个体的教育目标

3. 以下属于幼儿良好个性品质的是(　　)。

A. 诚实　　B. 自信　　C. 勇敢　　D. 坚强

4. 以下属于幼儿社会性品质的是(　　)。

A. 团结友爱　　B. 讲礼貌　　C. 守纪律　　D. 爱护公物

5. 智力的核心要素是(　　)。

A. 观察力　　B. 注意力　　C. 思维力　　D. 想象力

6.《幼儿园工作规程》第十八条规定："在正常情况下，幼儿户外活动时间(包括户外体育活动时间)每天不得少于(　　)，寄宿制幼儿园不得少于(　　)。"

A. 1 小时　　B. 2 小时　　C. 3 小时　　D. 4 小时

7. 一般地，美的形态包括(　　)。

A. 自然美　　B. 社会美　　C. 艺术美　　D. 心灵美

8. 幼儿劳动教育的内容包括(　　)。

A. 自我服务劳动教育　　B. 为集体服务劳动教育

C. 种植和饲养劳动教育　　D. 手工劳动教育

9. 以下劳动教育的内容中，最适合小班幼儿的是(　　)。

A. 自己吃饭　　B. 叠被子　　C. 栽花　　D. 洗袜子

10. 组织幼儿劳动教育的时间最长不应超过(　　)。

A. 20 分钟　　B. 30 分钟　　C. 40 分钟　　D. 50 分钟

五、问答题

1. 解释下列概念。

(1) 知识、技能、智力。

(2) 身体素质。

（3）幼儿劳动教育。

2.如何引导幼儿从他律阶段向自律阶段发展？

3.幼儿智育的内容包括哪五个方面？

4.幼儿体育的内容包括哪六个方面？

5.幼儿劳动教育实施的途径和手段包括哪几个方面？

6.实施幼儿劳动教育应当注意哪几个方面的问题？

六、实践题

组织一次专题学习讨论会，以学习小组为单位，学习《幼儿园工作规程》中幼儿园教育的目标、任务和原则，在小组讨论的基础上，每组推选一名代表，综合谈谈各组学习的体会。

第二章

幼儿园教育的基本要素

本章引言

要具体从事幼儿园教育工作,必须了解幼儿园教育的基本要素。

本章学习幼儿园教育的基本要素,即幼儿教师、幼儿、幼儿园环境。具体内容包括:幼儿教师的职业特点,权利、义务和职责,职业素养要求及专业发展;幼儿作为受教育者的特点及其在教育过程中的地位,影响幼儿发展的主要因素,幼儿在幼儿园阶段的发展目标;幼儿园环境的分类及作用,创设幼儿园环境应遵循的原则,以及幼儿园环境创设的内容与方法等。

应当说明:还有一种观点认为幼儿园教育的基本要素除了幼儿教师、幼儿、幼儿园环境外,还包括幼儿园课程。但是,这种观点目前未被幼儿教育界广泛接受。

第一节　幼儿教师

一般地说,幼儿教师是指接受过专门的幼儿师范教育,获得国家认定的幼儿教师职业资格,胜任幼儿教育工作的幼儿教育专业人员。

一、幼儿教师的职业特点

(一) 幼儿教师职业的角色特点

对于幼儿来说,幼儿教师不仅仅是幼儿知识、技能和经验的传递者,幼儿生活活动的照料者,学习活动的支持者、合作者、引导者,还是幼儿适应社会生活的引路人。

1. 幼儿生活活动的照料者

由于幼儿的身心特点所致,幼儿园双重任务的第一项,就是对幼儿实施保育和教育。在实际办园中,保育过程中蕴含着教育的因素,教育过程中必须注意对幼儿的保育,二者是紧密结合在一起的,那种“保育是保育员的事”的观点和做法是不正确的,现实中也是不允许的,是行不通的。

2. 幼儿学习活动的支持者、合作者、引导者

幼儿教师为幼儿提供的支持包括物质支持和心理支持两方面。其中,物质支持包括创造丰富的物质环境,心理支持主要是指教师关怀、尊重和接纳幼儿。只有教师为幼儿创设丰富的物质环境和宽松的心理环境,才能让幼儿进一步学习、实践和探究。

幼儿教师以“合作伙伴”的身份参与幼儿的学习、实践和探究中,有利于淡化甚至消除传统意义上“师道尊严”的师幼关系,将幼儿的学习、实践和探究活动变为师幼双边活动,避免生搬硬套的“填鸭式”传授。

幼儿教师通过多种形式,有目的、有计划地引导幼儿生动、活泼、主动地参与学习活动,并使幼儿在教师的指导下有效地学习,能够促进幼儿身心健康发展。

3. 幼儿适应社会生活的引路人

幼儿园是幼儿最早接触的家庭以外的社会环境,因此,教师是幼儿学习社会行为规范和人际交往方法,体验社会角色,初步学习适应社会生活的引路人。教师通过对班级的组织,对班内外和园内外丰富多彩的集体活动的指导,引导幼儿遵守集体规范、锻炼人际交往能力,从而培养幼儿适应集体生活的能力及热爱集体生活的感情,为其将来走向社会奠定良

好的基础。

（二）幼儿教师职业的劳动特点

1. 幼儿教师劳动的复杂性

幼儿教师劳动的复杂性是由幼儿的复杂性和教师任务的复杂性决定的。就幼儿的复杂性来看，幼儿的语言幼稚、行为能力较弱，有些想法难以明确表达；幼儿与成年人各方面相差太多、太大，幼儿的有些思维、言行不容易被成年人理解；幼儿的身心发育很迅速，求知欲望非常强烈，好动、好奇的特点尤其突出，活动的范围有时超出教师的预想，使教师的劳动经常遇到许多不可控制的因素；等等。就教师任务的复杂性来看，教师需要对幼儿进行保育和教育，需要结合幼儿的接受能力和学习特点对其进行指导，需要促进幼儿的德智体美劳全面发展，需要对幼儿家长进行育儿指导，等等。

思考与讨论

你能否举出几个印证幼儿教师劳动复杂性的实例？

2. 幼儿教师劳动的创造性

幼儿教师劳动的创造性首先表现在对幼儿的因材施教上。教师不仅要针对幼儿集体的特点，还要针对幼儿个体的特点进行教育，以确保每个幼儿都能健康成长。其次，表现在对教育内容的选择和处理以及对教育原则、方法的运用上。幼儿教师必须根据教育目标，结合幼儿实际，选择教育内容，并创造性地选择和运用教育手段。再次，表现在幼儿教师的教育机智上，就是对突发性教育情景做出迅速、恰当处理的随机应变的能力上。就像上面所指出的那样，在对幼儿的教育过程中，教师的劳动经常会遇到许多不可控制的因素，这就需要幼儿教师善于观察和捕捉教育情景的细微变化，灵活机动地采取恰当的措施，解决教育过程中出现的新问题，使教育取得最佳的效果。

3. 幼儿教师劳动的示范性

教师劳动的特点之一，就是用自己的思想、学识和言行，通过示范的方式直接影响学生，这就是教师劳动的示范性。幼儿天真、模仿能力强、有样学样，因而幼儿教师劳动的示范性尤其突出。可以说，教师是幼儿园最重要的师表，是最直观、最有教益的模范，是幼儿最活生生的榜样。任何一名教师，不管其是否意识到这一点，不管其自觉还是不自觉，都在对幼儿起着直接的重要的影响作用。“这是我们老师说的！”“我们老师就是这样做的！”幼儿的这些口头禅，就是对幼儿教师劳动示范性的最好例证。

4. 幼儿教师劳动效果的长期性

幼儿教师劳动效果的长期性包括两个方面：一方面，每一个幼儿在德智体美劳等方面的发展是长期、反复的过程，幼儿教师培养幼儿，要付出长期、大量的劳动，才能取得比较理想的劳动效果，因而幼儿教师劳动的周期比较长；另一方面，幼儿时期是一个人的启蒙时期，幼儿教育是基础教育的基础，幼儿教师所从事的劳动是人才培养的奠基性劳动，教师的劳动对于幼儿的影响是长期的，甚至能影响幼儿的一生。

二、幼儿教师的权利、义务和职责

（一）幼儿教师的权利和义务

《中华人民共和国教师法》（以下简称《教师法》）赋予了教师应当享有的权利，规定了教师应当承担的义务。幼儿教师属于教师系列，同样享有《教师法》赋予的权利，同时必须承担《教师法》规定的义务。

1. 幼儿教师的权利

第一，进行保育和教育活动，开展保育教育改革和实验的权利；

第二，从事科学研究、学术交流，参加专业的学术团体，在学术活动中充分发表意见的权利；

第三，指导幼儿的学习和发展，评定幼儿成长发展的权利；

第四，按时获得工资报酬，享受国家规定的福利待遇及带薪休假的权利；

第五，参与幼儿园民主管理的权利；

第六，参加进修或者其他方式的培训的权利。

2. 幼儿教师的义务

第一，遵守宪法、法律和职业道德，为人师表；

第二，贯彻国家的教育方针，遵守规章制度，执行幼儿园保教计划，履行聘约，完成工作任务；

第三，按照国家规定的保教目标，组织、带领幼儿开展活动；

第四，关心爱护全体幼儿，尊重幼儿人格，促进幼儿全面发展；

第五，制止有害幼儿的行为或者其他侵犯幼儿合法权益的行为，批评和抵制有害幼儿健康成长的现象；

第六，不断提高思想政治觉悟和教育教学业务水平。

思考与讨论

《中华人民共和国教师法》赋予了教师“六大权利”，规定了教师“六条义务”，你能说出“六大权利”和“六条义务”的主要内容吗？

（二）幼儿教师的职责

教育部 2015 年通过、2016 年实施的《幼儿园工作规程》第四十一条规定，幼儿园教师对本班工作全面负责，其主要职责如下：

第一，观察了解幼儿，依据国家有关规定，结合本班幼儿的发展水平和兴趣需要，制订和执行教育工作计划，合理安排幼儿一日生活；

第二，创设良好的教育环境，合理组织教育内容，提供丰富的玩具和游戏材料，开展适宜的教育活动；

第三，严格执行幼儿园安全、卫生保健制度，指导并配合保育员管理本班幼儿生活，做好卫生保健工作；

第四，与家长保持经常联系，了解幼儿家庭的教育环境，商讨符合幼儿特点的教育措施，相互配合共同完成教育任务；

第五，参加业务学习和保育教育研究活动；

第六，定期总结评估保教工作实效，接受园长的指导和检查。

拓展阅读

幼儿园保育员的主要职责

《幼儿园工作规程》第四十二条规定，幼儿园保育员的主要职责如下：

第一，负责本班房舍、设备、环境的清洁卫生和消毒工作；

第二，在教师指导下，科学照料和管理幼儿生活，并配合本班教师组织教育活动；

第三，在卫生保健人员和本班教师指导下，严格执行幼儿园安全、卫生保健制度；

第四，妥善保管幼儿衣物和本班的设备、用具。

三、幼儿教师的职业素养要求

良好的职业素养是幼儿园教师能够胜任幼教工作岗位的必要条件。这里，我们根据《幼儿园教师专业标准（试行）》《幼儿园保育教育质量评估指南》《幼儿园教师专业标准》《新时代幼儿园教师职业行为十项准则》《幼儿园工作规程》等有关要求，结合幼儿教育实际，讨论幼儿教师的职业素养要求。

（一）幼儿教师的职业道德要求

幼儿教师的职业道德要求概括起来主要包括以下几个大的方面：

第一，坚持以习近平新时代中国特色社会主义思想为指导，拥护中国共产党的领导，热爱祖国，忠于人民；

第二，自觉贯彻党和国家的教育方针，践行社会主义核心价值体系，落实立德树人根本任务；

第三，恪守宪法原则，遵守法律法规，依法履行教师职责，尊重并维护幼儿合法权益，平等对待每一位幼儿；

第四，热爱幼儿教育事业，具有职业理想和敬业精神，富有爱心、耐心和细心；

第五，秉持公平诚信，坚守廉洁自律，为人师表；

第六，增强安全意识，加强安全教育，保护幼儿安全，防范事故风险；

第七，遵循幼教规律，注重保教结合，做幼儿健康成长的启蒙者和引路人；

第八，具有团队合作精神，积极开展协作与交流。

思考与讨论

其他幼儿离园后，教师让没有完成任务的幼儿留下，并陪伴幼儿继续完成没有完成的任务，这是体罚或者变相体罚幼儿吗？

（二）幼儿教师的专业理念要求

所谓专业理念，主要是指人对某一专业的理解、认识、态度。

幼儿教师需要具备的专业理念如下：

第一，认同幼儿园教师的专业性和独特性，注重自身专业发展；

第二，重视生活对幼儿健康成长的重要价值，积极创造条件，让幼儿拥有快乐的幼儿园生活；

第三，注重保教结合，培育幼儿良好的意志品质，帮助幼儿养成良好的行为习惯；

第四，重视环境和游戏对幼儿发展的独特作用，创设富有教育意义的环境氛围，将游戏作为幼儿的主要活动；

第五，重视丰富幼儿多方面的直接经验，将探索、交往等实践活动作为幼儿最重要的学习方式；

第六，注重保护幼儿的好奇心，培养幼儿的想象力，发掘幼儿的兴趣爱好；

第七，尊重个体差异，主动了解和满足有益于幼儿身心发展的不同需求；

第八，重视自身日常态度言行对幼儿发展的重要影响与作用；

第九，重视幼儿园、家庭和社区的合作，综合利用各种资源。

（三）幼儿教师的知识结构要求

幼儿教师知识结构主要包括以下三个方面：

1. 幼儿发展知识

第一，了解关于幼儿生存、发展和保护的有关法律法规及政策规定；

第二，掌握不同年龄幼儿身心发展特点、规律和促进幼儿全面发展的策略与方法；

第三，了解幼儿在发展水平、速度与优势领域等方面的个体差异，掌握对应的策略与方法；

第四，了解幼儿发展中容易出现的问题与适宜的对策；

第五，了解有特殊需要幼儿的身心发展特点及教育策略与方法。

2. 幼儿保育和教育知识

第一，熟悉幼儿园教育的目标、任务、内容、要求和基本原则；

第二，掌握幼儿园各领域教育的学科特点与基本知识；

第三，掌握幼儿园环境创设、一日生活安排、游戏与教育活动、保育和班级管理的知识与方法；

第四，熟知幼儿园的安全应急预案，掌握意外事故和危险情况下幼儿安全防护与救助的基本方法；

第五，掌握观察、谈话、记录等了解幼儿的基本方法和教育心理学的基本原理和方法；

第六，了解 0—3 岁婴幼儿保教和幼小衔接的有关知识与基本方法。

3. 通识性知识

第一，具有一定的自然科学和人文社会科学知识；

第二，了解中国教育基本情况；

第三，具有相应的艺术欣赏与表现知识；

第四，具有一定的现代信息技术知识。

(四) 幼儿教师的能力结构要求

幼儿教师的职业特点及其权利、义务和职业要求，决定了幼儿教师必须具备多元化职业能力。

1. 环境的创设与利用能力

第一，建立良好的师幼关系，帮助幼儿建立良好的同伴关系，让幼儿感到温暖和愉悦；

第二，建立班级秩序与规则，营造良好的班级氛围，让幼儿感受到安全、舒适；

第三，创设有助于促进幼儿成长、学习、游戏的教育环境；

第四，合理利用资源，为幼儿提供和制作适合的玩教具和学习材料，引发和支持幼儿的主动活动。

2. 一日生活的组织能力

第一，合理安排和组织一日生活的各个环节，将教育灵活地渗透到一日生活中；

第二，科学照料幼儿日常生活，指导和协助保育员做好班级常规保育和卫生工作；

第三，充分利用各种教育契机，对幼儿进行随机教育；

第四，有效保护幼儿，及时处理幼儿的常见事故，危险情况优先救护幼儿。

3. 游戏活动的支持与引导能力

第一，提供符合幼儿兴趣需要、年龄特点和发展目标的游戏条件；

第二，充分利用与合理设计游戏活动空间，提供丰富、适宜的游戏材料，支持、引发和促进幼儿的游戏；

第三，鼓励幼儿自主选择游戏内容、伙伴和材料，支持幼儿主动地、创造性地开展游戏，充分体验游戏的快乐和满足；

第四，引导幼儿在游戏活动中获得身体、认知、语言和社会性等多方面的发展。

4. 教育活动的计划与实施能力

第一，制订阶段性的教育活动计划和具体活动方案；

第二，在教育活动中观察幼儿，根据幼儿的表现和需要，调整活动，给予适宜的指导；

第三，在教育活动的设计和实施中体现趣味性、综合性和生活化，灵活运用各种组织形式和适宜的教育方式；

第四，提供更多的操作探索、交流合作、表达表现的机会，支持和促进幼儿主动学习。

5. 激励与评价能力

第一，关注幼儿日常表现，及时发现和赏识每个幼儿的点滴进步，注重激发和保护幼儿的积极性、自信心；

第二，有效运用观察、谈话、家园联系、作品分析等多种方法，客观地、全面地了解和评价幼儿；

第三，有效运用评价结果，指导下一步教育活动的开展。

6. 沟通与合作能力

第一，使用符合幼儿年龄特点的语言进行保教工作；

第二，善于倾听，和蔼可亲，与幼儿进行有效沟通；

第三，与同事合作交流，分享经验和资源，共同发展；

第四，与家长进行有效沟通合作，共同促进幼儿发展；

第五，协助幼儿园与社区建立合作互助的良好关系。

7. 反思与发展能力

第一，主动搜集分析相关信息，不断进行反思，改进保教工作；

第二，针对保教工作中的现实需要与问题，进行探索和研究；

第三，制订专业发展规划，积极参加专业培训，不断提高自身专业素质。

思考与讨论

有人认为，幼儿教师需要教给幼儿的知识和技能都很浅显，没有什么学术性，也谈不上专业性，具备基础文化素质的人都能做幼师。请结合你对幼儿教师职业的了解和理解，谈谈你对这一观点的看法。

（五）幼儿教师的体质要求

1. 体质的含义

体质，即人的身体质量，它是人体在体格、体能、适应能力和心理因素等各方面表现出来的相对稳定的综合特征，是身体发展状况的综合表现。其中，体格是指人的生长发育、体形和身体姿势；体能包括生理机能、身体素质、身体基本活动能力，生理机能即人体各器官系统工作的能力如脉搏、血压、肺活量等指标，身体素质即身体活动的速度、灵活性、柔韧性、平衡能力、耐力等，身体基本活动能力如走、跑、跳、投掷、攀登、钻爬等基本动作；适应能力即人体从生理和心理上对外界环境包括自然环境和社会环境各种变化的应变能力；心理因素包括所有心理活动的运动、变化过程，包括积极心理因素如兴奋、期待、热烈、肯定、信任、尊敬等和消极心理因素如紧张、沮丧、恐惧、冷漠、怀疑、否定、鄙视等。

通过上面的学习可以看出，将体质理解并称为身体素质是有片面性的，因为身体素质只是体质的含义中体能因素的一个方面。

思考与讨论

比较“身体素质”和“素质教育”两个概念中“素质”含义的不同。

2.幼儿教师要具有健康的体质

幼儿教师职业的特点，尤其是幼儿教师劳动的复杂性，决定了幼儿教师必须具有健康的体质。

(1) 幼儿教师必须身体健康

幼儿教师一天中要从早到晚保育和教育一群天真活泼的幼儿，只有身体健康、精力充沛，才能长时间陪伴幼儿、照料幼儿并组织指导幼儿开展丰富多彩的活动。反之，如果教师身体状况欠佳，必然导致精神状态欠佳，这种状态下不但难以保障自身顺利完成工作任务，而且很容易感染幼儿，造成班级气氛沉闷甚至压抑，长此以往，就会影响幼儿身心健康。此外，幼儿教师在组织指导幼儿开展活动的过程中，往往既要示范动作要领，又要作为活动中的一员和幼儿一起进行活动，这对幼儿教师的体格、体能方面的素质都提出了一定的要求。

(2) 幼儿教师必须心理健康

幼儿教师心理健康的表现是多方面的，诸如热情开朗、富有亲和力的性格，乐观、平和、积极向上的心态，善于自我调节的适应能力，有耐心、有恒心、勇于战胜挫折的意志品质，等等。拥有健康的心理素质不仅能够促进幼儿教师做好自己的各项具体工作，同样能够感染幼儿、影响幼儿，除了能够获得幼儿的喜爱和信赖，增强幼儿的向心力，营造团结、活泼的班级氛围，还能促进全班幼儿沿着积极向上的方向健康成长。可见，幼儿教师健康心理素质的影响是多方面的，作用是很大的。

四、幼儿教师的专业发展

（一）幼儿教师专业发展的含义及意义

幼儿教师的专业发展，是指幼儿教师通过各种途径，不断提升专业能力，成为成熟甚至优秀教师的过程。

《幼儿园教师专业标准（试行）》中多次提到幼儿教师要不断学习、进步、发展，由此可见幼儿教师专业发展的重要性。分析总结许许多多幼儿教师的职业生涯可见，幼儿教师只有实现了专业发展，才能为幼儿教育事业做出更大的贡献，才能不断提升自我职业生涯的层次，才能有更多的收获。

（二）幼儿教师专业发展的途径

总的来看，要想促进幼儿教师沿着积极的专业化方向健康成长，需要社会尤其是有关幼儿教育管理机构、幼儿园、幼儿教师的共同努力。

就幼儿教师自身来看，要想获得专业发展，要有专业发展的意识，要制订专业发展规划，要结合实际工作，主动寻找多种途径，促进自己的专业发展。具体来讲有以下几方面：

第一，入职后的角色转换是专业发展的开端。从学生到教师的角色转换要有一个过程，要实现这一转换，除了积极参加单位组织的新入职教师集中培训，还需要在工作、学习、生活等方面虚心向有经验的优秀教师学习，通过个人努力加上“老教师”的“传帮带”，使自己尽快适应幼儿教师的职业生活。

第二，尽心尽力做好自己的工作是专业发展的主渠道。“实践出真知”，只有在工作过程中尽心尽力，才能发现自己的长处与不足，从而扬长补短，不断进步。

第三，参与教研活动是成长为专家型教师的关键一环。只有积极参与业务观摩、课题研讨，并撰写课题报告或论文等，才能促进自己的专业水准发生质的变化，引领自身向专家型教师的行列迈进。

第四，不断学习推动自身持续发展。通过自学、函授、参加短期培训、脱产进修等渠道，坚持学习，紧跟学前教育（幼儿教育）专业的发展，争做幼儿教师行业的排头兵。

思考与讨论

有的教师学历很高，又是专业出身，自认为凭自己深厚的基础就能长期保持优势，就不用继续学习了。谈谈你对这一观点的认识。

第二节 幼 儿

我们已经知道，幼儿园招收的是三周岁以上的学龄前幼儿。关于幼儿的很多研究都体现在幼儿心理学中。本节中我们学习幼儿教育学中涉及的有关幼儿自身的几个问题。

一、幼儿作为受教育者的特点

（一）幼儿是全面发展的完整的人

幼儿身心各个方面的发展是相互联系、相互影响的，幼儿是全面发展的完整的人，如果偏废了某一个方面的发展，往往会影响到与其相关的其他方面的发展，会给其以后的人生道路带来不可预知的消极影响。所以，把正处于人生发展奠基时期的幼儿看成具有丰富个性的完整的人，实施全面发展教育，具有十分重要的现实和长远意义，这也是我们党和国家教育方针的要求。

当然，在全面发展的基础上，尊重幼儿发展的个性特征，因人而异，因材施教，与全面发展教育并不矛盾。那种凭借对幼儿某些所谓爱好、特长等初步的观察，就决定让幼儿沿着某些方向发展，而舍弃全面发展教育的观点和做法，是对幼儿不负责任的，是错误的。

（二）幼儿是具有主观能动性的人

幼儿的主观能动性是指幼儿对外界影响的选择、吸收和融化的主动反映能力，也包括幼儿对外界所做的创造性反映能力。

幼儿是有意识的人，对于外界事物是否接受、如何接受、接受到什么程度，是有主观能动性的，只是从婴儿到幼儿，从无知无识发展到有知浅识，这种能力总体比较弱，所以往往不被教育者认识，常常被教育者忽视。

幼儿教育的实践告诉我们，幼儿是具有主观能动性的人，一切教育要求都必须符合幼儿的发展水平。如果教育者一味地把自己的意愿强加给幼儿，结果往往是欲求而不得，反而伤害了幼儿学习的积极性和主动性。正确的做法是创造适合幼儿兴趣和认识规律的教育情境，因材施教，因势利导，循循善诱，对症下药，引导幼儿积极主动地学习，这样才能获得最佳的教育效果。

思考与讨论

不少人认为“小孩子懂什么？”，很多人觉得“小孩子就要听大人的话”，你认为呢？

（三）幼儿是具有巨大发展潜力的人

幼儿时期，人的知识、技能、经验的基础等很薄弱，正所谓“一张白纸，好写最新最美的文字，好画最新最美的图画”，这就决定了幼儿可塑性很强，因而具有很大的发展潜力。

幼儿时期，人的思维及言行天真无邪、无所顾忌，俗话说的“初生牛犊不怕虎”就是对幼儿这一特点的生动写照。幼儿的这一特点，也是幼儿具有巨大发展潜力的重要因素。例如，幼儿的奇思妙想如能得以科学引导，加以大胆探索，或许最终会成为现实。如果同学们认真完成“本章作业”中的“实践题”，就能体会到上述观点的价值所在。

（四）幼儿是处于发展过程中的个人

幼儿的这一特点包括两个方面。

1. 幼儿是处于发展过程中的人

幼儿时期是一个人身体和心理发育特别旺盛的时期，在这一时期，幼儿的好奇心特别强烈，探索新鲜事物的兴趣（强烈的兴趣称为欲望更合适）是其他任何年龄段都无可比拟的。这种强烈的好奇心、强烈的欲望，推动幼儿十分积极主动地探究外部世界，由此推动幼儿的迅速成长。

2. 幼儿是发展中的个人

不同的幼儿，先天特点不同，出生后受到的社会环境的影响不同，发展过程也就不同。各种原因促成不同的幼儿逐渐形成各自不同的“风格”。幼儿独特的个性是客观存在的，幼儿教师不可回避也无法回避这一客观存在的现象，正确的做法应当是像上面所说的那样，在全面发展的基础上，尊重幼儿发展的个性特征，因人而异，因材施教，培养具有独特个性的人。

二、幼儿在教育过程中的地位

关于幼儿在保育、教育过程中的地位，可以从三个方面理解：就幼儿园保育和教育的对象来看，幼儿是保育和教育活动的客体，教师是“保”和“教”活动的主体；就学习过程本身来看，幼儿是“学”活动的主体，教师是幼儿学习的引导者、指导者；幼儿是自身权利的主体，享有法律规定的有关权利。

需要注意的是，幼儿年龄、身体、心智等因素，导致其客观上行使自身权利受到限制，这就更需要全体教育者尊重幼儿的权利，保护（监护）幼儿行使其享受的权利。

三、影响幼儿发展的主要因素

（一）早期教育的时间段与幼儿的发展

在实际的婴幼儿教育过程中，有的人从孩子刚会说话就开始教孩子认字尤其是学数字，三四岁就让其开始练长跑。对于一般婴幼儿来说，这不一定是好的做法。但是，有的人尽早对婴幼儿进行语言的开发，有的人尽早让婴幼儿进行体操和舞蹈训练，又是符合婴幼儿教育的科学规律的。可见，婴幼儿的成长有其规律性。一般地说，三岁以前，婴幼儿按照生命体初期的自然发展规律成长，学科上称为婴幼儿自己的成长“大纲”；学龄期儿童开始按照学校培养学生的计划即教育教学大纲学习成长；三到六岁的幼儿处于两者之间，由按照自己的“大纲”不断转化为按照学校的“大纲”学习成长。根据幼儿不同阶段身心发展的规律，抓住相应的时间段实施相应的教育，会取得事半功倍的效果，使幼儿今后的发展受益。

（二）早期教育的方式与幼儿的发展

幼儿身体稚嫩、心智单纯，无论是身体还是心智，都需要在与真实环境的接触中才能得到发展。所以说，幼儿的身心发展是通过幼儿与外界环境相互作用即幼儿的实践活动来实现的。促进幼儿健康发展的最佳方式，就是让其参加积极、科学的实践活动。其中，身体发育是幼儿在与外界进行物质交换的过程中实现的，心理发育是幼儿在与外界的人、事、物接触的过程中实现的。

实践证明，幼儿通过实践活动促进自身身心发展，不但受环境因素的影响，而且受个体因素的影响。例如，生活条件好一点的幼儿体质发育好一些，教育环境好一点的幼儿心理发育好一些；一般来说，男孩和女孩不一样，而男孩之间、女孩之间各自也有差别。

四、幼儿在幼儿园阶段的发展目标

我们在上一章学习的《幼儿园工作规程》中提出的幼儿园教育的国家目标，就是幼儿在幼儿园阶段发展的总体目标。

这里，我们来学习幼儿在幼儿园阶段各领域的发展目标。

《幼儿园教育指导纲要（试行）》（以下简称《纲要》）中，提出了幼儿在健康、语言、社会、科学、艺术各领域的发展目标。《3—6 岁儿童学习与发展指南》（以下简称《指南》）中，又对上述各领域目标进行了具体化，而且按年龄段进行了细化。这里只列出《纲要》中的目标要求和《指南》中的具体化目标要求。

(一)健康

1.《纲要》中提出的目标要求

《纲要》对幼儿在健康领域的发展提出的目标要求主要包括:身体健康,在集体生活中情绪安定、愉快;生活、卫生习惯良好,有基本的生活自理能力;知道必要的安全保健常识,学习保护自己;喜欢参加体育活动,动作协调、灵活。

2.《指南》对《纲要》目标要求的具体化

(1)身心状况:具有健康的体态,情绪安定、愉快,具有一定的适应能力。

(2)动作发展:具有一定的平衡能力,动作协调、灵敏;具有一定的力量和耐力;手的动作灵活协调。

(3)生活习惯与生活能力:具有良好的生活与卫生习惯,具有基本的生活自理能力,具备基本的安全知识和自我保护能力。

(二)语言

1.《纲要》中提出的目标要求

《纲要》对幼儿在语言领域的发展提出的目标要求主要包括:乐意与人交谈,讲话礼貌;注意倾听对方讲话,能理解日常用语;能清楚地说出自己想说的事;喜欢听故事,看图书;能听懂和会说普通话。

2.《指南》对《纲要》目标要求的具体化

(1)倾听与表达:认真听并能听懂常用语言,愿意讲话并能清楚地表达,具有文明的语言习惯。

(2)阅读与书写准备:喜欢听故事、看图书,具有初步的阅读理解能力,具有书面表达的愿望和初步技能。

(三)社会

1.《纲要》中提出的目标要求

《纲要》对幼儿在社会领域的发展提出的目标要求主要包括:能主动

地参与各项活动，有自信心；乐意与人交往，学习互助、合作和分享，有同情心；理解并遵守日常生活中基本的社会行为规则；能努力做好力所能及的事，不怕困难，有初步的责任感；爱父母长辈、老师和同伴，爱集体、爱家乡、爱祖国。

2.《指南》对《纲要》目标要求的具体化

(1) 人际交往：愿意与人交往，能与同伴友好相处，具有自尊、自信、自主的表现，关心尊重他人。

(2) 社会适应：喜欢并适应群体生活，遵守基本的行为规范，具有初步的归属感。

(四) 科学

1.《纲要》中提出的目标要求

《纲要》对幼儿在科学领域的发展提出的目标要求主要包括：对周围的事物、现象感兴趣，有好奇心和求知欲；能运用各种感官，动手动脑，探究问题；能用适当的方式表达、交流探索的过程和结果；能从生活和游戏中感受事物的数量关系并体验到数学的重要和有趣，爱护动植物，关心周围环境，亲近大自然，珍惜自然资源，有初步的环保意识。

2.《指南》对《纲要》目标要求的具体化

(1) 科学探究：亲近自然，喜欢探究；具有初步的探究能力；在探究中认识周围事物和现象。

(2) 数学认知：初步感知生活中数学的有用和有趣，感知和理解数、量及数量关系，感知形状与空间关系。

(五) 艺术

1.《纲要》中提出的目标要求

《纲要》对幼儿在艺术领域的发展提出的目标要求主要包括：能初步感受并喜爱环境、生活和艺术中的美；喜欢参加艺术活动，并能大胆地表现自己的情感和体验；能用自己喜欢的方式进行艺术表现活动。

2.《指南》对《纲要》目标要求的具体化

(1) 感受与欣赏：喜欢自然界与生活中美的事物，喜欢欣赏多种多样的艺术形式和作品。

（2）表现与创造：喜欢进行艺术活动并大胆表现，具有初步的艺术表现与创造能力。

思考与讨论

《指南》对《纲要》中各领域发展目标的具体化，在顺序上有与《纲要》不对应的地方。请同学们通过学习，举例说明二者顺序上不对应的地方。

拓展阅读

《指南》中还按幼儿年龄段细化了健康等各领域的发展目标，请同学们上网搜索《指南》进行学习。

第三节　幼儿园环境

幼儿园环境是幼儿园重要的教育资源。本节围绕幼儿园环境及其创设展开学习、讨论。

一、幼儿园环境的分类及作用

（一）幼儿园环境的分类

1. 广义的幼儿园环境

广义的幼儿园环境是指幼儿园保育和教育赖以进行的一切条件的总和，包括一切物质环境和精神环境。其中，物质环境是指对幼儿园教育产生影响的幼儿园内外一切天然物质环境和人为物质环境要素的总和，例如自然风光、气候变化、城乡建筑、环境绿化、家庭物质条件、幼儿园物质条件等。精神环境是指对幼儿园教育产生影响的幼儿园内外一切精神环境要素的总和，例如社会文化氛围、家庭氛围、幼儿园氛围。

2. 狭义的幼儿园环境

狭义的幼儿园环境是指幼儿园内部的物质环境和精神环境要素的总和。其中，幼儿园的物质环境是指对幼儿园教育产生影响的幼儿园内部一切物质环境要素的总和。例如园舍建筑、设施设备、活动场地、活动材料、空间布局、绿化美化等；幼儿园的精神环境主要是指幼儿活动、交往所处的幼儿园的氛围，如幼儿园在一定时期的幼儿园文化氛围、大众心理倾向、幼儿园人际关系等。

（二）幼儿园环境的作用

幼儿身心发展的各个方面无一不受环境的作用和影响，正所谓环境造人。

1. 幼儿园内部环境因素及其对幼儿的影响

幼儿园内部环境主要包括建筑设计、绿化美化、环境卫生、设备设施、作息时间、膳食结构、师幼关系、幼儿关系等要素。

幼儿园的环境一般都是人为设计和创建的，所以，幼儿园环境对幼儿的影响是有目的的、系统的。

尤其需要提醒的是，幼儿园的精神环境虽是一种无形的环境，但对幼儿的发展，特别是对幼儿的个性品质及社会化的形成和发展具有十分重要的作用。只有为幼儿提供一个能使他们感到安全、温暖、平等、自由，能鼓励他们探索与创造的精神环境，幼儿才能活泼愉快、积极主动、充满自信地生活和学习，获得最好的发展。

2. 幼儿园所处外部环境因素及其对幼儿的影响

（1）家庭环境

影响幼儿家庭环境的因素主要有家庭的布置和卫生状况、家人的生活习惯以及言行的示范作用等。

家庭是幼儿的第一所学校，家长是幼儿的第一任老师，家庭环境是幼儿成长最基础的环境。

（2）社会（社区或村居）

由于年龄的限制，幼儿很少独立地远距离活动，所以，社区或村居环境是幼儿社会环境的主要部分。对幼儿产生影响的社区或村居环境包括幼儿园所处的社区或村居环境和幼儿家庭所处的社区或村居环境。无论是幼儿园所处的社区或村居环境，还是幼儿家庭所处的社区或村居环境，如社区或村居的卫生环境、居民的生活习惯、邻里关系等，都会对幼儿产生积极或消极的影响。

思考与讨论

平时我们常说，一个学生要接受来自三种环境的影响，或者说要接受三种教育，你能说出是哪三种环境或者哪三种教育吗？

二、创设幼儿园环境应遵循的原则

创设幼儿园环境应遵循的原则，是指创设幼儿园物质和精神环境时应该遵循的基本要求，这些基本要求是根据幼儿教育的目标、任务和原则，结合幼儿身心发展的特点，总结幼儿教育的实践提出来的。

（一）目标性原则

幼儿园环境创设的目标性原则，又称教育一致性原则或教育性原则，是指创设幼儿园物质和精神环境要考虑所创设环境的教育性，围绕教育目标创设环境，使环境创设的目标与幼儿园教育目标相一致。要紧紧围绕德智体美劳几个方面，覆盖健康、语言、社会、科学、艺术五大领域，不能厚此薄彼。凡是教育目标所涉及的领域，都应有相应的环境布置。另外，环境的布置还需容易引发幼儿的好奇心和求知欲，有利于促进教育目标的实现。

教育环境的变化不是随意、无序的，幼儿园应该依据教育目标，遵循幼儿的学习特点、成长规律，对环境创设做系统规划，根据规划对教育环境中所涉及的资源、材料、工具、物品等元素进行调整和改变，从而达到促进儿童发展的目的。

（二）安全性原则

在创设幼儿园物质和精神环境的过程中，要把安全性标准放在首位。

因此，幼儿园环境创设的安全性原则是幼儿园物质和精神环境创设应当遵循的首要原则。

《幼儿园工作规程》《托儿所幼儿园卫生保健管理办法》(原卫生部与教育部 2010 年 9 月发布，2010 年 11 月起施行)等有关文件，对幼儿园物质和精神环境方面的安全性提出了明确而又具体的要求。贯彻安全性原则，就要认真落实上述文件中有关安全事项的要求。

如果同学们能够按照下面“拓展阅读”的要求认真学习有关内容，就会发现，安全性并非意味着教师要消除幼儿园环境中所有潜在的危险，如因使用剪刀会有潜在危险，就不允许儿童接触与使用剪刀，这是一种消极的安全意识和防范措施。正确积极的做法是首先保证幼儿园环境符合国家相关安全卫生标准，在此基础上，再帮助幼儿确立安全意识，提高安全能力。例如，对幼儿加强安全教育，帮助幼儿学习应对一些常见的潜在危险的方法，使幼儿在活动中对环境中的不安全因素采取积极的防范措施。

拓展阅读

《幼儿园工作规程》等有关幼儿园安全事项的要求

《幼儿园工作规程》第三章、第四章和第六章，《托儿所幼儿园卫生保健管理办法》第六条、第七条、第十三条、第十四条、第十五条、第十六条、第十八条等条目，分别对幼儿园相关事项的安全性提出了明确要求，请同学们认真学习，并将学习内容按照园舍建筑、设备设施、管理规定等类别进行归纳分类。

(三) 发展性原则

幼儿园环境创设的发展性原则，是指幼儿园物质和精神环境创设的出发点和归宿都是促进幼儿身心在现有基础上获得充分发展。

在创设幼儿园环境促进幼儿发展的过程中，应当注意，幼儿的发展是德智体美劳的全面发展，各个方面协调发展、和谐发展，而不能让幼儿在某一方面片面失衡发展；幼儿的发展是适宜的发展，环境创设必须适应不同年龄幼儿的特点，通过创设不同层次的环境来达到教育目的。其实，即使是同一年龄段的幼儿，在感觉、兴趣、能力等方面也存在差异，要注意到这些差异，创设既适合该年龄段，又适合不同幼儿现状的环境，使每个幼儿都得到适宜发展的环境。

从幼儿的发展是适宜的发展这一角度来讲，发展性原则又可称为适宜性发展原则。

（四）参与性原则

幼儿园环境创设的参与性原则，是指在创设幼儿园物质和精神环境过程中，要重视幼儿的参与、合作。

在幼儿园环境创设过程中，很多教师会认为幼儿年龄小、不会做事，与其让他们参与环境的创设，不如教师直接创设省事，且能保证质量。事实上，幼儿园环境的教育性不但蕴含于环境本身之中，而且蕴含于环境创设的过程之中。在幼儿园环境创设过程中发挥幼儿的主观能动性，让幼儿积极参与，不但能提高幼儿参与活动的兴趣，而且能锻炼幼儿的思维、动手能力乃至创造能力；不但能培养幼儿的自信心，而且能提高幼儿的自我意识。当然，幼儿的主观能动性发挥到什么程度，取决于教师的组织、引导，所以，教师一定要主动和幼儿一起设计所创设的环境的主题，热情地和幼儿一起收集、准备材料，引导、鼓励幼儿大胆参与环境的布置，而且在上述过程中，教师一定要尊重幼儿对环境创设的意见和建议，充分发挥幼儿的主观能动性。

需要注意的是，幼儿的年龄特点决定了其本身参与创设幼儿园环境的能力受限，除了教师的引导、指导，有时还需要家长的协助。现在的家长非常重视幼儿教育，不少家长也愿意参与到幼儿园教育过程中，教师要调动、发挥好家长的积极性，协调、鼓励家长热情参与幼儿园环境创设。

（五）开放性原则

幼儿园环境创设的开放性原则，是指在创设幼儿园物质和精神环境过程中，不但要考虑幼儿园内部的环境要素，而且要重视幼儿园外部如幼儿所在的家庭环境、社区环境的因素，自觉利用家庭、社区的积极环境因素对幼儿进行教育，努力克服园外消极因素对幼儿园教育的抵消作用，使幼儿园、家庭、社会三者相互衔接、协调一致、形成合力。

要贯彻开放性原则，一方面可以带领幼儿走出幼儿园，通过对现实生活的观察和体验，让幼儿获得直接的生活经验，体验人与人之间的关系；另一方面，也可以让园外教育资源走进幼儿园，丰富幼儿园环境的内涵，如邀请交通警察来园进行遵守交通规则的指导，邀请消防员来园进行消防安全教育，等等。其实，上面“参与性原则”中协调家长参与幼儿园环境的创设，也是贯彻开放性原则的一个方面。

（六）经济性原则

幼儿园环境创设的经济性原则，是指在创设幼儿园物质和精神环境过程中应考虑幼儿园自身的经济条件，以对幼儿发展的作用大小和经济实用为依据，量力而行，因地制宜，勤俭办园。

贯彻幼儿园环境创设的经济性原则，要求幼儿园在实际创设环境过程中，树立勤俭办园的意识，充分利用已有条件，尤其是重视对“废旧物品”“零碎材料”的利用，提倡师幼自己动手，设计、制作、布置环境，还要积极挖掘利用园外家庭、社区等资源，甚至一切可以利用的乡土材料，为幼儿园环境创设服务。

思考与讨论

上面在介绍每条原则的含义时，都特意指明了“创设幼儿园物质和精神环境”，请以幼儿园人际关系为例，从正反两个方面谈谈精神环境对幼儿发展的影响。

提示：幼儿园人际关系主要包括师幼关系、幼儿之间的同伴关系、教职员工之间的同事关系。

三、幼儿园环境创设的内容与方法

（一）幼儿园物质环境的创设

这里就幼儿园室内和室外空间的设计与布置、活动材料的选择与提供进行介绍，供大家参考。

1. 室内物质环境的创设

幼儿在园学习和游戏的主要室内场所是活动室，活动室环境创设是室内物质环境创设的主要内容。

（1）各类活动区（角）创设

幼儿园室内环境大多以区域形式呈现，具体做法是，将室内活动环境划分为若干个区域，提供不同的材料，供幼儿在其中进行各类学习和游戏活动，以满足幼儿的需要和兴趣。活动区的种类与范围或多或少，或大或小，并无定论，但应以满足幼儿认知、语言、大小肌肉、情绪与社会性发展需求为原则。

幼儿园可以按照拟定活动区的种类与活动目标、列出以月为单位的具体活动计划、准备适当的材料和玩具、布置活动区角等基本步骤创设各类活动区。在布置各类活动区时，要注意做到条理清晰、美观、方便、安全。

（2）活动室墙面环境创设

幼儿园活动室墙面环境创设是指对影响幼儿发展的活动室墙面进行规划与布置，既包括对活动室墙面的内容、形式、色彩、材料和高度等影响幼儿发展的静态要素的规划与布置，又包括对幼儿的参与和操作等影响幼儿发展的动态要素的设计。

有的幼儿园的做法值得借鉴，即把墙壁布置划分为高、中、低三个层面，最低部分（1.2 米以下）为幼儿互动区，是属于幼儿的空间，主要以幼儿创作为主；中间部分为师幼互动区，教师根据幼儿现有水平和需要搭建平台，引导幼儿参与；最高部分为教师和家长互动区，是家园联系的桥梁和教学活动展示的平台，以方便家长参与。

至于墙饰主体内容及色彩、造型，应以幼儿熟悉并符合其身心特点的要求为原则。

（3）活动室其他环境创设

活动室其他部分的环境创设主要包括吊饰设计和标志设计。吊饰主要是以吊、挂等悬空形式设置的各种创设物品；常见标志有导向性标志、房舍标志(班级活动室、洗手间和各种区角标志等)、物品和设施设备标志、警示标志等。

2. 室外物质环境的创设

幼儿园室外环境主要包括自然生态环境活动场地、大型玩具及其他体育器材、园艺区、种植区和养殖区等。

(1) 自然生态环境活动场地的创设

自然生态环境是指幼儿园所处的自然、地理位置。在选择建立幼儿园的自然生态环境时应考虑以下要求:规模较大(4 个班及以上)的幼儿园应该有独立的建筑基地,规模较小(3 个班及以下)的幼儿园可与居住、养老、教育、办公建筑合建,但必须有独立的出入口及相应的室外游戏场地和安全防护措施;远离各种污染,并满足有关卫生、防疫的要求;方便家长接送,避免交通干扰;要保证有足够的日照及良好的通风条件;幼儿园附近应有适宜的绿化,园内空地应充分绿化。

(2) 室外活动场地及其设施的创设

按照《托儿所、幼儿园建筑设计规范》的规定,幼儿园每班应设专用室外活动场地,人均面积不应小于 2 平方米,各场地之间宜采取分隔措施;应设全园共用活动场地,室外共用活动场地应设置游戏器具、沙坑、30 米跑道、洗手池和储水深度不超过 0.3 米的戏水池等。

(3) 全方位室外活动场地的创设

全方位室外活动场地以大型组合游戏结构为主体,兼容其他游戏区域及各种可移动性活动材料,除了上面全园共用室外活动场地中包括的沙坑、洗手池和储水深度不超过 0.3 米的戏水池、适宜幼儿运动的跑道(跑道至少应该有 30 米长、数量不少于 4 条)外,还包括大型组合游戏结构区、自然种植区、草坪游戏区、动态材料建构区或“建筑工地”、隐秘小屋或“隐蔽处”、微坡地形、文化角以及栽种果树的“果园”、可以攀爬的树木等。

全方位室外活动场地不但能满足幼儿各领域的发展需求,而且能满足幼儿个别差异需要,所以,有条件的幼儿园应当努力创设全方位室外活动场地。

(二)幼儿园精神环境的创设

1.建立良好的师幼关系

建立良好的师幼关系的关键在教师,例如教师应当关爱幼儿、尊重幼儿、宽容幼儿等。有关内容我们在“幼儿教师的职业道德要求”和“幼儿教师的专业理念要求”中已经学习。

2.建立良好的同伴关系

教师应当为幼儿创造良好的交往环境,引导他们参加一些互动性且需要交往技能的集体活动,并在活动中为幼儿创设与同伴沟通交流的机会,教给幼儿交往的技能与方法,如帮助他们学会分享,学会轮流和等待,学会用协商的方式处理矛盾和冲突,等等,让幼儿感受到在集体生活中与同伴交往的乐趣,有效促进幼儿同伴关系的发展,建立良好的同伴关系。

3.建立良好的教职员工人际关系

在幼儿园保育和教育活动中,保育员、教师等幼儿园教职员工直接面对幼儿,他们之间的人际关系哪怕是一个微小的细节,都会对幼儿产生直接的影响。例如,早晨,保育员很早来到班上,忙碌地打扫。教师来了,赶紧给保育员帮忙。上课了,保育员又为教师贴教具、撕纸条,她们合作得非常愉快。幼儿看在眼里,记在心上,通过自觉和不自觉地观察、模仿、学习,渐渐地学会了调节自己的行为,当看到别人需要帮助时,自觉去帮助别人。可见,营造幼儿园教职员工之间团结、友善、和睦的人际环境十分重要。

思考与讨论

有的幼儿园员工认为,员工之间处理不好关系不要紧,只要不被幼儿发现就行;有的员工认为,自己不是保育员,更不是教师,不存在为幼儿树立榜样的问题,没有必要像保育员和教师那样严格要求自己。请大家讨论上述观点的错误及危害。

4.建立良好的幼儿园和家庭、社区的合作关系

在幼儿园环境的创设中，幼儿家庭和社区是重要的参与者，幼儿园与家庭、社区建立合作、友好、共荣的关系，为提高幼儿教育的一致性和有效性提供了保障，也为幼儿心理的健康发展提供了综合的良好精神环境。

关于幼儿园和家庭、社区的合作，将在本教材第七章中集中学习。

本章作业

一、复习本章内容，列出本章内容四级目录总结表

二、填空题(将下列各题的正确答案填在横线上)

1.幼儿教师必须接受过专门的________教育，获得国家认定的________职业资格。

2.幼儿教师的职责，主要体现在教育部 2015 年通过、2016 年实施的________________中。

3.幼儿教师的职业素养要求主要体现在教育部 2012 年发布的________________________中。

4.幼儿教师的知识结构包括____________、______________________、____________。

5.要想促进幼儿教师沿着积极的专业化方向健康成长，需要____尤其是有关幼儿教育管理机构、________、________的共同努力。

6.幼儿的发展是通过幼儿与________相互作用来实现的。

7.幼儿在幼儿园阶段各领域的发展目标主要包括____、____、____、____、____五个领域。

8.不论广义的幼儿园环境还是狭义的幼儿园环境，都包括____环境和____环境两个方面。

9.幼儿在园学习和游戏的主要室内场所是____室。

10.幼儿园物质环境的创设包括__________________和__________________。

三、判断题(正确的填"√",错误的填"×")

1.幼儿教师就是幼儿知识、技能、经验的传递者。(　　)

2.幼儿教师的权利首先是对幼儿进行保育和教育的权利。(　　)

3.所谓专业理念,是指人对某一专业的理解、认识和态度。(　　)

4.体质,即人的身体素质。(　　)

5.幼儿园招收的是年满三周岁的幼儿。(　　)

6.幼儿是保育和教育活动的客体、学习过程的主体。(　　)

7.幼儿的各种素质开发越早越好。(　　)

8.广义的幼儿园环境包括幼儿园内部环境、家庭环境和社区环境三个部分,包含物质环境和精神环境两个方面。社区环境既包括幼儿园所处的社区环境,又包括幼儿家庭所处的社区环境。(　　)

9.在幼儿园活动室墙面环境创设过程中,把墙壁划分为高、中、低三个层面,为了防止幼儿乱涂乱画,把最高部分作为幼儿互动区。(　　)

10.幼儿园室外活动场地中的戏水池储水深度不得超过1.3米。(　　)

四、选择题(将正确选项的代号填在括号中,每题可能有一个或多个正确选项)

1.关于幼儿教师职业的角色特点,下列说法中正确的是(　　)。

A.幼儿生活活动的照料者

B.幼儿学习活动的支持者、合作者、引导者

C.幼儿适应社会生活的引路人

D.幼儿知识、技能、经验的传递者

2.幼儿教师职业的劳动特点,主要表现为幼儿教师劳动的(　　)及劳动效果的(　　)。

A.示范性　　B.复杂性　　C.创造性　　D.长期性

3.下列属于幼儿教师职业理念要求的是(　　)。

A.贯彻党和国家的教育方针

B.重视幼儿园和家庭以及社区的合作

C.具有良好的职业道德修养

D.富有爱心和责任心

4. 作为受教育者，幼儿是(　　)。

A. 具有主观能动性的人　　B. 全面发展的完整的人

C. 具有巨大发展潜力的人　　D. 处于发展过程中的个人

5. 下列选项中属于体罚或者变相体罚幼儿的做法的是(　　)。

A. 规劝　　B. 对好动的幼儿罚坐

C. 没收心爱的东西　　D. 让其帮忙做家务

五、问答题

1. 幼儿教师的义务有哪些?

2. 幼儿教师的职业素养要求包括哪些方面? 其中，幼儿教师的能力结构具体包括哪些方面?

3. 幼儿教师自身谋求职业发展的途径有哪几条?

4. 创设幼儿园环境应遵循哪些原则?

5. 幼儿园精神环境的创设包括哪些方面?

六、实践题

看电影，写观后感

上网观看美国电影《十月的天空》。看了这部电影，你是否能够想到：好老师鼓励学生树立梦想，好老师帮助学生实现梦想，好老师支持学生坚守梦想?

根据电影的内容，结合自己的感想写一篇观后感，并以“我眼中的好老师”为主题，组织一次研讨会。

第三章

幼儿园课程

本章引言

有关幼儿园课程的内容，除了幼儿园课程基础知识如幼儿园课程的含义及基本要素、性质与特点外，主要为幼儿园课程方案的编制，包括对幼儿园课程目标、课程内容、课程组织、课程评价等的设计。

第一节　幼儿园课程概述

作为基础知识，本节内容包括幼儿园课程的含义、基本要素、性质与特点等。

一、课程及幼儿园课程的含义

思考与讨论

说说你对课程这一概念的理解。

（一）课程的一般含义

习惯上，一般认为课程就是一门课，事实上，随着教育实践和研究的发展，在传统课程概念的基础上，现代课程理论赋予了课程更为丰富、深刻的含义。

第一，课程的内容不仅包括学科方面教育者有计划、有目的地提供的结构化、系统化的知识、技能、经验，而且包括受教育者获得的未及预测的知识和技能，以及活动过程中出现的各种教育影响，如态度、情感、价值观等非学科方面的经验，甚至包括动态的教育活动过程本身。

第二，课程的形式不仅包括课程表中所列各学科教育教学活动，还包括有计划、有组织甚至学生自动自发的课外活动。

第三，课程的实施不再被看成单向的教育者向受教育者传递知识、技能、经验的过程，不再仅仅强调教育者是课程指导的主体，而是强调受教育者也是课程的主体，是课程学习的主体，课程是师生“教”与“学”双向互动的实践活动过程。

第四，课程实施的工具和条件不仅仅是教材、教具，还包括受教育者与其相互作用的各种教育因素，如师生关系、校园文化、家庭和社区等整个教育环境因素。

综上所述，课程是指在教育者（教师）直接和间接指导下，受教育者（学生）与教育环境相互作用的学习活动的总和。

（二）幼儿园课程的含义

从 20 世纪 70 年代开始，幼儿园课程这一概念就在我国幼儿教育系统普遍使用，但对幼儿园课程的含义一直有不同的说法。目前，幼儿教育界比较认可的是，借鉴课程的一般含义，结合幼儿园教育特点，对幼儿园课程进行定义，即幼儿园课程是指幼儿园实现幼儿教育目标，促进幼儿身心全面发展的各种教育活动如教学活动、游戏活动、日常生活活动、节日活动、娱乐活动等的总和。

二、幼儿园课程的基本要素

幼儿园课程的基本要素包括课程目标、课程内容、课程组织、课程评价几个方面。

（一）课程目标

简单地讲，课程目标是指学习者通过课程的学习应该达到的水平。幼儿园课程目标是幼儿园教育目标在幼儿园课程中的具体化，是选择幼儿园课程内容、编制幼儿园课程方案并组织实施和评价幼儿园课程的依据，对整个幼儿园课程建设起导向作用。

思考与讨论

你是如何理解教育目的、教育目标、课程目标这三个概念的？

1.课程目标的分类

（1）总体目标

总体目标也称长（远）期目标，即幼儿在园三年的课程目标。我国《幼儿园工作规程》中提出的幼儿园教育的国家目标，必须作为幼儿园全部课程的总体目标；《幼儿园教育指导纲要（试行）》中提出的各领域的教育目标，可以看成幼儿园各领域课程的总体目标，这类目标相对概括、抽象；《3—6岁儿童学习与发展指南》对《幼儿园教育指导纲要（试行）》中提出的各领域的教育目标进行了具体化，并按年龄段进行了细化。

（2）中期目标

这是大、中、小三个年龄班幼儿各自一年的课程目标，即学年课程目标。需要注意的是，幼儿园一个学期的课程目标也称中期目标。

（3）近期目标

近期目标也称单元目标，可以是主题活动单元目标，也可以是时间单元目标，如一个月或者一周的课程目标。例如，本节最后的“拓展阅读”“大班单元主题活动示例——三只小猪盖房子”中的活动目标，就属于主题活动单元目标。

（4）具体目标

具体目标是指幼儿在园一日活动目标或一个具体活动的目标。

2.课程目标的结构

一般以人的身心发展的整体结构为框架，将课程目标分为认知、情感和动作技能三个领域。

(1) 认知领域

这一领域包括知识的掌握和认知能力的形成、发展等。

(2) 情感领域

这一领域包括兴趣、态度、习惯、价值观念的形成、发展，以及社会适应能力的发展。

(3) 动作技能领域

这一领域包括感知动作、运动协调、动作技能的发展等方面的目标。

上述各个领域又按照由简到繁、由易到难、由具体到抽象、由低级到高级分为若干层次。

思考与讨论

上面课程目标的分类和结构都是对课程目标体系构成的探讨，那么其中哪一个是从纵向角度进行的探讨？哪一个是从横向角度进行的探讨？

(二) 课程内容

借鉴课程的一般含义中对课程内容的介绍，概括地讲，课程内容是指学习者应该学、能够学、适宜学的有关知识、技能和经验，不仅包括教育者有计划、有目的地提供的各领域课程方面的知识、技能和经验，而且包括受教育者在教学活动中所获得的随机出现的知识、技能和经验等，还包括受教育者在教学活动中所获得的情感等方面的体验。我国《幼儿园教育指导纲要(试行)》中提出了健康、语言、社会、科学、艺术等各领域的内容与要求，《3—6 岁儿童学习与发展指南》又对各领域各年龄段的内容与要求进行了具体化和细化。

(三) 课程组织

课程组织指对课程实施的各种要素诸如课程内容、活动材料、活动方式等进行编排与实施的工作过程。

课程组织不仅是教育者向受教育者传递课程内容的过程，即强调教育者是课程指导的主体，而且是师生双向互动的实践过程。所以课程组织也包括受教育者动态的学习过程，即强调受教育者是课程学习的主体。可见，课程组织过程是双主体活动过程。

课程组织过程中起作用的工具不仅包括教材、教具（活动材料），还包括其他因素如师生关系、校园、家庭、社会等整个教育环境。

（四）课程评价

课程评价是指在课程实施之前、实施过程中、实施某阶段终结，对教育活动的教与学的过程和教育结果进行测量，并对课程目标的制订、课程内容的选择、课程的组织等课程要素进行评估的工作。课程评价既可以帮助课程实施者完善现有课程，又可以帮助教育管理者鉴定课程质量，还可以为新课程的开发提供依据。

通常，我们将以上课程目标、课程内容、课程组织、课程评价统称为“课程四要素”。

拓展阅读

学习《幼儿园教育指导纲要（试行）》对幼儿在健康、语言、社会、科学、艺术等各领域提出的内容与要求，以及《3—6 岁儿童学习与发展指南》针对各领域各年龄段进行具体化和细化后的内容。

三、幼儿园课程的性质与特点

《幼儿园工作规程》中指出：“幼儿园是对 3 周岁以上学龄前幼儿实施保育和教育的机构。”因此，幼儿园课程有其自身的特点。

（一）幼儿园课程的性质

1. 幼儿园课程是基础教育课程的基础部分

我们已经知道，目前我国的基础教育分为学前教育（又分为婴儿教育和幼儿教育）、小学教育、初中教育、普通高中教育。可见，幼儿教育不仅是基础教育的重要组成部分，而且是基础教育的基础部分。所以，幼儿园课程自然也就成为基础教育课程的基础部分。幼儿园课程的这种基础性主要体现在两个方面：

第一，从阶段性基础来看，幼儿园课程要考虑小学课程的需要，为幼儿升入小学后的学习做准备。当然，这种准备最根本的是幼儿素质方面的培养，而且要注意通过幼儿园课程的实施，使幼儿在德智体美劳各方面都得到发展，为幼儿升入小学做全面的准备。

第二，从长远性基础来看，幼儿阶段是为整个人生奠定根基的阶段，所以幼儿园课程是人终身教育的根基课程，要与幼儿的未来发展需要联系起来，为幼儿走向未来奠定良好的基础性综合素质。从这一角度看，幼儿园课程是基础素质教育课程的基础部分。

思考与讨论

有的幼儿园为了使幼儿升入小学后在学习上尽快适应并有不凡的学习成绩，一旦幼儿进入大班，就让其学习小学一年级课程的内容，说说你对这种做法的看法。

2. 幼儿园课程是非义务教育课程

我们已经知道，义务教育是指依照法律规定，全体适龄儿童和少年必须接受，国家和家庭必须予以保证实施的国民教育。目前我们国家基础教育中的小学教育、初中教育属于义务教育。

幼儿园课程是非义务教育课程的特点主要表现为：不强制幼儿接受幼儿园教育；不强制入园幼儿进行系统性课程学习；不排除幼儿园教育课程的规定性和系统性。例如，幼儿园课程要服务于党和国家的教育目的和教育目标，遵循幼儿身心发展规律，追求幼儿身心全面和谐发展，遵循课程组织规律，保证课程教育协调一致等。

（二）幼儿园课程的特点

1. 幼儿园课程的全面性与启蒙性

幼儿园课程的全面性，是指幼儿园课程必须以实现幼儿在身体、认知、情感、个性、社会性等方面的全面、和谐发展为目标，像上面所讲的那样，通过幼儿园课程的实施，使幼儿在德智体美劳各方面都得到发展。

幼儿园课程的启蒙性，是指幼儿园课程要与幼儿身心发展特点以及现实发展需要联系起来，引导幼儿学习人生入门的知识、技能和经验，摆脱人生认识和思维的混沌状态，激发幼儿对生活、对科学、对世界的求知欲望和探索兴趣。

思考与讨论

有人为了吸引幼儿及其家长（尤其是家长），开办舞蹈、美术、器乐、跆拳道等特色幼儿园，幼儿教师的主要精力都用在对幼儿进行特长教育及让幼儿考证、考级上，说说你对这种做法的看法。

2. 幼儿园课程的整合性与生活化

幼儿园课程的整合性，是指由于幼儿身心发展和学习的特点，必须将幼儿园课程内容进行高度整合。当前很多幼儿园都采用分领域如健康、语言、社会、科学、艺术等形式组织课程内容。但如果像更高层次的学校教育课程那样进行越来越精细的分工，则不仅给幼儿增加过重的负担，也不适合幼儿发展的需要。

幼儿园课程的生活化，是指由于幼儿的思维是感性的、直观的，最有效的学习内容就是他们可以感知的、具体形象的内容，而这样的学习内容主要源自幼儿本身以及周围的现实生活。幼儿教育的实践已经证明，让幼儿在生活中获得直接经验比让幼儿通过教师的说教获得间接经验的教育效果要好得多。其实，即使对于间接经验，如果能让幼儿通过验证去学习、接受，效果也会更好。此外，生活能力教育对幼儿来说是第一位的，从这一角度讲，幼儿园课程也应该具有生活化的特点，并将其贯穿于幼儿的一日生活当中。

3. 幼儿园课程的活动性与游戏性

基于幼儿的身心发展和学习特点，加上上述幼儿园课程生活化的特点，幼儿园课程难以像更高层次的学校课程那样组织实施，尤其是难以以课堂教学为主组织实施，而是以各种活动的形式组织实施。游戏是绝大多数幼儿最感兴趣、最喜欢参与的活动形式。实践已经证明，通过幼儿游戏组织实施幼儿园课程，在各种活动形式中总体效果最好。所以，幼儿园游戏已经成为幼儿园课程组织实施的重要途径。

4. 幼儿园课程的潜在性

从本质上讲，幼儿园课程是具有明确的课程目标和基本的学习领域的，但基于幼儿的身心发展和学习特点，幼儿园课程主要不体现在课程表、教材、课堂中，而是体现在生活、游戏和其他幼儿喜闻乐见的活动中。再者，虽然课程实施所需要的环境、环节、方法等都是教师根据幼儿园课程的目的、内容、要求等精心设计的，但是同样由幼儿的身心发展和学习特点所限，幼儿所能感受到的更多的是环境、材料、活动过程本身以及教师的言行等显性的因素，而难以清楚地认识到教师的教育目的和期望等隐性因素。此外，对于幼儿来讲，幼儿园更像一个小伙伴们共同生活、游戏、交往的场所，幼儿通过在这个场所中生活、游戏、交往，得到很多潜移默化的收获。受以上各种因素的影响，幼儿园课程无论从内容上还是从对幼儿的作用方面，都具有比较突出的隐性课程的特点，这就是幼儿园课程的潜在性。

拓展阅读

大班单元主题活动示例——三只小猪盖房子

活动目标

领域	内容
语言	熟悉《三只小猪盖房子》的故事内容；理解“得意、金灿灿、嘲笑、小心翼翼、龇牙咧嘴、兴高采烈”等词语的基本含义；学习有表情地讲述和表演故事
科学	了解稻草的来源以及禾苗变成稻谷以至大米的过程；认识不同材料房子的结构和特点；掌握10以内数的分解和组合，根据形状和颜色找出规律，学会排列和比较，能解答10以内数的简单应用题
社会	理解勤快与懒惰的区别，爱劳动，乐于做勤快人；遵守游戏规则
健康	发展基本动作能力；体验游戏以及团队合作带来的快乐
艺术	学会唱小猪系列歌曲，用动作表现小猪形象；学习用不同的材料制作小猪和房子

活动计划

周次	集体活动	区域活动
第一周	讲述故事《三只小猪盖房子》；我喜爱的猪宝宝；快乐小猪；协同讲述《三只小猪盖房子》；小猪吃得饱饱的	角色游戏区：三只小猪的家 美工区：画小猪 语言区：阅读及讲述绘本
第二周	小猪变变变；三只小猪的歌；勤劳与懒惰；寻找小猪的家；我们一起表演吧	美工区：制作三只小猪的家；小猪沙画；小猪印章画 表演游戏区：三只小猪盖房子
第三周	稻草从哪里来；有用的稻草；稻谷变大米；各种各样的米；律动活动	科学区：稻草从哪里来 数学区：量米 美工区：稻草画；制作米制品 表演游戏区：T 台秀
第四周	各地的房子；我给小猪造房子；房子变变变；造房子比赛	数学区：房子匹配 美工区：造房子 语言区：世界各地的房子

第二节　幼儿园课程方案的编制

幼儿园课程方案编制通常称为幼儿园课程设计，也就是落实幼儿园课程基本要素（即课程四要素）。它是幼儿园课程的基础环节，因为只有在完成课程设计的基础上才能进行课程实践。

一、制订课程目标

（一）制订幼儿园课程目标的依据

1. 国家关于幼儿园的教育目标

国家在关于幼儿园教育的文件中提出的幼儿园的教育目标，是幼儿园制订课程目标的根本依据。对于指令性文件如 2016 年颁布的《幼儿园工作规程》中所提出的教育目标，幼儿园必须全部作为课程目标；对于指导性文件如《幼儿园教育指导纲要（试行）》《3—6 岁儿童学习与发展指南》中提出的各领域教育目标，幼儿园必须作为制订课程目标的重要参考。

2. 课程目标的类型

思考与讨论

幼儿园课程目标包括哪几类？

不同类型的课程目标，所针对的幼儿园教育的时间跨度不同，教育内容的范围也不同，当然，各类课程目标的宽度和高度即各类教育目标所涉及的项目以及各个项目所要达到的水平也就不尽相同。

3. 幼儿身心发展的规律和特点

幼儿园课程目标要通过幼儿的学习落实到幼儿的发展上，所以，幼儿的身心发展规律和特点直接限制着幼儿园课程目标的制订。例如，幼儿年龄越小，教育的着眼点就越应该放在促进其身心发展的基础性发展方面。当然，在把幼儿的身心发展规律和特点作为幼儿园课程目标制订的依据时，必须考虑教育促进幼儿发展的功能，从教育促进幼儿发展的可能性入手，制订通过师幼共同努力能够实现的课程目标，而不能一味迁就幼儿的接受能力甚至降低目标水平。

此外，既要统筹整个幼儿集体的共性，又要注意兼顾不同幼儿的个性，即面向全体、面对差异。

4. 幼儿园的环境因素

思考与讨论

幼儿园的环境因素包括哪些方面？

不同环境条件的幼儿园应制订不同的课程目标。例如，在农村和城市的两个幼儿园的相同年龄班，开展同一个课题的教育活动，由于幼儿园的客观环境不同，所制订的课程目标是不一样的，而且开展的活动内容也不尽相同，最终的活动效果亦会不同。

（二）幼儿园课程目标的表述

1. 课程目标表述的角度（横向表述）

对于幼儿园课程目标，从教师“教”的角度出发，应表述教师期望通过教育活动应当做到的方面，多用“激发”“培养”等描述；从幼儿“学”的角度出发，应表述幼儿通过学习应该知道的知识、技能、经验和能够达到的表现，多用“学会”“养成”等描述。

2. 课程目标表述的层次（纵向表述）

在各类幼儿园课程目标中，阶段性课程目标如长期目标、中期目标、近期目标的表述应该具有全面性和概括性；具体活动目标的表述应该具体，具有可操作性。

二、选择课程内容

课程目标确定以后，就要选择相应的课程内容以达到相应的目标。幼儿园课程内容的选择要遵循以下原则：

（一）目的性原则

课程目标为课程内容的选择提供了一个基本的标准，这就提醒我们，选择课程内容时要有目标意识。

在实际教育过程中，教师往往根据课程目标的要求选择课程内容，这时要思考达成目标需要选择哪些内容；通常还往往是先有了课程内容再设定课程目标，这时就要针对课程内容包含的教育价值进行分析，从而找出课程内容所指向的课程目标，并比较该内容所指向的课程目标是否与所要求的培养目标相一致，否则要对课程内容进行相应调整。

（二）基础性与发展性原则

幼儿园教育的基本任务是让幼儿获得人生发展最基础的知识、最基本的技能，解决人生发展最基本的问题。所以，所选择的课程内容要有助于幼儿发展基本知识，有助于幼儿掌握基本行为方式，有助于幼儿发展基本情感态度。当然，所选择的教育内容不仅要能帮助幼儿“解决人生发展最基本的问题”，而且从长远看要具有促进幼儿发展的价值，即在帮助幼儿解决人生发展最基本的问题的同时，为幼儿一生的可持续发展奠定基础。

（三）适宜性与趣味性原则

幼儿园课程内容要符合幼儿身心特点及发展规律，要选择幼儿学得了、愿意学的内容。所谓学得了，是指幼儿具有学习所选择的教育内容的接受能力，当然，这种接受能力是指幼儿通过努力，有时还要通过教育者的引导以至鼓励、帮助才能达到，即所选择的教育内容对幼儿应当具有一定的挑战性；所谓愿意学，是指幼儿对所选择的课程内容是感兴趣的，幼儿在探索过程中是愉悦的。实践证明，幼儿的兴趣离不开其自身的生活，可以说幼儿的生活是幼儿园课程内容的重要资源。当然，依据幼儿的生活所选择的课程内容要具有直观性、情境性、活动性，这样的内容，幼儿才乐意去感知、操作、体验，才能够主动将其转化为自己的经验。

（四）整体性与逻辑性原则

选择幼儿园课程内容，要注意满足幼儿全面发展的整体需求。例如，针对幼儿身体、语言、认知、情感等方面发展的需求，幼儿园选择了健康、语言、社会、科学、艺术等分领域课程。当然，在课程具体实施过程中，要有效发挥各领域内容的协同教育作用，从而形成整体教育效果。

所选择的课程内容，要便于幼儿在教师的引导下将所获得的知识、技能、经验进行整理，要有利于幼儿的学习由零散到综合，不断积累并形成粗浅的结构，逐步构建粗浅的学科概念。如果能够做到这些，也就为幼儿升入小学进行各学科的学习起到了很好的衔接作用，使幼儿从适应幼儿园教育更加自然地过渡到适应小学教育。当然，在贯彻逻辑性原则选择幼儿园课程内容时，首先要注意遵循幼儿生活的逻辑，其次要注意遵循幼儿发展的原则，最后要注意课程内容的领域及学科逻辑。

思考与讨论

一般来讲，幼儿的实际生活经验是零散的，为什么？

三、设计课程组织

幼儿园课程组织的设计包括编排课程内容、编制教育计划、选择幼儿园教育活动组织与指导方式等工作。

（一）编排课程内容

编排课程内容是指根据教育目标，遵循幼儿身心特点和认知规律，对课程内容进行组合，使课程内容具有一定的结构性且系统化的工作。

目前幼儿园编排课程内容的方式主要有以下三种：

1. 分领域课程

分领域课程是指以社会科学或自然科学的领域为单位对课程内容进行编排。当前，我国幼儿园一般对大类课程内容采用分领域组织的方式进行编排。幼儿园分领域课程包括健康、语言、社会、科学、艺术等。

2. 核心课程

核心课程一般是指以生活中的某一主题为核心（轴心），所有活动都围绕这个核心来进行，又称主题综合课程或轮形课程。幼儿某阶段尤其是幼儿在园一日活动的课程内容可以采用核心课程的形式编排内容。

3. 活动课程

幼儿园教育活动是幼儿园课程实施的具体途径，所以幼儿园课程以活动为主要形式。通常将这种以活动为主要形式的课程称为活动课程。活动课程以解决实际问题为主要目的，以幼儿自主学习和直接体验为基本学习形式，以个性养成为基本目标，注重活动自身的教育价值，注重教育与现实生活的联系，强调实践是知识和智慧的真正源泉，提倡幼儿通过参与活动获得直接经验和相关知识、技能，并在此基础上进行知识的整合与能力迁移，形成并积累经验，所以又称经验课程。

应当注意的是，无论选择上述哪种方式编排课程内容，都应当充分发挥其优势，尽量克服其弱点，还要借鉴其他编排方式的优点。

（二）编制教育计划

编制幼儿园教育计划是指依据课程目标，为了完成课程内容，对一定阶段内的教育工作系统地进行设计和安排。

与各层次目标和各时段对应，幼儿园教育计划一般分为年龄班（全年）计划、学期计划、月（周）计划、具体教育活动计划。

1. 年龄班（全年）计划

年龄班计划包括小班、中班、大班计划，是全年整体性规划，即对年龄班全年的课程范围（种类、每类内容）和进度做出规划安排。

年龄班计划一般由园领导组织有关人员集体讨论制订。

2. 学期计划

依据年龄班的课程目标和年龄班计划，制订学期的课程目标并将全年计划按学期进行划分，做出学期中各月甚至各周的课程安排。

学期计划一般由班主任或者教研室主任协调班级教师共同制订。

3. 月（周）计划

在学期计划的指导下，定出月（周）教育要点，并将教育活动安排到月（周）的每周（天）当中，形成月（周）计划。

月（周）计划一般由班主任协调班级教师共同制订。

4. 具体教育活动计划

具体教育活动计划包括一日活动安排和活动设计。其中，一日活动安排的具体体现是每周课程安排表（周计划表）；活动设计的具体体现是教学活动方案即教案，具体内容包括活动目标、活动内容、活动环境创设、活动步骤和方法及教师指导等，这部分内容我们将在下一章“幼儿园教学活动”中进一步学习。

以上四类计划中，上位计划对下位计划具有指导和约束作用，下位计划是执行上位计划的措施。前三类阶段性计划内容要包含幼儿园所有教育工作，且要注意各项教育工作之间的统筹协调。第四类计划直接涉及幼儿的参与即与幼儿发生直接关系，要求更加详尽具体，直至以教案的形式体现出来。

拓展阅读

某幼儿园大班每周课程安排表(周计划表)

活动		星期一	星期二	星期三	星期四	星期五
7:30—8:10	晨间活动	早操及户外活动				
8:50—9:20	集体活动	讨论:社区摄影展	谈话:你能做到吗	音乐游戏:数高楼	数学:多吃少	远足前的谈话
9:30—11:20	分组活动	实践:发快递	语言区:《我的屋子我的家》 写生:画“社区”	美工区:制作大幅社区画	认知区:数学活动 建筑区:美丽社区 角色游戏区:医院	远足活动:郊区动物园
11:20—11:35	集体活动	语言游戏:量词接龙		音乐游戏:数高楼		远足小结
午睡						
2:30—3:20	户外活动					
3:50—4:40	分组活动	写数练习	色彩游戏	自由建构		区域活动
4:40—5:00	集体活动	谈话:户外写生感受	欣赏幼儿绘画	听故事	听故事	布置周末园外活动

(三)选择幼儿园教育活动组织与指导方式

1. 幼儿园教育活动的组织方式

(1)集体活动

集体活动的特征是全班幼儿统一进行同一个教育活动。利用集体活动的形式开展教育活动具有很多优势。例如,能够使全班较为统一地推进教育进度,节约教育成本,提高教育效率;能够让幼儿体验到班级大家庭的氛围，多数幼儿在集体中会感到较为轻松、容易；幼儿除了自己从集体中学习新的知识、技能、经验外，也可利用集体活动的形式将自己的经验无私地贡献给其他成员。

（2）小组活动

组织幼儿以小组为单位开展教育活动，主要是为了弥补集体活动难以照顾幼儿之间差异的问题。从实际情况看，小组活动是幼儿园教育活动的重要组成形式。

开展小组活动时，从小组的组成到小组任务目标的确定以及组员责任分工、小组纪律和规范的明确、活动进展过程到活动成果形成，教师都要认真观察、及时指导，如有必要，还要和小组成员积极合作，保证小组活动的顺利开展。小组活动结束，教师要针对活动情况进行讲评，引导、帮助幼儿在活动准备、活动进行、活动成果几个方面正确评价活动，正确评价小组，正确评价组员，尤其是要正确评价自己。通过活动及其评价，促进幼儿健康发展。

（3）个别活动

为了达到通过教育活动促进全体幼儿全面发展的目的，教师开展幼儿园教育活动，要注意切实照顾到幼儿之间的个性差异，根据教育目标的要求，针对幼儿的个性特点，设计和实施个别教育。例如，有的幼儿性格内向、不爱说话，教师在活动过程中要注意多给这样的幼儿创造个人表达的机会，并注意引导、鼓励这样的幼儿踊跃发言；平时要注意多给这样的幼儿创造和他人交流、交往的机会，教师自己也要注意多和他们交流、交往，从而帮助这类幼儿性格逐渐开朗起来，愿意和他人交流、交往。

此外，依据幼儿园教育活动的地点不同，还可以将幼儿园教育活动分为室内活动、室外活动及园内活动、园外活动。

在组织幼儿园教育活动时，要综合运用集体活动、小组活动、个别活动等多种组织方式。

2. 幼儿园教育活动的指导方式

（1）直接教学

直接教学是通过知识、技能、经验的直接传授，引导幼儿接受学习为主要特征的教育方式。教师运用直接教学方式开展教育活动,要注意尽可能地利用直观教具等手段,尽可能地运用各种启发式教育方法,充分调动幼儿利用多种感官进行情感体验并积极主动地思考,切忌一味地简单灌输。

(2) 间接教学

间接教学是指利用与活动相关的物质环境和人文环境,引导幼儿通过自主探索,进而形成学习成果为主要特征的发现式教育方式。这种指导方式能够更好地调动幼儿的积极性和创造性,使幼儿在主动的活动过程中得到发展,因而是幼儿园教育活动中更为提倡的方式。教师运用间接教学的指导方式时,要注意协调好教学活动的物质环境和人文环境,如场地布置及教具等活动材料、幼儿之间以及教师和幼儿之间等多种因素的关系,并准确把握幼儿的兴趣所在,抓住契机,及时给予有效的支持,引导活动按照目标所要求的方向顺利进行。

在指导幼儿园教育活动时,教师要注意科学运用直接教学和间接教学方式。教师除了根据实际需要有针对性地利用直接教学或间接教学的方式,还要注意灵活地将二者结合起来,以促进教学活动成果的最大化。

四、设计课程评价

(一) 幼儿园课程评价的内容

1.对教育活动的评价

对教育活动的评价主要包括:教育活动计划的执行情况如何;活动是否与教育目标一致,是否适合幼儿身体状况和心理接受能力,是否能启发幼儿的兴趣并能促使幼儿有效地学习,是否既能照顾大多数幼儿又能兼顾少数甚至个别幼儿。

2.对教师的评价

对教师的评价主要包括:教师在活动方案的设计、活动的准备、活动的实施等过程中的态度和方法是否符合教育目标(课程目标)的要求,是否有利于教育目标的实现,是否能被最多的幼儿接受并形成良好的师幼关系等。

3.对幼儿的评价

对幼儿的评价主要包括:幼儿在学习过程中的态度、方法、行为方式和习惯养成情况,掌握知识、技能、经验的情况。

通过以上三类评价,可以汇总得出幼儿的学习状况、教师的教育情况,进而得出活动开展的效果,为现有课程的改进完善(学生改进学习,教师改进教育)或者新课程的开发提供依据。最终目的是促进幼儿更好地发展。

(二)幼儿园课程评价的环节

1.课程实施过程前的评价

课程实施过程前,综合评价幼儿的整体状况,评估目标、内容、措施是否适合幼儿,若不适合,则可做调整。

2.课程实施过程中的评价

课程实施过程中,及时观察幼儿的反应,评估目标、内容、措施是否适合幼儿,若不适合,则及时调整;反思教师的态度、行为以及师生互动是否有利于教育目标的实现,若不适合,则及时调整。

3.课程实施过程后的评价

课程实施过程后,对照教育目标,评估幼儿接受教育后的综合发展状况、教师的教育情况及活动的开展效果。

(三)幼儿园课程评价应遵循的原则

1.评价要实事求是,具有客观性

评价的态度要端正,评价的方法要科学、适用,收集的待评价资料要全面、真实。

2.有利于促进课程的改进与发展

课程评价的主要目的是为现有课程的改进完善或者新课程的开发提供依据。若评价中发现了问题,要找出产生问题的原因,找出解决问题的措施,从而促进教育活动质量的提高。

3.有利于更好地促进教师发展

课程评价过程中，要注重发挥教师作为评价者的主体地位，让教师认识到评价对于教师提高水平、积极成长的意义，激发教师对评价的自我需求，从而调动教师参与评价的积极性，使教师主动进行自我评价，积极接受外部评价，自觉运用评价结果促进自身发展，从而提高教育质量。

4.有利于更好地促进幼儿发展

幼儿园课程评价要把课程是否适合促进幼儿有效发展作为根本标准，这是课程评价的最终目的和归宿。关于幼儿的有效发展，要注重德智体美劳全面发展，避免只偏重某一个方面；要认识到幼儿的发展在具有一般性规律的前提下是各具特点的，注意寻找所有幼儿的优点，发现各个幼儿的潜能，以提供适宜的教育方案。

评价的方法应当让幼儿能够接受，要给予幼儿充分的参与机会，而且让幼儿乐于参与，起码愿意配合。

评价的结果要清楚、全面、系统化，避免单纯名次化和随意发布排行榜；注意将评价结果客观、正面、积极地向家长等有关人员反馈，这样有利于从各方面形成合力，更好地促进幼儿发展。

思考与讨论

幼儿教育学是研究幼儿教育规律和幼儿教育机构的工作规律的学科。本章介绍的内容有些涉及教育一线的教师，有些涉及教育管理者，请加以辨别。

拓展阅读

某幼儿园园本课程“节日文化教育”方案

我园开发的“节日文化教育”园本特色课程，尝试将教育内容以主题课程的形式一步步深入拓展，让幼儿积累和提升主题经验，促进幼儿的全面和谐发展。

一、课程理念

（一）建立以人为本的课程文化观

在节日教育课程实施过程中注重给幼儿提供实际参与的机会，激发幼儿真实的情感；允许幼儿有自己的见解和独特的表现、表达方式，让幼儿在实践中收获，在实践中反思，在实践中成长。在以教学目标的开放性建构、内容的人本化处理、形式的多样化选择、评价的多元化实施促进幼儿发展的同时，发挥教师在课程文化建构中的重要作用，为教师创设有利于潜能挖掘、能力提升、个人价值实现的人文环境。

（二）促进自主性发展的课程文化观

我们把节日教育的课堂变成幼儿活动的乐园，努力为幼儿提供各种所需的材料，引导幼儿根据自己的兴趣和需要积极自愿地投入活动中，在活动中养成品德和获得知识。我们强调让幼儿亲身经历、亲自参与，获得直接、感性的经验，在操作探索中体验成功的快乐。

（三）坚持整合教育的课程文化观

课程目标整合了幼儿各方面能力成长的要求；课程内容整合了幼儿的发展特征、兴趣需要、生活经验、社会活动；课程方式上做到视、听、讲、做相结合，以帮助幼儿理解、记忆、表达、表现；课程媒体突破书本定势，整合了幼儿生活中的可视听媒体，真正达到促进幼儿整体和谐发展的目标。

（四）体现多元化的课程文化观

让幼儿通过感受多元文化体验不同特色的民族文化，培养他们的世界眼光，促进他们社会性的发展。课程在积极吸收各民族优秀文化养分的同时，注重保存中华民族博大精深的文化精髓，激发幼儿对中国传统文化的兴趣，萌发其民族自豪感，弘扬民族精神。

（五）优化家庭资源的课程文化观

邀请家长参与进来，教师和家庭围绕幼儿的发展和节日课程活动的实施进行有效沟通，帮助幼儿一起查询、收集有关资料，共同布置节日主题环境，开展多个环节、多种形式的亲子活动。教师还需对家长进行家教指导，帮助家长创设良好的家庭节日环境。

二、课程目标

通过开发园本课程，营造幼儿园文化，让每一位教师自主发展，促进每名幼儿全面和谐发展，从而提升幼儿园的综合实力。

三、课程结构

幼儿爱读书、爱运动、爱探索，爱唱爱跳，爱好一切新生的事物，他们好奇、求知、好动，由此孕育并产生了校园文化节主题；传统节日文化积淀了璀璨的文化信息，通过带领孩子们以感恩亲情为主线，走进国粹宝典中，让传统节日主题伴随孩子的春夏秋冬；奥运会、世博会、园艺博览会以及平时影视播报的视觉冲击，让孩子们在看到黄头发白皮肤的外国人时，有了解甚至与之交流的欲望，校园国际日主题的产生水到渠成。

校园文化节、传统节日、校园国际日，三个丰富而有意义的节日主题活动构成了我园富有特色的节日文化课程。

节日文化课程是一种开放式的课程，具体表现在主题活动确定的开放性、主题内容选择的开放性和主题活动实施的开放性上。同时，主题活动中感知途径的多样性和表达表现方式的多样性，使幼儿在一段时间内获得的信息相对集中，便于幼儿的积累、思考、提炼和归纳，从而培养幼儿的各项能力，使教育过程内化为幼儿的发展过程。

四、课程实施

（一）注意工作的计划性

活动前各分管人员写好详细的可行性计划，报领导组审批，领导组根据全园活动需要做出相应的安排，计划通过后各班做好充分的活动准备。

（二）赋予节日活动主题性

例如，将传统节日与主题文化节日等相结合，通过环境创设、各种形式的互动、节目展演等营造“精彩节日课程”氛围，赋予传统节日主题性，使我们的“节日课程”更具幼儿特色、园本特色。

（三）结合校园特色突出班级特色

在全园大主题的基础上，各班选取一个适合班级幼儿的兴趣点，生成小主题开展活动。活动中注意保持全园活动的整体性，突出各班活动的独立性。

（四）班级联动、互助

如对应班级联动（小一班、中一班、大一班作为一个活动整体）、平行班级联动（同一教研组的几个班合作）、友好班级联动（任意两个或几个班级合作）、特色班级联动（同一特色的班级组合）等多种形式，从不同的层面组织活动，活动中体现幼儿特点和活动特色。

（五）充分利用多种教育资源

以教研组、学科为单位开展相关的活动，策划各类比赛、展示、交流、互动、制作、宣传等；调动家长、社区参与的积极性，发挥家庭、社会资源的有利优势，丰富我们的活动，使"精彩节日"特色尽量延伸。

（六）在总结中提高活动质量

注意活动资料的记录与积累，多方面收集活动反馈信息，不断调整、丰富活动内容。活动后开展总结，分析资料、交流经验，统一认识、提升理念，促使下阶段工作的完善与提高。

（七）做好活动宣传展示

利用园报、家长园地、校园网等多种途径做好活动的宣传展示。

五、课程评价

（一）评价目的

评价的目的侧重于交流活动、发现亮点，体现班级、教师在节日课程实施中的自主地位，引导反思，鼓励创新。

（二）评价侧重点

由于课程内容是课程实施过程中目标达成和对幼儿发展有价值的重要因素，所以我园侧重从课程内容部分来进行课程评价。

（三）评价方式

一是在实施过程中及时进行监测，并根据需要及时对课程进行修正、调整、丰富；二是各主题实施后，各班将实施过程制作成PPT在全园进行交流，针对参加集体和个人的相应突出表现，评选出优胜奖、组织奖等各种奖项。

本章作业

一、复习本章内容，列出本章内容四级目录总结表

二、填空题（将下列各题的正确答案填在横线上）

1. 幼儿园课程的基本要素包括________、________、________、________。

2. 根据幼儿园教育的目标分类，幼儿园课程目标分为________、________、________、________。

3. 幼儿园课程目标的结构包括________、________、________三个领域。

4. 幼儿园课程是为小学课程做准备，其最根本的是对幼儿____方面的培养。

5. 目前我们国家基础教育中的____教育和____教育属于义务教育。

6. 幼儿园制订课程目标的根本依据是国家关于幼儿园的________。

7. 幼儿园课程目标表述的角度包括教师“____”的角度和幼儿“____”的角度。

8. 目前幼儿园课程内容的编排方式包括________、________、________。

9. 幼儿园教育计划一般分为________________、________________、________________、________________。

10. 幼儿园教育活动的组织方式主要有________、________、________。

三、判断题（正确的填“√”，错误的填“×”）

1. 课程就是师幼教与学双向互动的实践活动过程。（　　）

2. 教师和幼儿在课程评价中都既是评价者又是被评价者。（　　）

3. 幼儿通过直接教学学到的是直接经验，通过间接教学学到的是间接经验。（　　）

4. 幼儿在活动中获得的情感体验也是课程内容的一部分。（　　）

5. 课程组织过程是师幼双主体活动过程。（　　）

6. 制订幼儿园课程目标时，只能制订幼儿容易实现的目标。（　　）

7. 幼儿园课程评价就是对教师和学生两方面的评价。(　　)

8. 目前我国幼儿园分领域课程一般包括健康、语言、社会、科学、艺术五个领域的课程。(　　)

9. 在组织幼儿园教育活动中,集体活动、小组活动、个别活动很难综合运用。(　　)

10. 具体教育活动计划包括一日活动安排和活动设计,其中活动设计的具体体现是教学活动方案即教案。(　　)

四、选择题(将正确选项的代号填在括号中,每题可能有一个或多个正确选项)

1. 下列幼儿园课程目标中,属于总体目标的是(　　),属于中期目标的是(　　),属于近期目标的是(　　),属于具体目标的是(　　)。

A. 幼儿在园一日或一个具体活动目标

B. 幼儿在园三年的课程目标

C. 主题活动单元或时间单元目标

D. 学年课程目标或学期课程目标

2. 课程评价的实施要在(　　)。

A. 课程实施之前　　B. 课程实施过程中

C. 课程实施以后　　D. 选项 A、B 和 C

3. 目前我国的基础教育包括(　　)。

A. 幼儿园教育　B. 小学教育　C. 初中教育　D. 普通高中教育

4. 下面对幼儿园课程的叙述中不正确的是(　　)。

A. 通过幼儿园课程实施,使幼儿在德智体美劳各方面都得到发展

B. 幼儿园课程具有生活化的特点

C. 幼儿园课程的实施就是开展活动,开展活动的形式就是游戏

D. 幼儿园课程具有隐性课程的特点

5. 不同环境条件的幼儿园的相同年龄班开展同一主题的教育活动,(　　)。

A. 制定的目标不完全相同

B. 开展的活动内容不完全相同

C. 最终的活动效果不完全相同

D. 选项 A、B 和 C 都是错误的

五、问答题

1. 简要说明幼儿园课程内容的选择应遵循哪些原则。

2. 简述幼儿园课程评价应当遵循的原则。

六、实践题

利用两周时间，在全班组织《幼儿园教育指导纲要（试行）》《3—6 岁儿童学习与发展指南》专题学习活动，每个同学都写出学习总结（学习总结可包括学习内容归纳、个人的认识、今后在工作中如何落实等），在小组讨论发言的基础上，每组选出一名代表在班级组织的学习讨论会上做典型发言。讨论会结束后，在班级举办一次学习专栏，展示同学们的学习成果。

第四章

幼儿园教学活动

本章引言

从本章开始，我们在上一章学习幼儿园课程设计的基础上，围绕幼儿园课程实践，学习几类重要的幼儿园教育活动。

本章中，我们将专门学习幼儿园教学活动，包括幼儿园教学活动的含义、特点、构成要素，必须遵循的教学原则，常用的教学手段和方法，以及其设计、组织与指导策略等内容。

思考与讨论

幼儿园教育活动包括哪些类型？

第一节　幼儿园教学活动概述

作为基础知识，本节内容包括幼儿园教学活动的含义、特点、构成要素等。

一、幼儿园教学活动的含义

我们知道，幼儿的身心特点决定了幼儿园教育以游戏为基本活动。

但是，对幼儿来说，影响他们生活的至关重要的知识、技能和经验，保证其终身可持续发展所需要的素质如良好的个性品质，仅靠单纯的游戏是难以习得和养成的，教师必须选择相应的知识、技能等内容，结合幼儿的接受能力和学习方式等因素，精心设计，有效组织，通过教师的"教"和幼儿的"学"的双边互动活动，让幼儿获得这些知识、技能等内容并内化为其自身的经验，同时，使幼儿"终身可持续发展所需要的素质"得以培养。

当然，基于幼儿的身心特点，在幼儿园的教学活动中，幼儿主要通过在具体活动中进行感知和体验，从增进对环境的认识开始，以直接知识、技能等的学习为主，而游戏是幼儿园进行教学活动的一种常见的形式。

综上所述，幼儿园教学活动是教师根据幼儿园教育目标的要求，结合幼儿的兴趣和实际水平，有目的、有计划地组织和指导幼儿进行学习，从而增进幼儿对周围环境的认识，培养幼儿良好的个性品质，帮助幼儿获得有利于身心发展的知识、技能和经验的师幼双边活动。

应当说明的是，幼儿园教学活动有广义的教学活动和专门的教学活动之分，本章所讲述的幼儿园教学活动是指教师专门组织的教学活动，即专门的教学活动。

思考与讨论

你能举出至少两个广义的教学活动的例子吗？

二、幼儿园教学活动的特点

分析上述幼儿园教学活动的含义，可以看出幼儿园教学活动具有如下特点：

（一）生活性与启蒙性

所谓生活性，是指幼儿园教学活动以帮助幼儿积累生活的感性经验为主要任务，在设计教学活动时，所选取的教学内容和采取的教学途径必须贴近幼儿实际生活的需要，必须针对幼儿实际生活中出现的问题，以促进幼儿认识和适应生活为重要目标。例如，通过吃水果让幼儿感知数量方面的多、少，形状方面的大、小与圆、方，颜色方面的红、黄、绿、青、白；通过穿衣的多少、树叶的飘落引导幼儿感知天气和季节的变化。这些都可以帮助幼儿积累生活的感性经验。

所谓启蒙性，是指幼儿因身心特点所限，其思维以具体的形象思维为主，难以理解抽象的事物，且具有明显的不随意性，所以在幼儿园教学活动中，要从引导幼儿认识简单的事物和现象开始，帮助幼儿在获得粗浅的基础知识、基本技能、简单经验且不断积累的基础上，认识事物之间的关系，逐步学习并适应生活。例如，我们可以引导幼儿在光滑程度不同的地面上玩玩具汽车，从而发现小汽车在不同地面上跑时快慢不一样，而且总结出“要想汽车跑得快，要到光滑地面来”的结论，这就是启蒙教育的效果。但是，如果我们想再进一步告诉幼儿摩擦力的概念，那就不合适了。

（二）活动性与参与性

幼儿的学习是以获得直接经验为基础的，而直接经验的获得离不开参加具体的活动，所以幼儿园教学活动是在幼儿积极主动的活动过程中完成的，具有明显的活动性与参与性。例如，要让幼儿获得有关水果的知识，最好的方式是组织幼儿参观经营水果的超市，各种各样的水果分别购买一点，清洗并品尝水果，这样一来，幼儿对各种水果的颜色、形状、滋味有了亲身体验，还学会了如何购买和清洗水果等生活常识，其学习效果是教师单纯讲解的方式所不能比拟的。

（三）游戏性与情境性

除了思维方式以形象思维为主，幼儿的注意力也是容易分散的，无论从时间长短还是从目标的方向性来看，都是如此，而幼儿最感兴趣的游戏，对于调动幼儿学习的积极性和增强幼儿注意力的持久性都具有毋庸置疑的正向作用。因此，幼儿教师往往会创造一定的情境，通过游戏的方式实施对幼儿的教学活动。例如，教师在引导幼儿学唱歌曲《小树叶》时，启发幼儿自由地选择角色，把自己设想成一片小树叶或一棵大树或一股秋风，在歌曲中畅想并表现自己的角色。这种通过游戏学唱歌曲的做法，大大增强了幼儿的兴趣，从而在很大程度上提高了幼儿的注意力。

三、幼儿园教学活动的构成要素

分析本节“一、幼儿园教学活动的含义”可以看出，幼儿园教学活动包括教师、幼儿、教学活动内容、教学活动手段和方法等几个方面的构成要素。由于教师、幼儿、教学活动内容在“幼儿园教育的基本要素”和“幼儿园课程”两章中已经学习，教学活动的手段和方法在本章下一节还要专门学习，所以这里只对幼儿园教学活动几个方面的构成要素做简要介绍。

（一）教师

总结教学活动的实践可以发现，一次完整的教学活动，从活动目标的确定、活动内容的选择、活动计划的制订、教学手段与方法的准备，到教学活动的具体组织实施，都离不开教师“教”的主体劳动。

具体地讲，教学活动的开展，就是教师根据教育目标的要求，结合幼儿的实际，确定相应的活动目标，选择适合的活动内容，设计科学的活动环节，运用适当的教育手段和方法，对幼儿实施有目的、有计划的教学，并在教学过程中始终直接或间接地主动引导着活动的方向，帮助幼儿向着活动目标要求的方向发展。当然，整个教学活动的过程始终伴随着教师的创造性劳动。教师通过自身积极主动的创造性劳动，组织、引导、帮助幼儿积极主动地参与到活动中来，发挥自身潜能，获取有益的知识、技能、经验。所以说，教师是教学活动的组织者、引导者和支持者，是教学活动过程的主导因素，是“教”的主体。

（二）幼儿

在教师和幼儿“教”与“学”双边活动中，相对于“教”的主体即教师，显而易见，幼儿是教学活动中“学”的主体。

对以下三个方面问题的讨论，可以帮助大家正确、深入地理解幼儿在教学活动中“学”的主体地位。

1. 幼儿是主动的学习者

观察幼儿在教学活动中的表现就会发现，在教学活动过程中，幼儿对于自己感兴趣的活动会积极参与、主动探究，而对于自己不感兴趣的活动则往往精力不集中，具体表现为走神、无所事事甚至做自己的事情。可见，幼儿会根据自己的兴趣和经验对教师组织的活动内容做出选择。所以说，幼儿对于学习具有主动权，我们称幼儿是主动的学习者。

2. 幼儿之间在学习上存在各种差别

不同的幼儿，由于个性品质不同，在学习上存在各种不同形式的差别。例如，有的幼儿喜欢在集体环境中通过与人合作、交流进行学习，而有的幼儿喜欢在安静的环境中独自学习、探究问题；有的幼儿习惯在规规矩矩的环境中有板有眼地学习，当自己对学习的内容感兴趣时甚至能端端正正聚精会神地坐半个小时，而有的幼儿在松散的学习环境中才能表现出精力集中且思维活跃。

3. 教师所有劳动都要服务于幼儿的学习活动

教师应将作为学习者的幼儿和幼儿的学习作为教学活动中的关键因素，注重研究幼儿的学习特点和学习方式，了解智力因素和非智力因素以及来自家庭、教师、幼儿园环境等的多种外部因素对幼儿学习的影响，在此基础上尽可能为幼儿提供具备多样化选择的支持性学习环境，以保障幼儿在学习活动中的主体地位。

思考与讨论

有的幼儿，只有当教师允许其用自己喜欢的姿势随意地坐在椅子上听故事时，精力才能集中。假设你是该幼儿的教师，遇到这样的情况，你会如何处理？

（三）教学活动内容

教学活动内容是教学活动的具体任务，教学活动的过程实质上是教师和学生一起完成教学活动内容的教与学。

通过“幼儿园课程”一章的学习，我们知道，幼儿园教学活动的内容可以整体划分为五个领域，即健康、语言、社会、科学、艺术。

教师应当根据幼儿园教育目标，综合考虑德育、智育、体育、美育、劳育的具体内容与要求，结合幼儿发展的客观实际，选择与现实生活密切联系的对幼儿健康发展有益的教学活动内容。

（四）教学活动手段和方法

教学活动手段和方法是教师有效传递学习信息、激发幼儿学习兴趣、帮助幼儿理解学习内容、保证教学活动顺利进行、实现教育目标的主要载体。选择适当的幼儿园教学活动的手段与方法，是幼儿园教师必备的教育能力。为了帮助教师选择适当的教学活动的手段与方法，下一节将专门介绍开展幼儿园教学活动常用的教学手段和教学方法。

思考与讨论

你能说说幼儿园课程、幼儿园教育活动、幼儿园教学活动之间的逻辑关系吗？你能说说幼儿园教育、幼儿园教学之间的逻辑关系吗？

第二节 幼儿园教学活动的原则、手段与方法

本节在讨论幼儿园教学活动应当遵循的原则的基础上，介绍幼儿园教学活动常用的手段与方法。

一、开展幼儿园教学活动应当遵循的原则

幼儿园教学活动的原则是在根据幼儿园教育的目标、任务，针对幼儿身心发展特点，总结幼儿教师教学经验的基础上，提出的组织幼儿园教学活动必须遵循的基本要求。它贯穿于幼儿园教学活动的全过程，全面指导幼儿园教学活动。

开展幼儿园教学活动，应当遵循教育的一般性原则，尤其要遵循《幼儿园工作规程》中提出的幼儿园教育应当贯彻的原则和要求。在此特别提出遵循以下原则的具体要求：

思考与讨论

教育的一般性原则包括哪几个方面?《幼儿园工作规程》中提出的幼儿园教育应当贯彻的原则和要求包括哪几个方面?

(一) 思想性原则

思想性原则是指教师在开展教学活动的过程中必须注重对幼儿进行个性品质包括道德行为规范的教育。

在"教育与幼儿教育概述""我国幼儿的全面发展教育"等部分中,我们已经学过,幼儿教育是基础教育的基础,对人的一生的发展具有奠基作用,而这种奠基作用中最重要的是个性品质包括道德行为教育,由此可见思想性原则在幼儿教学活动中的重要性。

作为一名幼儿教师,一定要加强思想政治理论学习和个性品质以及道德行为的修养,只有德高身正,才堪称师范。在此基础上,注重在开展教学活动的过程中,按照党和国家的要求,针对幼儿身心特点,采取切实可行的手段和方法,对幼儿进行个性品质包括道德行为规范的教育。例如,引导幼儿练习平衡木时对幼儿进行勇敢品质和意志教育,组织幼儿开展集体游戏时对幼儿进行协作精神和集体主义精神教育,组织幼儿参观动植物园时对幼儿进行爱护环境、热爱家乡的教育,指导幼儿开展认识国旗、国徽、党旗、党徽活动时对幼儿进行爱国、爱党教育,这些都是在开展幼儿教育活动中贯彻思想性原则的具体体现。

(二) 科学性原则

幼儿园教学活动所传授的知识、技能、经验虽然是粗浅的、启蒙的,但绝对不能是随意的,更不能是错误的,所采取的组织形式和活动方法也不能超越幼儿的身心特点。例如,前几年,某地方基础教育实验教材中关于"溺水怎么施救"的内容中,将溺水者提脚倒立、膝顶腹部等控水方法其实是错误的;其所介绍的下水营救技能是对专业救护员的考核要求,也完全超出了儿童的能力范围,会误导儿童涉险。

在幼儿园教学活动中，教师向幼儿传授的知识、技能、经验等必须符合科学原理，必须符合客观规律，所采用的形式和方法也要符合幼儿的认知特点。例如，教师向幼儿讲解“天上为什么会下雨”时，借鉴贝瓦儿歌中“贝瓦为什么”之气象篇《为什么会下雨》的有关内容，将这个问题编成儿歌教给幼儿，教学内容符合科学原理，教学方法符合幼儿认知特点，幼儿容易理解、乐于学唱，整个教学活动很好地贯彻了科学性原则。

思考与讨论

通过查找资料，给出贝瓦儿歌“贝瓦为什么”之气象篇《为什么会下雨》的内容。

应当注意的是，幼儿园教学活动的思想性原则与科学性原则是相统一的，科学性是思想性的基础，没有科学性，思想性就无从谈起，反过来，没有思想性，科学性也就难以保证。教师要在注重个性品质包括道德行为培养教育的基础上，采用科学的方式方法教给幼儿科学的知识、技能、经验；在采用科学的方式方法教给幼儿科学的知识、技能、经验的过程中，对幼儿进行个性品质包括道德行为规范的教育。

（三）活动性原则

通过对大量实验结果的分析证明，幼儿是在参加各种形式的实际活动中不断积累经验，调节、更新认知结构，从而不断发展的。教师在开展教学活动时，要针对幼儿参与活动的兴趣，组织与教学内容相应的丰富多彩、生动有趣的各种形式的活动，吸引幼儿参加，让幼儿以积极主动的状态在活动中学习并获得发展。

教师要更好地贯彻活动性原则，除了组织的活动丰富多彩、生动有趣外，还要努力为幼儿提供足够的活动材料、充分的活动时间，尽力保证幼儿参与活动的机会。

在幼儿参与活动的过程中，教师要鼓励幼儿大胆操作、勇于探索，和同伴积极协作，并注意结合幼儿的个性特点和个性化需求进行个性化指导。

（四）直观性原则

直观性原则是指教师在教学活动中注意运用实物或教具材料，充分调动幼儿的各种感官，丰富幼儿的感性经验，引导幼儿获得直接具体的感知。

就目前来看，幼儿园教学活动的直观手段包括实物直观（如观察实物、标本、小实验等）、模具直观（如观察图片、图书、模型、沙盘、玩具等）、电化教具直观[如幻灯、录音、录像、唱片、电视、电影、多媒体课件（也称多媒体教具）等]、语言描述直观等多种形式。教师可以根据教育目标、教育内容、幼儿实际等因素具体选择。运用直观手段时，要注意为幼儿提供尽可能多地参与实践活动的机会，以便更好地训练幼儿的感知能力和动手能力。

（五）激发性原则

激发性原则也称启发性原则或积极性原则，是指教师在教学活动中通过自己的积极性调动幼儿学习的积极性，促进幼儿积极参与到教学活动过程中，使教师的"教"转化为幼儿的"学"，使幼儿成为学的主体、活动的主人。

要贯彻激发性原则，教师除了在选择和编排教学内容时注意幼儿知识、技能、经验等方面的基础，在设计教学活动计划时注意强化师幼互动环节，还要注意在教学过程中尽可能地采用启发式教学方法，同时要注意鼓励幼儿多方面参与、尝试和创造，宽容幼儿在参与和探索过程中"与众不同"的行为甚至"出错"的现象。另外，为了最大限度地调动、发挥幼儿的积极性和创造性，在保证思想性及科学性的前提下，教师可以调整自己的教育指导方式，甚至适当调整有关教育的内容。

思考与讨论

教师引导班上的幼儿每人各画一辆小汽车，结果个别幼儿画的小汽车除了有四个轮子，在小汽车的两侧还有一对翅膀。如果你遇到这种情况，你会对这份"作业"如何评价？

（六）发展性原则

幼儿园所有教学活动的最终目的都是促进幼儿的发展。具体地讲，幼儿园教学活动要能使参与活动的所有幼儿的某一个或多个方面在原来水平的基础上能得到最大限度的提高，这就是幼儿园教学活动的发展性原则。

贯彻发展性原则，教师首先要深入研究幼儿，研究幼儿现有的知识、技能、经验水平以及认知特点，评估幼儿的发展潜力，而后结合活动目标，研究幼儿发展的需要，选择和编排活动内容，并围绕教学活动内容开展教学活动，使幼儿实现既定的发展目标。教师通过研究幼儿，还可以发现幼儿在个性品质等方面存在的不足之处，便于教师在教学活动中运用适当的、有针对性的方式方法，引导幼儿修正自身存在的不足，促进其向积极的方向发展。许多研究已经证明，对幼儿的态度、兴趣、习惯以及责任感、自信心、意志力等个性品质的培养，对促进幼儿的终身发展往往比具体知识、技能的教学更为重要。所以，幼儿教师要贯彻发展性原则，树立终身可持续发展的教育理念，注重对幼儿终身发展所需的终身素质的培养。

思考与讨论

对幼儿的态度、兴趣、习惯以及责任感、自信心、意志力等方面个性品质的培养，对促进幼儿的终身发展往往比具体知识、技能的教学更为重要。谈谈你对这种观点的认识。

二、开展幼儿园教学活动常用的教学手段

教学手段实际上就是教学活动所采用的师生相互传递信息的辅助工具，主要分为传统教学手段和现代化教学手段两类。传统教学手段主要指一部教科书、一支粉笔、一块黑板、几幅挂图、简单甚至是自制的教具等。现代化教学手段包括各种电化教育器材，诸如广播、投影仪、幻灯机、录音机、录像机、放映机、电视机、计算机，以及网络、多媒体和各种软件资料等。过去，将利用声、光、电等现代化科学技术辅助教学称为电化教学。

随着20世纪80年代多媒体技术的兴起，电化教学在声、光、电的基础上增加了计算机应用技术，可综合处理图形、图像、声讯、影音、动画等各种教学资料，满足多种教学模式的需要。人们将现代电化教学称为多媒体教学。

教师除了应熟练运用传统教学手段，还应努力紧跟教学手段的发展趋势，保证自身能够根据教学活动的要求自如地选择各种现代化教学手段。

三、开展幼儿园教学活动常用的教学方法

开展幼儿园教学活动常用的教学方法主要有活动教学法、直观教学法和口授教学法三大类。

（一）活动教学法

活动教学法是一类以幼儿的实践活动为主，通过引导幼儿开展实践活动完成教学任务的教学方法，是幼儿园开展教学活动最常采用的教学方法，具体又分为游戏法、实验法和操作练习法。

1. 游戏法

游戏法是指教师以游戏的口吻或者通过有规则的游戏组织幼儿开展教学活动的方法。游戏法能将教育目标和幼儿的兴趣通过游戏结合起来，能确保在幼儿感兴趣的活动中轻松地完成任务，因而在幼儿园各领域教学活动中得到广泛采用。

运用游戏法开展教学活动时，教师应注意：第一，既可以将游戏作为教学活动的一个环节，又可以将一个游戏贯穿于整个教学活动中；第二，应清楚地认识所采用的游戏是为教学活动服务的，所选游戏的目标和规则要与教学要求相吻合；第三，在游戏进行过程中，如果幼儿因为对某个无关紧要的游戏情节感兴趣而使游戏偏离了教学目标的要求，则要在尊重幼儿兴趣的前提下，灵活机智地将幼儿的兴趣吸引回来，以保证游戏主题环节的进行，从而确保教学活动任务的完成。

思考与讨论

关于游戏与教学活动的关系有几种说法，如“游戏是教学活动的形式”“游戏是教学活动的内容”“游戏既是教学活动的形式也是教学活动的内容”。你最认可上述哪种说法？试说明原因。

2. 实验法

当幼儿对某种事物或现象产生兴趣甚至提出疑问或设想时，教师应提供一定的材料或仪器设备引导幼儿自己动手操作、观察事物或现象的变化、寻找事物或现象变化的原因，进而验证自己的设想。这种开展教学活动的方法就是实验法。

运用实验法开展教学活动时，教师应注意以下三点。第一，实验所用的材料和仪器设备必须符合规定的安全卫生要求；实验的程序应当满足在教师指导下幼儿能够独立操作的要求；预先操作实验，并形成完美的实验指导计划。第二，实验过程中要让每个幼儿都有操作的机会，对幼儿操作的全过程都要进行观察，并提供有针对性的指导，帮助幼儿通过实验获得成功的体验。第三，实验结束后要注意引导幼儿寻找和归纳实验结果。

思考与讨论

设计一个实验引导幼儿认识水的三态，设计的实验方案要符合现象变化明显、方法简单可行的要求。简要说出你认为符合上述要求的最理想的实验方案，并指出操作过程中应注意的地方。

3. 操作练习法

操作练习法是指教师根据教学目标的要求提供操作材料，指导幼儿按照一定的要求和程序，通过多次实践练习而掌握和巩固某种技能的方法。在幼儿园各领域的教学活动中，操作练习法的运用都比较常见。例如，听指令出示相应数量的珠子、小木棍等实物巩固对10以内的数的认识，通过填补图中的缺线练习画直线、折线、弧线，根据洗手歌练习洗手，等等，都属于幼儿园教学活动中的操作练习法。

运用操作练习法开展教学活动时，教师应注意：第一，明确练习的目的、要求和方法，并用幼儿感兴趣的方法进行练习；第二，观察幼儿练习的情况，对幼儿练习过程中出现的问题及时做出反馈，注意启发幼儿在练习过程中去想象和探索。

（二）直观教学法

直观教学法是在教学活动中让幼儿直接感知认知对象的教学方法。这里介绍直观教学法中的观察法、演示和示范法。

1. 观察法

观察法是指教师在教学活动中，有目的、有计划地引导幼儿运用视觉、听觉、味觉、嗅觉、触觉等去感知所选定的客观事物与现象，让幼儿获得感性经验，并在此基础上形成概念的教学方法。

运用观察法开展教学活动时，教师应注意以下四点：第一，根据教学要求，做好观察前的准备工作，诸如确定观察目的、选择观察对象、拟订观察计划、创设观察环境条件等；第二，在观察开始前向幼儿提出观察目的，启发幼儿的观察情趣；第三，在观察过程中，先让幼儿自由观察，允许幼儿相互讨论，鼓励幼儿发现问题并提出问题，然后从幼儿的兴趣点切入，启发幼儿学习观察的方法，让幼儿从不同方面感知并运用语言描述观察对象；第四，观察结束，引导幼儿总结观察形成的印象，巩固幼儿的观察收获并使之条理化。

2. 演示和示范法

演示是指教师向幼儿展示各种实物、直观教具或者为幼儿做实验；示范是指教师通过自己的语言、动作、表情等所做的教学表演，为幼儿提供具体的模仿范例。

运用演示和示范的方法开展教学活动时，教师应注意：第一，演示和示范往往结合起来运用；第二，用于演示和示范的直观教具和实物要形象生动、色彩明晰且搭配适当，实验过程要清楚可见，便于幼儿观察；第三，教师的示范要生动有趣，易于引起幼儿的兴趣，且示范过程简明紧凑、重点难点突出；第四，演示和示范不一定是教师的直接演示和示范，也可以是影像等资料的演示和示范。

思考与讨论

你能说出一个综合运用演示和示范开展教学活动的例子吗？

（三）口授教学法

口授教学法是一种运用语言开展教学活动的传统的教学方法。

幼儿园教学活动中常采用的口授教学法有多种，例如讲解、讲述、谈话、讨论、提问等，这些方法可大体归纳为讲解法和谈话法。

1. 讲解法

讲解法主要包括讲解与讲述，其中，讲解是指教师运用口头语言向幼儿说明、解释事物或事情，讲述是指教师运用语言向幼儿叙述材料或所描绘的对象。讲解与讲述多用于针对故事性、描述性、说明性教学内容开展的教学活动。

运用讲解法开展教学活动时，教师应注意以下两点：第一，讲解与讲述都要求语言生动、形象、清晰、准确，简明扼要又富有感情，能引起幼儿的兴趣且容易被理解和接受；第二，教学实践中，一般不孤立地运用讲解法，可根据需要将其与其他教学方法如观察、演示和示范、讨论等相结合。例如，教师在向幼儿讲解“不能跟陌生人走”的安全问题时，可以先组织幼儿讨论“如果你一个人在家，有陌生人敲门，你该怎么办？”在幼儿充分发表见解的基础上，教师通过分析、总结幼儿的各种见解，引导幼儿学会应当采取的安全做法。

2. 谈话法

谈话法主要包括谈话与讨论，是指教师和幼儿双方围绕某一个问题或主题，自由地发表自己的想法和意见，表达自己的感受和体验，进行相互交流、相互学习的教与学的方法。

运用谈话法开展教学活动时，教师应注意以下三点。第一，谈话必须在幼儿已经具有某一方面的知识和印象时才能进行。例如，教师计划与幼儿开展“春天的景象”的谈话，就要事先引导幼儿通过多种活动尤其是通过观察积累有关对春天的认识，否则将会使幼儿对教师的话题感到“一头雾水”。第二，谈话必须有明确的要求和步骤，这就要求教师在组织谈话前，要根据教学任务确定谈话主题，围绕谈话主题设计基本的谈话环节，拟定具体明确、富有启发性的问题。第三，谈话过程中，教师应适时提出谈话问题，引导、鼓励幼儿大胆地说出自己的想法，允许幼儿之间的争论；既要面向全体幼儿，又要照顾到个别幼儿；既要引导幼儿围绕中心讨论，又要因势利导地拓展谈话内容，开拓幼儿的视野。第四，谈话结束，教师应针对谈话主题做出简短明确的小结，帮助幼儿形成正确的概念。

第三节　幼儿园教学活动的设计、组织与指导策略

本节中，我们将学习幼儿园教学活动的设计（包括教学活动设计的类型和教学活动方案的结构与书写要求）、组织与指导幼儿园教学活动应注意的几项策略。

一、幼儿园教学活动的设计

简单地讲，幼儿园教学活动的设计就是编写幼儿园教学活动方案或称幼儿园教学活动计划，这里我们采用幼儿园教学活动方案这一说法。习惯上，将教学活动方案简称为教案。

（一）教学活动设计的类型

要开展一次完整的幼儿园教学活动，在活动开始之前，教师需要对教学活动进行预先设计（也称预演设计），还需要在实际活动进程中观察幼儿活动的情况，根据幼儿的反应灵活地调整原有方案，及时进行现场设计；在活动结束后，教师要分析总结本次活动的实际效果，对活动进行反思和研究，然后对教学活动进行再设计，即所谓的反思设计。

1.预演设计

预演设计是指教师根据教学目标的要求，结合幼儿当前的需要和认知能力发展特点，选择适宜的内容和方法，设计教学活动的进程、步骤、可能出现的问题及解决的办法，写出教案并预演。其中，预演主要是指对教案中涉及的某项活动、某些问题、某种材料的具体执行进行预先操作。具体来说，就是教师对幼儿即将进行的活动、操作，预先设想或尝试，以便在实际的教学活动开展之前做到心中有数，在实际的教学活动开展过程中有针对性地指导幼儿，以保证教学活动的顺利进行。

预演设计是教师在教学活动中必须做好的工作，对于缺乏经验的教师尤为重要。例如，有些教师组织幼儿参观动物园，往往设计了"为什么保护动物"这个问题而又不进行预演。参观结束进行总结时，教师向幼儿提出这个问题，幼儿的答案五花八门。其实，有的教师如果不好好准备，自己也难以清楚地回答这个问题，当然也就很难将幼儿五花八门的答案进行科学的归纳了，最终就会使幼儿对这个问题的理解支离破碎，这就是对教学设计不进行预演的后果。

2.现场设计

对于动态的教学活动过程，尤其是幼儿作为学习主体的动态的教学活动过程，在实际的教学活动过程中总会出现这样或那样预演设计时没有预料到的情况，这就需要教师进行现场设计，即教师在教学活动现场，针对预演设计未预料到的问题、现象等所做的临时设计，主要包括教学方法、教学环节甚至教学内容等的临时调整。

要做好现场设计，需要教师在短时间内对活动中出现的未预料到的问题、现象等的教育价值做出判断，如有需要，应能迅速地联想到针对问题、现象而开展的临时活动，及时选择一个切入点，实现从当前活动向临时活动的自然过渡。临时活动结束，还要引导幼儿回归到预演设计的活动中来。可见，教师要做好临时设计，不仅需要具备高水平的直觉能力，而且要具备丰富的教学经验、扎实的专业知识、深厚的生活积累等多方面的素质。

3.反思设计

总结教学活动开展的实际情况可见,即使教师在活动过程中“自我感觉良好”,待活动结束后静下心来对活动过程进行回顾、分析,也会发现有的内容、环节、手段或方法还是可以改进的。至于上面提到的参观动物园的教学活动,在活动过程中已经出现了不如人意的现象,就更需要进行改进了。

所谓反思设计,是指教师在教学活动结束以后,根据教学活动过程中对幼儿的观察、分析以及自身在教学活动过程中的体验,对已经完成的教学活动方案进行检视、修改和补充。这种反思设计能够促使教师加强教学研究,不断积累经验,不断提升教育教学水平,从而不断提升教育教学质量。所以,反思设计也是教师教学活动设计的重要一环。

(二)教学活动方案的结构与书写要求

这里我们以“中班健康活动‘圆溜溜的鸡蛋’教学设计”为例,介绍幼儿园教学活动方案即教案的结构与书写要求。

1.教案名称

教案名称也就是教案题目,比较全面的教案名称格式为“××班××活动‘××(活动名称)’教学设计”,例如“中班健康活动‘圆溜溜的鸡蛋’教学设计”。

2.活动主题内容及基本设计思路

应简要说明教学活动主题内容和开展教学活动的基本思路。例如,“中班健康活动‘圆溜溜的鸡蛋’教学设计”的活动内容及设计思路为:观察完好的生鸡蛋以及打破的生鸡蛋,从而认识鸡蛋的外观特征及组织结构;现场演示煮鸡蛋;观察熟鸡蛋的组织结构并和生鸡蛋比较;通过品尝鸡蛋了解其营养价值。

3.活动目标

活动目标是指对活动提出的期望,具体地讲,是指通过一次具体活动,幼儿应当获得哪些情感体验与态度,掌握怎样的学习过程与方法,得到哪些方面的能力发展,增进哪些知识、技能与经验等。例如,“中班健康活动‘圆溜溜的鸡蛋’教学设计”的活动目标为：从外观形状、组织结构、营养价值等方面全面认识鸡蛋，尤其是认识生鸡蛋和熟鸡蛋组织结构的变化以及鸡蛋的营养价值；初步学会煮鸡蛋；改变偏食的观念和做法，吃鸡蛋时蛋白和蛋黄一起吃。

4. 活动准备

活动准备是指为保证活动顺利进行，在活动开展之前所做的精神和物质方面的有关准备。其中，精神准备是指幼儿参加该活动所需具备的知识和生活体验等；物质准备包括活动场地的选择与布置，及活动材料如教具的选用与调试等。例如，“中班健康活动‘圆溜溜的鸡蛋’教学设计”的活动准备主要为：生鸡蛋 5～10 个，电磁炉 1 台，与电磁炉配套的锅 1 口。

5. 活动过程

（1）开始部分：也称活动导入，主要任务就是创设情境、导入活动，并激发幼儿参与活动的兴趣。

（2）基本部分：这是活动的主体过程，是教师引导幼儿主动学习、积极探索，实现活动目标的过程。

（3）结束部分：活动主体过程结束，教师要对幼儿参与活动的情况如活动中的表现、活动的收获等进行小结、评价。

设计活动过程时，既可以按照上述三个部分编写，也可以按照活动进行的先后顺序逐条编写。例如，“中班健康活动‘圆溜溜的鸡蛋’教学设计”的活动过程，按照活动进行的先后顺序逐条编写为：第一，现场调查，了解幼儿早餐吃鸡蛋的人数；第二，引导幼儿观察生鸡蛋的外观特征；第三，教师打破一个生鸡蛋，引导幼儿观察生鸡蛋的组织结构；第四，教师现场为幼儿演示煮鸡蛋，教幼儿学习煮鸡蛋的方法；第五，剥开煮熟的鸡蛋，请幼儿观察熟鸡蛋的组织结构，引导幼儿比较生鸡蛋和熟鸡蛋组织结构的变化；第六，请幼儿品尝熟鸡蛋，通过提问、讨论、讲解等，帮助幼儿了解鸡蛋的营养价值。

6. 活动延伸

从根据计划进行的活动中得到启发，或者引申出需要解决的问题，从而派生出新的教学活动，使原有的教学活动得到延伸。

活动延伸是机动部分，不是每次教学活动都有的内容。

7. 活动反思

这项内容要在活动结束以后，教师通过对上述各项尤其是活动过程的总结、回顾、分析，找出不足之处，给出改进方案，然后进行编写。

思考与讨论

请根据自己的理解，对幼儿园课程方案与幼儿园教学活动方案加以比较。

二、组织与指导幼儿园教学活动的策略

思考与讨论

幼儿园教育活动的组织与指导方式包括哪些？

我们在上一章中学习了组织幼儿园教育活动的方式，即集体活动、小组活动、个别活动。指导幼儿园教育活动的方式即直接教学和间接教学同样适用于组织和指导幼儿园教学活动。此外，组织和指导幼儿园教学活动还要注意以下几个方面的问题。

（一）注重指导幼儿自主学习

一般地说，自主学习主要是指学习者在对自己的学习过程进行调控的基础上开展学习活动。幼儿的自主学习更多的是指幼儿在学习品质方面的表现，如强烈的学习兴趣、主动学习的积极性以及善于发现问题和勇于解决问题的钻研能力等。

为了积极引导和鼓励幼儿自主学习，更好地指导幼儿的自主学习，教师在开展教学活动时，首先要充分利用已有的活动环境，若有需要，则主动创设更加积极的活动环境。例如，根据活动目标的要求，结合幼儿的兴趣和已有经验，提供足够的活动材料，鼓励幼儿主动操作材料，引导幼儿

通过对材料的操作以及在活动中的探索实现活动目标。当然，在幼儿操作和探索的过程中，教师要深入细致地进行观察，引导活动向实现目标的方向发展。当幼儿在学习过程中遇到其自己不能解决的困难时，教师要给予及时有效的支持，以确保活动目标的实现。

（二）注意教育内容的综合

幼儿成长所需要的知识、技能、经验是多方面的，即综合的，这就要求教师最好通过教学活动让幼儿学到相互联系的综合性的知识、技能、经验。要做到这一点，教师除了应在整体上注意考虑一定时段内各领域、各方面活动内容的平衡安排，还要注意挖掘每个活动中所蕴含的各种教育因素，力争通过一个活动的开展促使幼儿得到多方面的学习和发展。例如，“利用彩笔绘画学习数字和颜色”活动，幼儿通过用彩笔画出各种颜色的阿拉伯数字，既学习了颜色的辨别，又学习了数字的识别，还可以结合彩笔的形状进行有关物体形状的学习，中、大班尤其是大班幼儿甚至可以结合相应颜色、数字进行英语单词或词组的学习，可谓一举多得。

（三）将教育任务有机渗透到游戏和日常生活中

在幼儿平时的游戏和日常生活中有机渗入相关的教育内容，既可以复习巩固所学的知识、技能、经验，又可以让幼儿轻松自如地学到新的知识、技能、经验，而且能够通过平时的游戏和日常生活完成教育任务，一般就不需要再组织专门的教学活动了。可见，将教育任务有机渗透到幼儿的游戏和日常生活中能一举多得。

为了使幼儿通过平时的游戏和日常生活获得上述几个方面的效果，教师要重视对幼儿游戏和日常生活的指导，相应内容在本书第五章和第六章具体学习。

（四）重视家园合作，获得家长对教学活动的支持

正像上面“（二）注意教育内容的综合”中所介绍的那样，“幼儿的成长所需要的知识、技能、经验是多方面的，即综合的”，教师除了要注意教育内容的综合，还要注意调动各方面的教育因素，其中，幼儿所在的家庭就是非常重要的方面。所以，教师要十分重视幼儿园和幼儿家庭的合作即

家园合作，获得家长对教学活动的积极支持。

有关幼儿园和幼儿家庭合作的内容我们将在本书第七章具体介绍。

思考与讨论

上面介绍的“组织与指导幼儿园教学活动的策略”总体包括哪几个大的方面？

拓展阅读

幼儿教师的“说课”

一、“说课”的几种定义

（一）定义一

说课是教师通过对教育目标本身的分析，表述具体课题的活动设想及其理论依据。通俗地讲，就是要说清教什么、怎么教、为什么这么教。“说课”以说为主，是教师对教案本身的分析和说明，是一种以口头叙述为主的教案分析。

（二）定义二

说课是一种教学研究活动，它要求教师以教育理论、教学大纲、教材为依据，针对某一课题的自身特点，结合教育对象的实际情况，口头表述该课题教学的具体设想、设计及其理论依据。

（三）定义三

说课是指教师在备课的基础上，于授课之前面对领导、同行或评委，主要用口头语言讲解具体课题的活动设想及其依据的一种教研活动，是教师将对教材的理解及其教法和学法设计转化为“具体活动”的一种课前预演，也是督促教师进行业务学习和教育教学研究、提高业务水平的重要途径，还是评估教学水平的有效手段。

二、“说课”的内容

（一）说教材

说明教材的内容及其在教学中的地位和作用，通过分析所选活动主题的内容特点，指明其在整体或主题体系教学中的地位。

（二）说幼儿

对幼儿现状进行简要分析，主要包括幼儿的年龄特点、身心发展状况、原有知识和幼儿对基础技能的掌握情况、智力的发展情况，以及幼儿的非智力因素，包括幼儿的兴趣、动机、行为习惯、意志力等发展状况。

（三）说目标

先说明主题目标，再说明本次活动目标（主要从情感、态度、能力、知识、技能等方面综合地表达出来，并能体现主题的教育要求），最后说明确立此目标的依据。

（四）说重点、难点

说明所确定的活动的重点、难点以及其确定依据和解决方案。

（五）说教法

主要说明教学方法及教学手段的选择和运用。要根据教材的特点、幼儿的实际、教师的特长以及教学设备情况等，说明选择某种方法或手段的依据。

（六）说活动准备

说明活动准备情况，包括活动前的准备（资料收集、环境创设、家长工作、社区协调等）和活动中的准备（有关玩具、教具等材料，包括幼儿用书、教学挂图等）。

（七）说学法

说出要教给幼儿哪些学习方法、培养幼儿哪些能力，并结合活动目标、教材特点、幼儿年龄特点具体说出理论依据，主要说明幼儿要“怎样学”的问题和“为什么这样学”的道理。要讲清教师是如何激发幼儿学习兴趣，引导幼儿主动、积极探索的；要讲出教师是怎样根据班级特点和幼儿的年龄、心理特征，运用哪些教育教学规律指导幼儿进行学习的。（根据活动内容和采取的方法及手段，教给幼儿一些学习的方法，做到“授之以渔”。）

（八）说活动过程

这是说课的重点部分。说活动过程就是说明整个活动的流程，即各个活动环节的实施过程。按照活动的先后顺序说明每一环节所用的大体时间,重点说明主要环节的双边活动,要致力于对活动难点和重点的突破。具体内容只需概括介绍,只要听者能听清楚“教的是什么”“怎样教的”就行了,不能像组织幼儿活动那样按照教案讲。

注意,在介绍活动过程时不仅要说明活动内容的安排,还要讲清“为什么这样教”,即理论依据(包括《纲要》依据、课程标准依据、教学法依据、幼儿教育学和幼儿心理学依据等)。

(九)展示辅助课件

所制作的课件要起到突出本次活动重点、降低难度以突破难点的作用。展示课件时还要简述自己设计、制作的思路和过程。

三、实施“说课”需要注意的几个问题

(一)认真拟定说课稿

根据“二、‘说课’的内容”撰写说课稿,一定要注意:“说课稿”不同于“教案”,“教案”的重点是“怎样教”,而“说课稿”的重点是说清“为什么要这样教”。

(二)使用普通话

全社会都在大力推广使用普通话,教师更要首当其冲。

(三)充满激情,慷慨自然

说课时不但要精神饱满,而且要充满激情、慷慨自然,要使听者首先从表象上感到说课者对说课的决心与自信,从而受到感染,产生共鸣。

(四)紧凑连贯,简练准确

说课的语言应具有较强的针对性,语言表达要简练干脆、有声有色、灵活多变,前后连贯紧凑,过渡流畅自然。

(五)自然而有效地使用多媒体

在说课时,要注意将现代化的教学手段(多媒体)组合在说课的主体中,使说课更加生动,从而获得最佳效果。

本章作业

一、复习本章内容，列出本章内容四级目录总结表

二、填空题（将下列各题的正确答案填在横线上）

1. 幼儿的思维方式以________思维为主。

2. 幼儿的学习以获得________经验为主。

3. 幼儿园教学活动的原则是开展幼儿园教学活动必须遵循的________要求。

4. 在组织幼儿开展集体游戏时，对幼儿进行团结协作精神的教育，是贯彻幼儿园教学活动应遵循的________原则。

5. 宽容幼儿参与教学活动中“与众不同”的行为甚至“出错”现象，是贯彻幼儿园教学活动应遵循的________原则。

6. 演示是指教师向幼儿展示各种________、________或为幼儿做________；示范是指教师通过自己的________、________、________等所做的教学表演。

7. 开展幼儿园教学活动常用的教学方法主要有________、________、________三大类。

8. 幼儿园教学活动设计的类型包括________、________、________。

9. 要做到教育内容的综合，教师除了在整体上注意考虑一定时段内各领域、各方面活动内容的________安排，还要注意挖掘每个活动中所蕴含的各种________因素，力争通过一个活动的开展促使幼儿得到________的学习和发展。

10. 幼儿园和幼儿家庭的合作简称________合作。

三、判断题（正确的填“√”，错误的填“×”）

1. 幼儿园教学活动实质上就是教师教的过程与幼儿学的过程之和。（　　）

2. 幼儿园教学活动的生活性是指幼儿园教学活动要在幼儿的生活中

进行。(　　)

3. 教师是教学活动的组织者、引导者、支持者，是教学活动过程中“教”的主体。(　　)

4. 教学活动的内容实质上是教学活动的具体任务。(　　)

5. 本书所介绍的幼儿园教学活动实质上是幼儿园教育活动。(　　)

6. 幼儿园教学活动的思想性原则和科学性原则是相互独立的。(　　)

7. 幼儿园所有教学活动最终都是为了促进幼儿的健康发展。(　　)

8. 贯彻幼儿园教学活动的活动性原则，要求教师通过各种形式的活动完成幼儿园教学活动任务。(　　)

9. 直接教学是幼儿园教学活动中更为提倡的教学方式。(　　)

10. 将教学任务有机渗透到游戏和日常生活中，就是为了少开展教学活动。(　　)

四、选择题(将正确选项的代号填在括号中，每题可能有一个或多个正确选项)

1. 本书所涉及的幼儿园教育活动主要包括(　　)。

A. 教学活动　　B. 游戏活动

C. 日常生活活动　　D. 节日及娱乐活动

2. 幼儿园教学活动的构成要素主要包括(　　)。

A. 教师　　B. 幼儿

C. 教学活动内容　　D. 教学活动采用的手段和方法

3. 下列幼儿园教学活动的原则中，二者相互统一的是(　　)。

A. 科学性原则与直观性原则　　B. 科学性原则与活动性原则

C. 思想性原则与活动性原则　　D. 科学性原则与思想性原则

4. 就目前来看，幼儿园教学活动的直观手段包括(　　)。

A. 实物直观　　B. 模具直观

C. 电化教具直观　　D. 语言描述直观

5. 下列教学方法中，属于幼儿园教学活动中常用的活动教学法的是(　　)。

A. 观察法　　B. 谈话法　　C. 操作练习法　　D. 演示和示范法

6. 下列教学方法中，属于幼儿园教学活动中常用的直观教学法的是（　　）。

A. 游戏法　　B. 实验法

C. 演示和示范法　　D. 讲解法

7. “中班健康活动‘圆溜溜的鸡蛋’教学设计”中，属于幼儿园教学活动方案中活动目标的是（　　）。

A. 中班健康活动“圆溜溜的鸡蛋”教学设计

B. 现场演示煮鸡蛋

C. 初步学会煮鸡蛋

D. 生鸡蛋 5～10 个

8. “中班健康活动‘圆溜溜的鸡蛋’教学设计”中，属于幼儿园教学活动方案中活动过程的是（　　）。

A. 改变偏食的观念，吃鸡蛋时蛋黄和蛋白一起吃

B. 请幼儿品尝鸡蛋

C. 从原来计划的活动过程中得到启发，派生出新的教学活动

D. 对活动过程进行回顾、分析

9. 下列各项中，能代表幼儿有自主学习倾向的是（　　）。

A. 强烈的学习兴趣

B. 自主学习的积极性

C. 善于发现问题和解决问题的能力

D. 按照要求参加活动

10. 下列教学方式中，属于直接教学方式的是（　　）。

A. 通过操作练习获得技能　　B. 通过实验发现现象

C. 通过观察现象获得结论　　D. 听教师讲故事

五、问答题

1. 如何正确理解幼儿在教学活动中的主体地位？

2. 简要回答什么是多媒体教学。

3. 教师利用操作练习法开展教学活动，应注意哪些方面的问题？

4. 教师利用观察法开展教学活动，应注意哪些方面的问题？

5. 幼儿园教学活动方案包括哪几个项目？

6. 说说你对直接经验、直观教学法、直接教学方式的理解。

六、实践题

通过走访幼儿园，选择一个中等难度的幼儿园小班教学活动，设计并编写出该活动的教学方案，借鉴说课的方式，先以小组为单位开展一次教学活动方案展示活动，然后每个小组推荐一名同学，以班级为单位开展一次教学活动方案展示活动。展示结束，将全班同学设计的教学方案出一次专栏，供大家相互观摩、借鉴。

第五章

幼儿园游戏活动

本章引言

为了叙述方便，我们将幼儿园游戏活动简称为幼儿游戏。

本章在介绍幼儿游戏的含义及特征、幼儿游戏对幼儿教育的作用、幼儿游戏的分类等基础知识的基础上，主要学习幼儿游戏的组织实施，包括幼儿游戏的准备、观察、指导、评价。此外，鉴于幼儿游戏材料在幼儿游戏中的重要作用，对其特征、分类、选择与利用、制作等进行专门介绍，以期帮助大家更好地选择、使用甚至制作幼儿游戏材料。

拓展阅读

《幼儿园工作规程》第二十九条

幼儿园应当将游戏作为对幼儿进行全面发展教育的重要形式。

幼儿园应当因地制宜创设游戏条件，提供丰富、适宜的游戏材料，保证充足的游戏时间，开展多种游戏。

幼儿园应当根据幼儿的年龄特点指导游戏，鼓励和支持幼儿根据自身兴趣、需要和经验水平，自主选择游戏内容、游戏材料和伙伴，使幼儿在游戏过程中获得积极的情绪情感，促进幼儿能力和个性的全面发展。

第一节 幼儿游戏概述

作为幼儿游戏基础知识，本节主要内容为幼儿游戏的含义和特征、幼儿游戏对幼儿发展的作用以及幼儿游戏的分类。

一、幼儿游戏的含义和特征

（一）幼儿游戏的含义

鉴于游戏是一种易于观察但是难以严格定义的活动现象，因此，对于游戏，目前并没有一个让大家都认可的定义。关于幼儿游戏，通过下面的分析，可以归纳出其基本含义。

如果实地考察幼儿在园一日生活，我们可以看到，幼儿游戏占据了幼儿保育和教育生活的大部分时间。可以说，幼儿在园一日生活是以游戏为中心的，即使吃饭、睡觉，有些幼儿也会以游戏的形式进行，有的幼儿带着布娃娃一起午休就是活生生的例子。可见，幼儿游戏是幼儿最喜爱的活动，是幼儿生活的主要内容。究其原因，在幼儿成长的过程中，会产生各种需要，如认知的需要、运动的需要、操作和探索的需要、交往的需要等，但是，由于年龄、心智、表达和行为能力等各种限制，幼儿又不能像成年人那样在现实中做自己想做的有关事情，解决自己想解决的有关问题。于是，幼儿通过各种游戏活动满足自身身心发展的需要。观察幼儿在游戏过程中的表现，不难看出，幼儿在游戏过程中会用大脑思考、语言表达、肢体活动，与人交往、与环境接触，甚至去发现问题、解决问题。因此，幼儿游戏是幼儿不自觉的学习过程，是幼儿特有的一种学习方式。

综上所述，幼儿游戏是幼儿最喜爱的活动，是幼儿生活的主要内容，是幼儿不自觉的学习过程，是幼儿特有的一种学习方式。

（二）幼儿游戏的特征

1. 幼儿的自主活动

你是否能想起自己在幼年时最喜欢玩的游戏，或与其他小朋友相约一起去玩的游戏？在你长大以后，是否看到过身边或幼儿园中，有小朋友一个人自觉自愿，或者主动约了其他玩伴，全神贯注、不厌其烦地在玩一个你看起来很简单的游戏？相信对多数人来说，答案都是肯定的。这告诉我们，幼儿游戏是出于幼儿自己的兴趣和愿望，是幼儿自发自愿的活动。幼儿"玩"游戏，是幼儿在没有外在压力的情况下，自主、自由地做自己想做、喜欢做的事情，玩什么、和谁玩、怎么玩、用什么玩，即游戏的内容、参与对象、方式、材料，都由幼儿积极主动地把握、决定。可以说，幼儿游戏是幼儿的自主活动。

2. 幼儿有趣味的活动

游戏本身是一类娱乐活动，游戏能够愉悦参与者的身心，其中很重要的原因就是游戏从形式到内容上的趣味性。基于幼儿身心特点因素，对他们来说，幼儿游戏更是趣味无穷。例如，有些幼儿游戏对成年人来说"简直就是太小儿科"，但是幼儿却乐在其中、乐此不疲；幼儿把玩具"扔"了一地，成年人感到杂乱、不高兴，有时甚至去制止，可幼儿却振振有词地解释"这是我的小房子""这是我修的桥"等，甚至受到训斥还是乐此不疲、照玩不误。这很可能是因为游戏中形象的角色、丰富的内容、好玩的玩具等对幼儿产生了极大的吸引力，从而使其对玩游戏产生浓厚的兴趣，有时甚至反复玩同一个游戏。

3. 虚构与现实相统一的活动

幼儿游戏是幼儿充满想象的活动，是幼儿在假想的情景下进行的，是虚构的，可以不受时间、地点、材料等客观条件的限制。幼儿可以用布娃娃组织一场"真人秀"，可以让玩具汽车表演一场汽车大赛；可以把自己想象成进而装扮成生活中他们希望或者需要的角色，可以把狭小的场地当成开展各种各样活动的广阔天地。总之，他们可以利用对成人来说幼稚甚至简陋的条件创造出丰富的情景。

但是，幼儿虚构的游戏情景一般来说就是其周围现实生活的写照，游戏中的人物、事件、情节、游戏规则以及人物在游戏中的行为方式都具有社会性特征，是幼儿根据自己的知识、技能、经验对社会生活的再创造。从这一角度出发，有人将幼儿游戏定义为“幼儿在假想的情景下反映社会生活的活动”是有道理的。

二、幼儿游戏的分类

幼儿游戏有多种分类方法。例如，从幼儿的认知发展角度分类，幼儿游戏包括练习性游戏、象征性游戏、结构性游戏、规则性游戏；从幼儿的社会性发展角度分类，幼儿游戏包括偶然行为或无所事事、旁观、独自游戏、平行游戏、联合游戏、合作游戏。

本书按对幼儿的教育角度进行幼儿游戏的分类，这是建立在长期幼儿教育实践和经验基础上的分类方法，主要依据幼儿教育活动中所开展的幼儿游戏的形式、内容以及游戏对幼儿的教育功能的一致性，对幼儿游戏进行归纳分类，以便于教师的识别和组织。按这种分类方法将幼儿游戏分为创造性幼儿游戏和规则性幼儿游戏。

（一）创造性幼儿游戏

创造性幼儿游戏是指教师在一定的环境中设置多个主题，幼儿根据自己的爱好自主选择、自由玩耍的游戏，或者从游戏发起、主题确定、人员分工、材料准备、游戏进行等各个环节均由幼儿自主选择、自由玩耍的游戏。

创造性幼儿游戏又分为角色游戏、表演游戏和结构游戏。

1. 角色游戏

角色游戏是指幼儿通过想象、模仿，扮演生活中的角色，创造性地反映日常生活的游戏。角色游戏往往都有一个主题，如“娃娃家”“医院”“超市”“公交车”等，所以也称为主题角色游戏。

在角色游戏中，一方面，幼儿大多根据自己的生活经验再现成人的各种活动，游戏的主题、情节、角色、材料及其使用一般都与幼儿的社会生活经验有关。教师的孩子喜欢演教师，医生的孩子喜欢演医生，警察的孩子喜欢演警察，等等，都说明幼儿对社会现实生活的印象是角色游戏的源泉。另一方面，幼儿又不会生搬硬套现实生活，对游戏的主题、情节、角色、材料，都有可能发挥自己的想象进行再创造。所以说，角色游戏过程又是创造性想象过程，有人甚至认为想象活动是角色游戏的支柱。例如，在某幼儿园大班幼儿玩“超市”游戏的过程中，当“导购（售货员）”发现“超市”没有“顾客”要买的东西时，竟提出让“顾客”留下联系方式，等“进货”后通知“顾客”再来选购。“顾客”竟然也很客气，表示不麻烦“导购”了，自己可以网购。这样的情节，既有幼儿生活经验的基础，又有幼儿对一般超市购物情节的再创造。

2. 表演游戏

表演游戏是幼儿根据文艺作品的内容、情节、角色，通过自己的语言、动作、表情进行表演的游戏。如《拔萝卜》《三只羊》《小蝌蚪找妈妈》等，都是幼儿很感兴趣的表演游戏。

在表演游戏中，幼儿根据自己对文艺作品的理解，依据文艺作品中的情节，分角色出演不同的人物，对作品中角色的语言、动作、表情等进行创造性扮演。

表演游戏与角色游戏都是幼儿扮演角色的游戏，但是，表演游戏的素材来自文艺作品，幼儿扮演的是文艺作品中的角色，而角色游戏的素材来自现实生活，幼儿扮演的是现实生活中的角色。

表演游戏与文艺表演都以文艺作品为表演内容。但是，在表演游戏中，幼儿可以根据自己的想象对作品增减对话、动作甚至情节、角色，是幼儿在进行创造性表演；而文艺表演则是在教师组织下，比较严格地按照作品的情节以至对话、动作、表情的要求进行表演，是表演者对作品进行的诠释。此外，表演游戏不是以观看为目的的，即使没有观众，幼儿也会兴致勃勃、全神贯注地进行表演，而文艺表演是为了向观众表达一个主题，愉悦甚至教化观众。

思考与讨论

你是否注意过这样一种现象：当有人走到正在表演游戏的幼儿跟前时，幼儿好像旁若无人，仍然聚精会神地自娱自乐。

3. 结构游戏

结构游戏是指幼儿利用各种适用的结构材料进行建造的游戏。常用的结构材料包括积木、积竹、积塑，金属材料，纸板等板类材料，塑料管等管棒类材料，沙、土、水、雪等自然材料。有的结构游戏使用一种材料，有的结构游戏需使用几种结构材料才能完成。

（二）规则性幼儿游戏

规则性幼儿游戏是指为了达到一定的教育目的而设计的，按照一定的游戏规则才能进行的幼儿游戏。这类游戏一般由教师组织幼儿开展，也可以由幼儿在弄懂规则的基础上自主进行。

规则性幼儿游戏分为智力游戏、体育游戏、音乐游戏等。

1. 智力游戏

智力游戏是以生动有趣的游戏形式，使幼儿在积极愉快的情绪中增进知识、发展智力的游戏。智力游戏内容丰富、种类繁多，而且从不同的角色分类，游戏所包括的类别也不一样。从训练幼儿智力的作用类型来看，智力游戏包括：感官游戏，如辨别声音类游戏和识别图形类游戏；语言游戏，如猜谜语游戏和绕口令游戏；计算游戏，如数字比较游戏和计算速度比较游戏；记忆游戏，如记忆数量多少的游戏和记忆时间长短的游戏；综合智力训练类游戏，如训练事物推理游戏和纸牌、棋类游戏；等等。

2. 体育游戏

体育游戏是指以发展幼儿基本动作和身体协调能力为主要目的的游戏，有的体育游戏还能训练幼儿的反应能力。很多幼儿体育游戏都是沿袭多年的传统游戏甚至是民间流传下来的游戏，例如“跳皮筋”“踢毽子”“滚铁环”“老鹰捉小鸡”“丢手绢”“捉迷藏”等；也有不少是教师在教育实践过程中创编的，例如“吹泡泡”“小青蛙跳田埂”“小蜜蜂采蜜”“投彩球”“正说反做”等。

3. 音乐游戏

音乐游戏是在音乐伴奏或歌曲伴唱过程中进行的游戏，游戏时的动作甚至表情要求符合音乐的节拍甚至音乐所表达的内涵。许多音乐游戏如“问候舞”“抢椅子”“许多小鱼游来了”“听音找朋友”“老猫睡觉醒不了”等，对发展幼儿的音乐感知能力、大脑反应能力、动作协调能力等都有非常积极的作用，而且生动有趣，深受幼儿欢迎。

应当注意的是，从对幼儿教育的角度出发，将幼儿游戏分为创造性幼儿游戏和规则性幼儿游戏，这其实也是相对的。事实上，创造性幼儿游戏中也包含规则，否则有些游戏尤其是集体游戏就无法进行下去；同样，规则性幼儿游戏中也可以发挥幼儿的创造性，智力游戏和音乐游戏更是如此。

思考与讨论

由于分类依据的交叉，同一种游戏可能属于不同的游戏类别。你能从上述内容或者自己的经验积累中找出典型的例子吗？

三、幼儿游戏对幼儿发展的作用

幼儿游戏在幼儿发展中的促进作用是多方面的。幼儿通过游戏，在玩中做、做中学、学中成长，在德智体美劳各方面得到全面发展。

（一）在幼儿身体素质发展中的作用

各种不同游戏的活动量大小不同，参与游戏的幼儿身体活动部位不同，但是，总的来看，游戏中的幼儿身体各器官都处于不同程度的积极活动的状态，都会得到不同程度的锻炼，并由此促进其身体的总体发展。有些游戏在户外进行，还可以使幼儿呼吸新鲜空气、增强对环境的适应能力。同时，幼儿在游戏中需要经常使用自己的手、脚、五官以及其他部位，也有助于幼儿认识自己的身体机能。

思考与讨论

你能列举三种以上训练幼儿不同身体机能的幼儿游戏吗？

（二）在幼儿语言能力发展中的作用

观察幼儿在游戏中的表现，可以发现，幼儿在游戏中有多种形式的语言学习、表达和交流的过程。例如，幼儿可以通过音乐、语言类游戏直接学习语言。幼儿在玩游戏的过程中，会和角色进行交流；集体游戏中，幼儿之间、幼儿在游戏中扮演的不同角色之间需要通过语言进行交流；幼儿和游戏的指导者甚至观众进行交流。各种形式的语言学习、表达和交流过程，促进了幼儿语言能力的发展。

（三）在幼儿感知、思维、想象等发展中的作用

幼儿完成一个游戏，往往需要使用各种游戏材料，扮演各种游戏角色，完成各种游戏动作，演绎各种游戏情节。幼儿通过观察、感知、思考、想象等，运用已有知识、技能、经验，在完成游戏过程的同时，又学到了新的知识、技能，实现了对已有知识和技能的更新、对过去经验的重组，形成新的经验。伴随着上述过程，幼儿的感知、思维、想象等能力得到明显提升。游戏过程中出现的问题会激发幼儿的思考，使幼儿在可能的前提下将已有的知识、技能、经验根据需要重新加以组合，寻找解决问题的方法，这一过程极大地促进了幼儿创造性能力的提高。

（四）在幼儿兴趣、情感、意志等发展中的作用

1. 在幼儿兴趣发展中的作用

幼儿阶段的孩子对身边的一切事物都充满了好奇，他们非常渴望参与其中。由幼儿游戏的特征可知，游戏既满足了幼儿的好奇心，又适合幼儿参与其中，是培养幼儿兴趣最好的活动方式。在游戏中，幼儿在好奇心的驱使下，充分发挥自己的自主性、想象力，探索游戏中的奥秘。一旦有所收获，幼儿内悦于心、外喜于形，充满成就感、自信心，对探索新鲜事物的兴趣得到极大的促进。

2. 在幼儿情感发展中的作用

幼儿在自我游戏中没有了来自外界的强迫和压力，其真实情感能得到自然流露和充分表达，而且表现出来的一般都是积极情绪。例如，游戏满足了幼儿的需要和愿望，幼儿在游戏中享受到自由选择权和自主决策权，通过自我努力获得成功，从而体验到快乐、自信和成就感，形成与发展了积极情感。此外，幼儿在玩游戏的过程中没有了来自外界的强迫和压力，情绪得到放松，还有机会释放直至消除由于某些原因而淤积的迷惑、不安、紧张、恐惧等消极情绪。例如，不少幼儿都害怕打针，但是，通过玩角色游戏“医院”，在教师的积极鼓励与引导下，幼儿成功表演了游戏中给娃娃打针的情节，从而大大舒缓了真实环境中打针产生的心理压力，在以后打针时会表现从容，最终战胜参与“医院”游戏以前的自我。

3. 在幼儿意志发展中的作用

考察幼儿游戏的过程，我们会发现，成年人觉得有些游戏对幼儿来说过于复杂，幼儿玩起来或者过于费时，或者过于吃力，但是，幼儿却能克服各种困难，持之以恒地做下去，不达目的决不罢休。坚持的过程、克服困难的过程，都是很好的锻炼幼儿意志的过程。当然，在幼儿克服困难的过程中，有时需要我们积极地鼓励、引导，这种鼓励、引导的过程，其实也是让幼儿磨炼意志的过程。

思考与讨论

幼儿在游戏过程中是否有表现出消极情绪的现象？如果你认为没有，请说明原因；如果你认为有，请举例说明。

（五）在幼儿社会化发展中的作用

很多幼儿游戏需要参加游戏的幼儿在共同遵守游戏规则的前提下，相互协作才能完成。在这类游戏中，作为集体中的一员，幼儿学到了遵守规则及协商、合作等社会化生存的知识和技能。在学习这些知识和技能的过程中，幼儿知道了如何认识自己，如何认识同伴，如何认识集体，如何处理自己和同伴、个人和集体的关系等；使幼儿从以自我为中心发展到能够服从集体的规定、接纳他人的观点、协调彼此的行为；一旦发生困难，能够创造团结的积极氛围去克服；一旦发生矛盾，也能够在公平、友好的氛围中去化解。可见，幼儿游戏有助于幼儿克服自我中心意识、树立规矩意识、培养合群行为、提高交往能力、增强集体荣誉感，促进幼儿的社会化发展进程。

思考与讨论

语言、兴趣、情感、感知、思维、意志、想象，哪些属于智力因素，哪些属于非智力因素？

第二节　幼儿游戏的组织实施

本节内容是本章的主要内容，也是本章的重点内容，包括幼儿游戏的准备、观察、指导和评价四个部分。

一、幼儿游戏的准备

（一）保障幼儿充足的游戏时间

教师要保证幼儿在园一日生活中有一定的游戏时间。例如创造性游戏时间，小班一般为 30～40 分钟，中班一般为 40～50 分钟，大班一般为 50～60 分钟。再如户外体育游戏时间，小班一般为 20～30 分钟，中班一般为 30～40 分钟，大班一般为 40～50 分钟。

教师可以根据幼儿一日生活的安排，尽量将部分零散的游戏时间整合成比较完整的游戏时间段，供幼儿充分自由地玩耍。晨间、起床后和离园前，安排一些户外体育游戏、室内安静的游戏；上午集体教学活动后和下午，安排一些创造性游戏。

（二）选编适宜不同幼儿的游戏

小班幼儿游戏的目的性较差，主题和内容也不稳定，喜欢模仿成人的简单活动。此外，他们常常喜欢玩平行游戏，虽然彼此玩的游戏相同，但是大多情况下各玩各的。因此，对于小班幼儿，教师要多丰富其生活经验，引导、帮助其寻找、确定游戏主题，引导、帮助其学习合作性游戏。中班幼儿开始进入创造性游戏的高峰期，有一定的游戏目的，游戏中有分工也能合作，但是计划性和组织能力较差。因此，对于中班幼儿，教师要尽量多为其提供条件，引导其有计划、有组织地开展多种游戏。大班幼儿创造性游戏的水平较高，并开始对复杂的有规则游戏感兴趣。因此，对于大班幼儿，教师可组织难度较大的创造性游戏，适当增加棋类等竞争性规则游戏的内容。

总之，教师应当根据教育任务的要求，结合幼儿的实际水平选择、编创适宜的幼儿游戏。例如锻炼幼儿运动能力的体育游戏，不同的游戏难度不同、规则不同，适用于不同年龄段的幼儿。当然，有些游戏如“过障碍”“摘果子”等，可以创造性地分别用于大、中、小班幼儿，但是，在游戏过程中设置的游戏难度应当有针对性，例如“过障碍”游戏，在大、中、小班幼儿游戏中障碍的设置是不同的，所以规则也不一样。

思考与讨论

“过障碍”“摘果子”“小猴子走平衡木”“跳绳”“呼啦圈”等游戏，哪些适合大班幼儿，哪些适合中班幼儿，哪些适合小班幼儿？

（三）创设良好的室内外游戏环境

教师要根据场地大小、幼儿人数、教学活动的任务等创设室内游戏区。各个游戏区之间尤其是安静的游戏区和喧闹的游戏区之间，最好适当隔离，但是要注意留出通道。情节或材料等有关联的游戏，例如“娃娃家”和“超市”，游戏区最好相邻。注意定期更换游戏区。

室外的游戏场地要平坦，有遮阴措施，保证安全。场地中一般以放置体育游戏的大型器械和玩具等大型设备和用具为主，布置要合理，尤其不能妨碍幼儿奔跑等活动。

教师要鼓励和引导幼儿参与设计、布置游戏区。

（四）提供充足适用的游戏材料

教师要尽量为幼儿提供形状逼真、色彩明快、品种适宜、数量充足且易于区分的游戏材料。对小班幼儿，一般要为其提供成品游戏材料；对中班幼儿，除了可以为其提供种类较为丰富、数量较多的玩具，还可以为其提供部分半成品游戏材料、可塑性游戏材料如油泥和纸类等，引导幼儿在游戏中进行创造；对大班幼儿，游戏场地和材料的提供可以比中班更加灵活，例如，为大班幼儿提供具有多种选择的材料区，其中除了放置反映物体细节特征的玩具等外，还可以放置丰富多彩的半成品乃至废旧物品。

二、幼儿游戏的观察

（一）游戏观察的内容和作用

幼儿教师对幼儿游戏的观察是教师介入游戏的前提。游戏观察的内容主要包括游戏主题和内容在对幼儿的教育作用、符合幼儿身心特点、激发幼儿游戏兴趣等方面是否适于幼儿，幼儿在游戏中的表现如精神面貌、语言、动作、与同伴之间的交往合作等是否处于积极状态，游戏材料的种类和数量是否够用、形式和功能是否适用，游戏环境是否适合游戏的开展，设计的游戏时间是否够用等。通过观察，教师能够了解游戏进展过程中的即时状况，根据实际需要及时进行有针对性的指导，同时，还能积累游戏活动的一手资料，有助于今后更好地开展工作。

（二）游戏观察的方法

传统的游戏观察法中使用的工具有行为核对表、等级量化表、轶事记录。目前幼儿园使用较多的游戏观察方法是扫描观察、定点观察和跟踪观察。

1. 扫描观察

扫描观察也叫分时段定人观察，具体做法是对班级中参加游戏的幼儿平均分配时间，在相等的时间内对每个幼儿轮流进行观察。教师要想了解幼儿开展了哪些主题的游戏，每个幼儿选择了什么主题、扮演了什么角色、使用了什么材料、在游戏中的表现如何等项内容，可以使用扫描观察法，并采用表格的形式进行记录。

表 5-1 至表 5-3 分别列出了幼儿对各种主题游戏的爱好程度、幼儿参与区域活动情况、幼儿在游戏中表现出来的社会性发展水平观察记录参考样表。

表 5-1　幼儿对各种主题游戏的爱好程度观察记录表

主　题 姓　名	娃娃家	医　院	超　市	跳　绳	过障碍	小蝌蚪找妈妈	……
张某某							
王某某							
……							

表 5-2　幼儿参与区域活动情况观察记录表

班　级		记录人		记录时间		备　注
姓　名	性　别	表演区	构建区	体育区	音乐区	
张某某						
王某某						
……						

表 5-3　幼儿社会性发展水平观察记录表

班　级		记录人		记录时间		
姓　名	性　别	非游戏行为	旁　观	无所事事	独自游戏	合作游戏
张某某						
王某某						
……						

2. 定点观察

定点观察指教师固定游戏中的某一地点，对在此点活动的一个或多个幼儿进行观察。这种观察适合了解一个区域甚至一个主题幼儿游戏的情况，一般多在游戏过程中使用。

拓展阅读

游戏定点观察记录示例

大一班的“娃娃家”区域里有锅、碗、杯子和勺子。周五上午九点，大一班幼儿开始进行分组游戏时，欣欣和云云来到“娃娃家”区域。欣欣拿起杯子和勺子，用勺子在杯子里搅拌，一边搅拌一边喊道：“卖豆浆了！卖豆浆了！谁喝热豆浆？”云云走近她，问道：“你在干什么？”欣欣回答：“我在熬豆浆呢。”云云说：“豆浆也不好喝啊？”欣欣说：“豆浆可有营养了，小朋友都得喝。”云云说：“你别熬豆浆了，做火锅吧。火锅里有肉、有菜，也有营养。”欣欣说：“好吧，那我给你做火锅。”欣欣于是拿起锅放在炊具台上，“可是没有菜啊！我去买菜去。”欣欣说完就离开了“娃娃家”区域。

这时宁宁走过来，看见炊具台上有锅，就问：“这是谁做的菜呀？”云云回答说：“我们在做火锅呢。”“哦，那我来拌调料吧。”宁宁高兴地拿起一个小碗拌起了“调料”。

一会儿，欣欣拿了些“蔬菜”（绿色的玩具）回来了，她将这些“蔬菜”倒进了锅里，云云又找来了“肉片”（红色的纸片）放到锅里，还对两个同伴说：“这是羊肉片，可好吃了。”说着就要捞起来吃。欣欣这时拦住了她，说：“还不行，水还没开呢。”又过了大约两分钟，宁宁说：“可以吃了，我都闻到香味了。”于是，三个小朋友就“吃”了起来。小玉和鹏鹏也闻声来到了“娃娃家”区域，欣欣、云云和宁宁热情地邀请他俩参加，五个小朋友一起像模像样地“涮起了火锅”。

3. 追踪观察

教师事先确定观察对象，一般为一到两人，紧跟被观察者活动轨迹进行观察。这种观察方法适合观察了解个别幼儿在游戏某一过程甚至游戏全部过程中的情况，对特定对象获得更为全面详尽的信息。

无论是定点观察还是追踪观察，其结果都既可以用文字描述，又可以采用表格的形式记录，但不论采用哪种形式，一般都包括观察记录名称、观察目的、观察时间、观察地点、观察对象、观察人或记录人、观察内容等项目，最好还有针对观察内容的分析。其中，观察内容是观察记录最核心的部分，教师应在认真、仔细观察的基础上做好翔实描述。

除以上方法外，还可以根据观察需要采取其他相应的观察方法。

三、幼儿游戏的指导

这里，我们在本专业配套教材《实用幼儿教师礼仪教程》中“幼儿游戏的指导原则”的基础上，学习幼儿游戏的指导途径、指导形式，以及创造性幼儿游戏和规则性幼儿游戏的指导。

（一）幼儿游戏的指导途径

1. 重视与尊重

幼儿教师必须从内心深处重视幼儿游戏，在实际工作中有意识地主动采用游戏的手段、游戏的方法开展保教活动，尽力满足幼儿对游戏的需求。

幼儿教师对幼儿游戏的指导要以尊重幼儿游戏的自主性为前提。在游戏开展过程中，充分尊重幼儿游戏的自主性，满足幼儿对游戏的倾向性，保障幼儿在游戏中快乐成长。

教师对幼儿游戏的重视、对幼儿游戏自主性的尊重，会极大地促进幼儿参与游戏的积极性和在游戏过程中的创造性。而且，当幼儿体验到教师对幼儿游戏的重视、对幼儿游戏自主性的尊重时，会加深其和教师的感情，从而更加亲近教师、尊重教师，自然也就更加遵从教师的指导。所谓“亲其师，信其道”，就是这个道理。

2. 激发与参与

当幼儿游戏取得积极进展时，幼儿教师要给予表扬鼓励；当幼儿游戏出现困难时，幼儿教师首先要给以加油鼓劲，激励幼儿坚持将游戏进行下去。如果确有必要，教师还可以通过巧妙介入游戏中扮演游戏角色等多种途径，进一步激发幼儿的游戏兴趣、积极性、创造性以及幼儿在游戏过程中战胜困难的自信心和顽强意志。

不少幼儿教师认为，自己是老师，是幼儿游戏的指导者，应当从旁观察并指导甚至指挥幼儿游戏。其实，教师要想充分发挥自己在幼儿游戏中的指导作用，其中一条重要途径就是积极参与幼儿游戏。有人把这种教师利用参与幼儿游戏过程对幼儿游戏开展指导的途径称为交叉式介入。

无论是教师在幼儿的邀请下以某个角色参与幼儿游戏，还是教师通过对幼儿游戏的观察，选择适当的时机，以角色的身份主动参与游戏，只要教师认为时机适合，参与幼儿游戏中，成为幼儿普通伙伴中的一员，让幼儿感受到教师对自己的支持，就能大大提高幼儿参与游戏的积极性，促进游戏的开展，而教师也能在深入游戏的过程中更加深入地了解幼儿及幼儿游戏的开展情况，更好地掌握游戏指导的主动权，更加自如地指导幼儿游戏。这种通过角色参与引导游戏开展的指导方式，"润物无声"，幼儿在不知不觉中就接受了，一般来说，比从旁说教、指挥具有更加积极的作用。

拓展阅读

教师参与幼儿游戏技巧案例

幼儿常常喜欢扮演自己熟悉而又处于主动地位的角色，以满足自己在游戏中支配别人、让其他角色听从自己指挥的愿望。这时，教师可以以客人、顾客、司机等看起来属于从属地位的角色参与游戏。但是，应注意适时采取适当的方式方法，以策动和引导幼儿，使游戏积极地开展下去。

3. 引导和干预

幼儿由于知识、技能、经验比较匮乏，思维能力、行为能力、辨别是非能力和规则意识较差，游戏过程中会出现这样或那样的困难甚至波折。例如，在游戏过程中，有的幼儿因不能正确使用玩具而将玩具损坏了，有的幼儿故意破坏玩具，有的幼儿不遵守游戏规则甚至乱丢玩具、乱动剪刀、打骂争斗。教师要注意跟踪幼儿游戏过程，观察幼儿在游戏中的表现，一旦发现消极现象，要积极向正确的方向加以引导，确有必要，需理性科学地进行干预,科学矫正幼儿不正确的想法和做法,保障游戏沿着正确的方向进行,直至取得成功。有人把教师直接介入幼儿游戏、直接干预幼儿表现而开展游戏指导的途径称为垂直式介入。

拓展阅读

教师引导和干预幼儿游戏技巧案例

当幼儿无意间损坏了玩具时,教师可以扮成修理工"上门修理",并启发幼儿学会正确使用玩具;若幼儿有意损坏玩具,教师可以以玩具的口气"求救",让幼儿知道玩具被损坏后的坏处,明白玩具损坏后对幼儿游戏造成的损失;若幼儿不遵守游戏规则甚至乱丢玩具、乱动剪刀、打骂争斗,教师可以理性地加以制止,然后告诉幼儿这样做的危险与危害,作为游戏中的一员应当有的正确态度和言行,以及正确的态度和言行对游戏、其他小朋友及个人的积极效果。

(二)幼儿游戏的指导形式

幼儿教师指导幼儿游戏的形式包括语言指导和行为指导。

1.语言指导

语言指导包括发问、鼓励与赞扬、建议等。

(1)发问

当教师需要了解幼儿游戏准备或开展的具体情况、幼儿对游戏的想法,或者教师想对幼儿进行启发以及提示时,可采用发问的形式对幼儿游戏进行指导。教师用平和亲切、启发式的语气如"小朋友的游戏准备得怎么样了?""你对游戏还有什么好的建议吗?""你有什么好的办法解决这个问题吗?""你想一想(看一看),这种办法怎么样?"向幼儿发问,调动幼儿思考和行动的积极性,使其全身心地投入游戏中,保证游戏的顺利直至成功开展。

(2)鼓励与赞扬

鼓励与赞扬主要是指教师针对幼儿在游戏中表现出的积极行为尤其

是创造性给予肯定、激励。教师可以根据具体情况在游戏过程中适时进行鼓励与赞扬,或者游戏结束后在总结讲评时进行鼓励和赞扬;可以针对游戏集体集中给予鼓励和赞扬,也可以针对某个幼儿单独给予鼓励和赞扬。

(3) 建议

建议是指教师通过语言给幼儿以暗示,和幼儿协商,要求幼儿做什么、如何做。这种指导形式除了适合幼儿遇到疑惑时使用外,还适用于幼儿在游戏中出现不恰当的行为时使用,这在幼儿游戏的引导和干预中已经介绍。

2. 行为指导

行为指导是指教师利用自己的表情、眼神、动作等指导幼儿游戏的进行。基于幼儿的身心特点,教师的语言有时不能被幼儿透彻理解和接受,而教师的行为相对语言来说,一般更容易被幼儿理解、学习。所以,对幼儿游戏,行为指导有时比语言指导效果更好一些。如果教师能够在指导幼儿游戏的过程中将二者有机结合起来,效果会更加完美。

从玩具等游戏材料的提供、场地布置到动作示范,教师对幼儿游戏的行为指导涵盖了幼儿游戏的全过程。例如,在材料提供方面,给幼儿提供需要多人合作才能游戏的综合型材料,鼓励幼儿寻找同伴一起玩游戏,可以发展幼儿的社会性行为;给幼儿提供一物多用的游戏材料,可以促进幼儿想象力和创造力水平的提高。又如,在场地布置方面,在同一个游戏室开展不同类型的游戏时,为了不相互干扰,最好将游戏场地分割开来;在场地允许的情况下,对情节比较复杂的游戏,可以通过变换场地来完成不同的游戏情节,这样做不仅更符合游戏情节的背景,还能更加吸引幼儿。再如,在动作示范方面,对于创造性游戏,如有必要,教师可以进行示范性表演,将表演技巧展现给幼儿,在指导幼儿模仿的同时激发幼儿的表演欲望;对于规则性游戏,教师通过讲解、示范,能够指导幼儿理解并掌握规则、学会动作要领。对于材料复杂、动作复杂、情节复杂的游戏,教师在示范以后,若认为幼儿不能较好地掌握要领,为了方便幼儿模仿,还可在幼儿游戏过程中在其附近玩相同的游戏。有人将这种指导方式称为平行式介入。

思考与讨论

有人说，人的表情、眼神、动作也属于人的语言。你知道这是从哪门学科角度出发定义的吗？它们属于哪类语言？和我们通常说的语言有什么区别？

（三）创造性幼儿游戏的指导

1. 角色游戏的指导

（1）丰富幼儿的生活经验

角色游戏反映了幼儿现实生活的经验，幼儿的生活内容越丰富、经验积累越多，创作游戏的第一手资料就越多，为幼儿发展想象力、创造力提供的条件就越充分，游戏内容就越充实。

幼儿的生活经验主要来自家庭、幼儿园、社会以及幼儿平时听、读、看到的资料。为了丰富幼儿的生活经验，教师应当有计划地经常组织幼儿调查了解，最好是实地参观成人的各种活动，在参观过程中有意识地引导幼儿细心观察，并在参观结束后组织幼儿讨论、总结，帮助幼儿巩固参观成果。教师还要注意建议家长尽可能地创造条件带领孩子多参加社会活动，如旅游、参观，看电影、看演出，即使在居家生活中，也要注意利用零碎时间多和孩子讲讲发生在自己身上以及自己看到和听到的有意义、有趣味的故事，或者和孩子一起看看有意义、有趣味的故事类图画书。教师要提醒家长在丰富孩子阅历的同时注意鼓励孩子总结自己的阅历，例如，每次活动结束，可以让孩子口述自己的见闻，在家长支持下巩固见闻成果。

（2）科学引导角色分配及扮演

在幼儿角色游戏中，重要的两项工作是角色的分配和扮演。幼儿年龄段不同，这两项工作也各有侧重。小班幼儿在游戏过程中时常忘记自己的角色，有时还会由着自己的性子设计游戏情节，因此，对于小班幼儿，需要加强对其角色意识的培养，以便帮助他们扮演好自己的角色，做好角色之间的相互配合。中班幼儿角色意识已经比较明确，但是往往会争当大家都喜欢的同一个角色，需要教师及时科学引导，例如采用自我报名、小组评议、组员推选、轮换或者教师建议的方法完成角色分配，并引导角色之间做好相互配合。教师要利用这一过程教育引导幼儿学会处理矛盾、化解冲突。大班幼儿不仅在角色分配方面，而且在角色扮演方面往往都有自己的主张。对于大班幼儿的角色分配，教师应引导幼儿根据角色要求结合幼儿特点协商安排，如有冲突，鼓励谦让。对于大班幼儿的角色扮演，教师应引导幼儿在角色特点和游戏情节的基础上进行创造，并鼓励角色之间做好相互配合。

拓展阅读

角色游戏指导案例

游戏情节：小班幼儿在玩“娃娃家”。“主人”和“客人”们都在津津有味地品尝着“爸爸”为他们准备的“美味佳肴”，并且聊着天。忽然，只听“砰”的一声，原来“娃娃家”的“爸爸”和有些“客人”不让林林坐下“吃饭”，他生气地把自己的小狗熊扔到了地板上。

原因分析：林林被其他同伴冷落，就用扔东西的方式来宣泄自己的不良情绪。小班幼儿尤其容易如此，原因可能是这一年龄阶段的幼儿缺乏一定的交往能力，在得不到同伴的友情时，不会表达自己的想法和情感，以致产生了不良的情绪和行为。

指导方法：教师参与游戏，用巧妙的方法把林林介绍给“娃娃家”的“主人”和“客人”，告诉大家林林是我们“娃娃家”的“客人”，“客人”来了我们应该怎样招待呢？引导幼儿用招待客人的方式来接纳新朋友。等林林坐下安静下来，再简单告诉林林，把这些不开心的事情告诉老师和同伴，就会得到帮助，生气还扔东西的做法不好。这个穿插的情节过去以后，游戏继续。

2. 表演游戏的指导

(1) 指导幼儿选择作品

用来表演的游戏作品，既要适合幼儿自身特点，又要适合幼儿表演。

作品内容要健康，有利于幼儿形成积极的认知观点，养成良好的行为习惯。不宜选择那些反面角色过多、打斗情节和场面过多的作品。作品要具备一定的表演性，情节有起伏，但按一定主线发展且重点突出，节奏较快且变化明显，引人入胜又易于表演；角色的动作要适合表演，角色的对话要生动有趣且易于配合动作；要有集中的场景且易于布置；道具要简单，最好是现有的材料或者将现有材料加以改进就能满足要求。

（2）指导幼儿理解、熟悉作品

可以通过让幼儿看、听等多种方式帮助幼儿熟悉作品，掌握作品的主题，明确情节的发展过程，揣摩人物的表情、语言、动作，适应作品的场景，练习道具的使用。在这个过程中，教师要切记幼儿在游戏中具有自主性，自己的任务是协助、启发、引导，不能让自己成为导演，让幼儿成为演员，让理解作品成为作品排练，让熟悉作品成为作品彩排。

（3）引导幼儿创造性地表演

当幼儿熟悉作品后，教师要引导幼儿创造性地完成表演游戏。当然，教师要针对不同年龄、不同类型的幼儿进行具体指导。例如，小班幼儿不容易完成表演游戏，更难以进行创造性表演，教师要多讲解，更要多示范，在激发幼儿表演游戏兴趣的同时，引导幼儿完成游戏表演，但是，注意不能自己指令幼儿如何演出，而是要鼓励幼儿根据自己的理解主动表演，一旦幼儿有创造性的发挥，应及时提出表扬；中班幼儿表演欲望往往比较强烈，对于作品情节的变化、作品中人物的对话以及动作，教师要鼓励幼儿在勇于表演的基础上，根据自己对作品的理解大胆想象、勇于创造，表演出自己的特色；大班幼儿对作品内容、故事情节、人物对话及动作往往有独到的见解，自己也能表现出一定的创造性，教师的任务除了协助幼儿更好地完成游戏，主要是引导幼儿从作品给人的启示、人物的内心情感、对话和动作的表情等细节，向更深层次挖掘作品，向更高层次创造作品。不论是对哪个年龄段的幼儿，都要注意鼓励其加强相互交流、相互配合、相互促进，通过共同努力提升游戏的整体水平。

比较对表演游戏的指导和对角色游戏的指导可以看出，二者有可以相互借鉴的地方，尤其是在角色分配的指导方法方面。当然，由于生活角色的扮演和文学作品的表演各有不同的要求，二者的指导方法也各有特色。

拓展阅读

表演游戏指导案例

很多小朋友喜欢看电视动画片《大头儿子和小头爸爸》，看得多了，就自然而然地相约玩“大头儿子和小头爸爸”的游戏。可是，由于大家看的进度不一样，游戏的主题很难统一。教师通过调查，统计出想玩这个游戏的幼儿看过的动画片中的各个故事情节，衔接这些情节串编了“大头儿子和小头爸爸”系列游戏，每个游戏中都通过让小朋友复述动画片中故事情节的做法，选出小编剧、小导演，在教师帮助下，每天至少玩一个此系列游戏，终于满足了多数小朋友们的愿望。

3. 结构游戏的指导

(1) 丰富和加深幼儿对结构物的印象

教师在日常生活中要引导幼儿注意观察周围物体尤其是建筑物，感知其总体形状以及色泽特点、各部位名称、结构特征、组合关系等，形成基本的空间概念。

(2) 提高幼儿对结构造型的构思、设计、制作能力

① 识别与使用材料的技能。引导幼儿认识结构玩具，识别结构元件的形状、颜色、大小等特征，会选用结构元件去构造物体。

② 结构操作技能。引导幼儿学会积木的排列组合如平铺、延长、对称、加宽、加长、加高、围合、盖顶、搭台阶等，积塑的插接、镶嵌如整体连接、交叉连接、端点连接、围合连接等，以及穿套编织、黏合造型等技能。

③ 设计构思能力。引导幼儿整体构思构造计划，启发幼儿有目的、有计划、有步骤地进行构造活动，并能在构造实践中根据需要修改、补充，直至成功完成结构造型。

④ 学习结构分析技能。引导幼儿学会看平面图纸，锻炼幼儿把平面图纸变成立体结构的能力，初步培养幼儿评议结构物体的能力。

⑤ 集体构造的技能。引导幼儿在集体构造中学会分工合作，共同完成任务。

(3) 针对不同年龄不同幼儿进行具体指导

小班幼儿由于认知特点和空间想象能力以及动手能力的限制，往往没有明确的结构目的，也难以完成稍微复杂的结构任务，只是对结构材料更感兴趣。应引导小班幼儿在认识结构材料的基础上，学习初步的结构技能，努力稳定结构主体，学会整理和保管玩具材料的简单方法，养成爱护玩具材料的习惯。

中班幼儿不但对结构材料、动作过程感兴趣，而且结构目的已经比较明确，所以也关心结构的成果。应引导中班幼儿在掌握结构技能的基础上大胆想象，开展共同构造，并能相互评议结构成果。

大班幼儿不但结构目的明确、技能较强，而且在对游戏的计划性方面也比中小班尤其是小班幼儿有明显的进步，为了完成比较复杂的结构游戏，能够自觉进行合作。应引导大班幼儿侧重参加结构较复杂、持续时间较长，尤其是需要通过较多小朋友参加才能完成的结构游戏，并引导大班幼儿对结构进行美化，从审美的角度对结构物进行评议。

(四) 规则性幼儿游戏的指导

规则性游戏尤其是体育游戏和音乐游戏，其指导方法相似之处较多，这里不再分别介绍，下面按照游戏实施一般过程进行介绍。

1. 做好游戏准备

在选编适合的游戏并准备好游戏场地和材料的基础上，教师必须明确游戏的重点和难点，对组织游戏的方式方法做到心中有数，尤其是要熟悉游戏的玩法和规则，事先试玩几次，验证游戏的玩法和规则是否合理，如不合理，要么弃选，要么进行科学修正。

2. 指导幼儿学会玩游戏

教师要用既符合游戏要求又适合幼儿理解水平的语言和动作，向幼儿讲解、示范游戏的玩法和规则。对小班幼儿，最好采取边讲边示范的做法，讲解要注意简明、形象、有趣味，游戏的玩法可以分解练习，游戏规则可以逐步提出；对中班幼儿，游戏的玩法和规则还是需要进行讲解和示范，游戏玩法的练习和游戏规则的训练要根据幼儿的实际接受能力探索分段实施还是整体进行；对大班幼儿，可以侧重讲解游戏的玩法和规则，鼓励幼儿主要通过自己的理解和练习学会玩游戏。

讲解和示范可以直接面对全体参加游戏的幼儿进行，也可以先针对选出的幼儿代表进行讲解和示范，再让幼儿之间相互学习，直到全体幼儿都会玩选定的游戏。

3. 组织幼儿积极参加游戏

在幼儿自主游戏的过程中，教师要注意巡回观察，掌握游戏进行的时间，使每个幼儿都有玩游戏的机会。对于小班幼儿，侧重游戏玩法的指导，即使出现不遵守游戏规则的现象，也要注意着重于指导。要多鼓励小班幼儿在基本遵守游戏规则的前提下将游戏进行下去，比如可以提出“看看谁遵守规则”的问题。对于中班幼儿，侧重游戏玩法的熟练程度指导和游戏规则遵守情况的检查，可以提出“看看谁规则遵守得好”的问题。对于大班幼儿，尽可能要求他们独立玩游戏并自觉遵守游戏规则，鼓励他们相互之间开展游戏竞赛，努力争取最好的游戏结果，最好能对游戏结果进行自我评价。

无论是小班幼儿还是中班、大班幼儿，如有必要，都要注意根据其需要，有针对性地及时对个别幼儿给予具体关心、指导。

4. 做好游戏结束工作

除了引导幼儿对参加游戏的成员及游戏整体开展自评、互评，教师还要对幼儿、对游戏从准备到结束的整个过程进行点评，对游戏中的积极因素进行表扬、鼓励，引导幼儿对需要改进的地方找到可行的改进方法，还要引导幼儿积极规整游戏材料、清理游戏场地。

拓展阅读

规则性幼儿游戏指导案例

游戏课上，在棋类游戏区，中班幼儿亮亮和月月在玩五子棋，几盘下来，都是月月取胜，亮亮急了，在接下来的一场较量中移动了一颗已经走好的棋子——悔棋了。这下月月不让了，说是已经放好的棋子不能再移动。亮亮也不示弱，说自己本来就不想按原来的路子走，是放错了。月月理直气壮，坚持放好了的棋子就不能再动。亮亮就开始辩解：事先并没有说好放好了的棋子不能再动。月月生气了，不和亮亮玩了，还找老师说理。

一直站在一旁观察的老师问亮亮：事先有没有说好走过的棋子不能动？月月和亮亮都摇头，但是亮亮解释上次和阳阳玩五子棋时，走过的棋子可以动。老师就问亮亮，上次是怎么说好的"走过的棋子可以动"？亮亮倒是诚恳地告诉老师，是他和阳阳下棋前就说好的。老师步步跟进：既然这次没有在下棋之前就说好"走过的棋子可以动"，假如月月把走过的棋子撤回来再走一次，亮亮是不是愿意？亮亮慢吞吞地说自己也不愿意。老师感觉解决问题的火候已到，就问有什么办法能使他们都满意呢？月月想了想，与亮亮商议，从现在开始说好"走过的棋子谁也不能动"，亮亮见有了台阶下，便同意了月月的意见。两个人还几乎同时抬头看着老师，老师微笑着赞许他们"这就对了"，两人又高兴地下起棋来。

四、幼儿游戏的评价

对幼儿游戏活动进行评价，是促进幼儿游戏质量不断提高的重要手段。幼儿游戏活动评价主要包括游戏对幼儿教育作用的评价、幼儿在游戏过程中发展水平的评价、教师在游戏组织实施过程中指导水平的评价和游戏环境创设的评价。其中，游戏对幼儿教育作用的评价要素可以参照本章第一节"二、幼儿游戏对幼儿发展的作用"。

思考与讨论

幼儿游戏对幼儿发展的作用包括哪些方面？

（一）幼儿发展水平评价

评价幼儿在游戏中的发展水平，可以通过评价幼儿的一般性发展即幼儿身心发展的一般状况来实现，主要包括幼儿个性和社会性发展水平两个方面。

例如，教师想了解本班幼儿通过一学期游戏取得的一般性发展水平，可以在学期初和学期末分别对本班幼儿进行一次“幼儿游戏一般性发展评价”，材料汇总统计后，进行对照分析。幼儿游戏一般性发展评价可参照表 5-4 的样式，结合自身评价活动实际完善后实施。

表 5-4　幼儿游戏一般性发展评价参照表

项　目		评价标准	得　分
自选情况		不能自选	
		自选游戏玩具	
		自选活动及玩具	
主题的目的性		无意识行为	
		主题不确定，易受他人影响而变换	
		自定主题，能较快进入某些情境	
		共商确定主题，主题稳定	
材料使用		不会使用或者简单重复	
		常规玩法，正确熟练	
		材料运用充分，玩法多样复杂	
常　规	遵守规则情况	行为混乱，不遵守规则	
		基本遵守规则	
		自觉遵守规则，行为有序	
	玩具使用与整理	不爱护甚至乱丢玩具	
		基本爱护玩具	
		轻拿轻放，自觉爱护玩具	
		不能整理	
		部分整理	
		及时收放，认真整理	

续表 5-4

项目		评价标准	得分
社会参与性	游戏方式	独自玩	
		平行游戏	
		联合游戏	
		协作游戏	
	交往层次	消极：独占、排斥、干扰、破坏、对抗、攻击	
		一般：模仿、交谈、询问、请求	
		积极：逗趣、谦让、合作、协商	
持续情况		变换频繁	
		有一定的持续性	
		坚持、耐久	
其他		是否参与环境创设，与教师交往情况，能否正确评价游戏	
总体评价			

下面要学习的“教师指导水平评价”和“游戏环境创设评价”，具体实施过程中一般也是将评价要素设计成表格的形式进行。

（二）教师指导水平评价

对教师在幼儿游戏中的指导水平进行评价，既要注重教师作为教育者的主导作用发挥的程度，又要强调教师对幼儿游戏主体地位的尊重，可以从以下几个方面着手。

1. 游戏进程的引导

通过介绍材料、建议活动方式、提出行为要求等，引导幼儿选择活动开始游戏；参与幼儿游戏过程，激励启发幼儿大胆操作、积极合作，促进幼儿与周围环境的相互作用；依照幼儿的不同需要给予适当帮助；游戏结束，引导幼儿评价游戏、整理环境。

2. 多样化指导方法的探索

注意探索多样化的指导方法。例如，及时给出适宜的材料、建议，提供范例、示范，参与、启发幼儿互教互学等，根据具体情况，采用适当的方法，并注意综合运用，促使游戏不断深入，全面指导幼儿行为，促进幼儿和谐发展。

3. 激励性指导方式的应用

尊重幼儿游戏自主性，创造民主平等的环境和氛围，激励幼儿积极活动，培养幼儿的自主精神，鼓励幼儿探索创造。例如，通过设置问题情境、提供机会，引导幼儿主动克服困难、解决问题。又如，态度积极，表现出对幼儿活动的浓厚兴趣，及时表扬幼儿的良好行为，力戒强制包办和随意放任，尽量避免强行控制、制止、批评等。

4. 指导方式的针对性

在指导过程中，既要照顾全体幼儿，又要注意对幼儿个体的指导，针对幼儿的不同特点给予具体帮助，尽量避免单一性的指导和整齐划一的要求。同时，逐渐增加对幼儿活动小组的指导，激发小组内幼儿之间积极的相互作用和影响。

5. 常规的建立与应用

依据幼儿不同年龄段，引导幼儿在活动中学会建立必要的游戏常规，注意发挥常规的作用，使幼儿通过执行游戏常规，逐渐形成行为自律和自我管理的能力。

（三）游戏环境创设评价

评价游戏环境主要是指对室内外游戏整体场地及各活动区、玩具等游戏材料以及游戏时间等方面进行评价。

1. 活动区设置

活动区设置评价包括以下方面：活动区的类型和数量是否满足游戏活动的基本需求，是否适合幼儿年龄特点和实际水平，是否有利于促进幼儿身心全面发展；活动区本身位置是否合理；各活动区之间是否协调；是否具有开放与隔断的空间搭配，活动角的布局是否合理；是否因地制宜，充分利用场地；幼儿是否有机会参与环境创设；环境中是否有自治因素。

2. 游戏材料提供

游戏材料提供评价包括以下方面：活动区内提供材料的种类和数量是否适当，搭配是否合理，是否适合幼儿年龄及身心特点；是否针对不同游戏的需要具有多种功能，是否对幼儿具有多种潜在的发展作用；户外场地中是否具有练习各种较大动作的设备，是否具有组合性的运动器械，是否具有可移动的游戏活动设施；材料的摆放是否方便幼儿取放；是否依照计划投放和更换材料，变换玩法。

3. 游戏时间安排

游戏时间安排评价包括以下方面：幼儿是否有足够的自由游戏时间，是否做到自选游戏和集体教学游戏的相互结合，是否有多种类型游戏时间的安排，是否有多种时段的游戏安排，是否有室内外游戏的搭配。

实际评价过程中，可以先对每类或每个活动区域分别进行评价，再对整体游戏环境进行综合评价。

第三节　幼儿游戏的材料

在幼儿园里，凡是供幼儿游戏用的物品都可称为游戏材料，习惯上称为玩具。本节将介绍幼儿玩具的特征、分类、选择与利用以及制作。

一、幼儿玩具的特征

幼儿玩具具有娱乐性、教育性、安全性三个基本特征。

（一）娱乐性

幼儿玩具的娱乐性包括两个方面。一是玩具本身为幼儿带来的娱乐性。玩具的色彩比较鲜明且具有多样性，充分利用单色系和多色系的结合，搭配比较和谐；玩具的造型要么是具有幽默感甚至比较夸张地反映事物典型特征的卡通造型，要么是与自然对象基本相似甚至极为相似的具象造型；玩具的功能种类繁多，而且很多玩具的功能比较新颖，但相对来说都便于幼儿操作。以上因素都让幼儿觉得玩具好玩。二是幼儿在玩玩具的过程中给自己带来的娱乐性。幼儿通过玩玩具，进一步发现甚至掌握了玩具的好玩之处。例如“摇马”玩具，幼儿骑在上面，上下摇晃、前后摆动，会觉得非常好玩，有时甚至高兴得手舞足蹈、旁若无人，久玩不厌。

（二）教育性

玩具是幼儿的“无文字教科书”，在促进幼儿全面发展过程中具有不可替代的作用。玩具对幼儿多方面的教育作用，如在幼儿身体、语言、感知、思维、想象、兴趣、情感、意志以及社会化发展中的作用等，一般是幼儿在游戏中通过玩玩具体现出来的，这方面的具体内容可以参考本章第一节“二、幼儿游戏对幼儿发展的作用”。

思考与讨论

幼儿玩具优美的造型、协调的色彩、悦耳的声音、有趣的动作等方面的特点，可以促进幼儿哪方面能力的发展？

（三）安全性

所有幼儿玩具在材料、结构、功能等方面都必须符合规定的安全卫生要求，产品上应注明标记，并附有产品说明。

我国作为世界玩具生产、销售、使用大国，对玩具的安全卫生要求十分严格，规定了严格的玩具使用说明及标识的标准要求，如必须标明生产厂名称、厂址、商标、使用年龄段、安全警示语、维护保养方法、执行标准号、产品合格证等十几项内容。最新的 GB 6675—2014《玩具安全》国家标准已于 2016 年 1 月 1 日起强制实施。

思考与讨论

你能说出几种不用玩具的幼儿游戏吗？

二、幼儿玩具的分类

幼儿玩具的分类标准很多，例如按照玩具所使用的原材料分类、按照玩具的功能分类等。分类标准不同，玩具所包含的类别和数量也不同。这里，我们根据玩具的功能特点，结合本教材幼儿游戏的分类方法，对幼儿玩具进行分类。

思考与讨论

本教材中，幼儿游戏分为哪些类别？

（一）形象玩具

形象玩具又称主题玩具，是模仿人物、动植物、物品等原型制作的玩具。常见的形象玩具有娃娃玩具、动物玩具、植物玩具、生活日用品玩具、交通工具玩具、劳动工具玩具等。形象玩具的显著特点是逼真，它们能丰富幼儿的多种知识，激发幼儿模仿的兴趣，让幼儿扮演各种角色，在游戏活动中得到锻炼和发展。

（二）结构造型玩具

结构造型玩具指的是各种结构材料如积木、积竹、积塑，自然材料如土、泥、沙、雪，以及接插构造玩具、穿编玩具，螺旋玩具等。

幼儿可以利用这类玩具构造各类立体形象如房屋、桥梁、车辆等，从而激发想象力和创造力，锻炼动作的协调性和准确性。

（三）智力玩具

智力玩具是指主要用以发展幼儿智力的玩具。例如，拼图玩具可以培养幼儿的想象、记忆、反应等能力，计算盘可以锻炼幼儿对数字的理解、记忆等能力，分类盘可以锻炼幼儿的识别等能力，穿线板、七巧板、魔方、棋类可以锻炼幼儿的思维、反应等能力。

（四）体育玩具

体育玩具是幼儿进行体育游戏所使用的玩具，主要用来发展幼儿的基本动作如走、跑、跳、平衡、钻爬、投掷等以及幼儿的体力。体育玩具分为：大型体育玩具，如滑梯、攀登架、秋千、转椅等；中型体育玩具，如木马、摇船、平衡木等；小型体育玩具，如球类、铁环、跳绳、沙袋等。

（五）音乐玩具

音乐玩具是指能够发出乐音的玩具。常见的音乐玩具包括各种模拟乐器如串铃、响板、铃鼓、喇叭、木琴、钢琴等，能够发出乐曲声或者歌声的娃娃以及动植物模型等。音乐玩具有助于幼儿辨别声音的强弱和远近、分辨不同的乐器、学习简单的儿歌，使其在这些活动中发展听觉和乐感。

三、幼儿玩具的选择及利用

（一）选择幼儿玩具的原则

1. 玩具应符合安全卫生要求

这是选择玩具最基本的标准。在选购、选用玩具时，首先要注意查看玩具所注明的标记、所附的说明，看其是否符合国家规定的安全卫生标准，然后要查看玩具本身是否与标记、说明一致。只有符合国家安全卫生标准，实物与标记、说明一致的玩具才能选购、使用。一般来说，玩具所使用的材料应当无毒、无异味、容易洗晒，玩具的外形及功能应当无危险性，有声响的玩具应当无噪声。

2. 玩具应具有教育性

玩具应具有一定的内涵，即包含一定的文化、科学、技术要素或者价值观念等。不论哪种类型的玩具，都应当在某一个或几个方面对幼儿具有某种程度的教育促进作用。

3. 玩具应激发幼儿的兴趣

兴趣是最好的老师，所以，选择玩具时，要从造型、色彩、功能等方面，考虑是否能激发幼儿玩的兴趣。否则，无论玩具设计得多么有意义，如果幼儿不喜欢，那么它就是一个摆设。

4. 玩具应符合幼儿发展水平

不同年龄段的幼儿，由于其生理和心理发展水平不同，所需要的玩具也不同。例如，三至四岁的幼儿，处于形象思维的形成和发展时期，应注意多为他们提供形象玩具；五至六岁的幼儿，抽象思维能力开始发展，应注意多为他们提供结构玩具和智力玩具。

5. 玩具的种类和数量应适当且搭配科学

玩具的种类和数量影响幼儿游戏的类型和数量，不同种类和数量的玩具相互搭配，可影响幼儿游戏的性质和主题。为幼儿选择玩具时，除了注意玩具的种类和数量要适当，还要注意玩具的种类和数量的搭配要科学合理。例如，注意玩具之间的联系性及玩具搭配的系列化，使所选择的玩具能够成套且大小比例恰当。

6.玩具应经济适用

选择玩具时，不要以价格高低作为判断玩具“档次”的主要标准甚至唯一标准，否则，如果一味追求玩具的“高档次”，不仅会造成经济上的浪费，还容易导致幼儿产生虚荣心、相互攀比，不利于其正确价值观的形成。

思考与讨论

下面的做法可能会启发幼儿玩哪些游戏？第一，只给幼儿提供一个娃娃；第二，给幼儿提供多个娃娃；第三，只给幼儿提供餐具、炊具等玩具；第四，除了给幼儿提供餐具、炊具等玩具外，还给幼儿提供娃娃。

（二）幼儿玩具的利用

要充分利用幼儿玩具，除了遵循上述玩具选择的原则，关键在于教师对幼儿进行积极引导、科学指导。

教师在对幼儿进行玩法引导、指导前，自己要先掌握玩具的结构、功能、玩法，明确玩具及其玩法所蕴含的教育价值。

教师可采用提问、建议、示范、平行游戏等方式适时介入幼儿的玩具玩法指导，形成合作探究式的师幼互动。指导过程中，注意密切联系幼儿的生活经验和知识经验，促进幼儿更快地掌握玩具玩法。通过研学玩具自身功能和玩具之间的相互搭配，最大限度地挖掘玩具的使用价值。充分利用玩具的教育价值，引导幼儿接受有针对性的教育。

幼儿掌握玩具玩法后，教师要引导幼儿对玩具玩法进行效果评价，进一步提升幼儿使用玩具的能力，尝试引导幼儿对操作玩具的经验及时进行总结和提升，将零散的经验上升到概念的层次，使经验得到更好的巩固、迁移和拓展。

在引导、指导幼儿的同时，教师要细心观察幼儿的特长，虚心学习幼儿的长处，完善自己的教育活动。

除以上做法外，教师还要引导、指导幼儿定期对玩具进行安全卫生检查，保证玩具的安全卫生，对不完善、不适用的玩具进行改造直至更换。

四、幼儿玩具的制作

我们这里学习的玩具制作，是指根据客观条件自制某些幼儿游戏玩具。自制玩具，能够充分利用现有资源甚至做到废物利用，满足游戏过程中的某些需要，降低游戏成本，培养幼儿的节约意识和环保意识，还能从某些方面对幼儿游戏进行创新甚至创造游戏。如果教师引导幼儿参与玩具的制作，还能锻炼幼儿动手、动脑的能力。但是，无论教师独自制作，还是引导幼儿参与制作，都要注意制作过程中的安全问题，确保不发生安全事故。

（一）自制玩具的一般过程

一件玩具要经过几道工序才能制作完成。具体到每种玩具，又因其设计、选材等因素的不同，具体的制作过程也会有所区别。我们这里只对玩具的一般制作过程加以介绍。

1. 立意和构思

创作的立意通常有两种：当游戏中需要某种玩具，现有玩具不能满足需求，而原材料、加工工具、加工能力又基本具备时，往往会产生创造玩具的欲望；当我们发现某种原材料经过加工可以制作成某种玩具，还可以利用其开展某种游戏，而加工工具、加工能力又基本具备时，往往会产生创造玩具的欲望。

在已有立意的基础上，根据游戏需要、客观条件等因素，对玩具的结构、造型、色彩、功能等进一步加以设计，为制作玩具做好准备。

2. 制作和检验

按照一定步骤，采用适当的方法，对原材料进行加工，完成立意和构思。

制作好的玩具要经过检查、试用，应符合游戏要求，且安全卫生。

(二)几类玩具的制作示例

1.通过废物利用制作玩具

安全卫生又能循环利用的废弃物,可以根据游戏需要或者材料的用途,经加工后制作成玩具。

(1)利用废旧纸质材料制作玩具

废旧纸质材料既包括单页的纸张、纸板,又包括已经成形的纸盒、纸筒等,将其灵活利用,可以制成多种幼儿玩具。

头饰和面具是幼儿园角色游戏、表演游戏等活动中常用的道具。纸质头饰及面具的设计、制作形式多种多样,有平面、有立体,可剪、可画、可折,形象生动、可爱、富有情趣。

纸塑玩具也具有多种类型。纸筒玩偶是利用废旧纸筒或者选择质地较硬的纸张围合做成各种纸筒,在纸筒上装饰图案,可画、可剪贴甚至组合粘贴,做成人物、动物、植物、建筑等;剪折纸立体玩偶集剪纸、折纸优点于一体,一般采用对称结构,能直立,空间感强;插结纸玩具是指利用插结技术将纸的切口互相嵌入,两个或多个面互插,使造型具有立体效果,使形象更加丰富;纸袋玩具是一种套在手上的纸偶,主要用于集体表演和分组表演;纸质拉线玩偶根据民间拉线木偶的制作原理,把线和动物的四肢连接在一起,通过拉动线使玩偶手舞足蹈,非常有趣。

纸雕塑的特点是塑造立体空间形态,舒展于表层。只要选择韧性较大的纸张,使用切割、圈曲、扭转、折叠及撕贴等技巧,就能创造出新颖的玩具作品。例如,先在素描纸上画出形象的基本造型,再依照线稿分解剪切出各个部分的形状,然后分别用笔杆压凸、卷曲、粘贴组合,就可制成纸浮雕装饰画。

(2)利用空塑料瓶制作玩具

利用空的塑料饮料瓶可以制作多种游戏玩具,玩各种不同的游戏。将塑料瓶的一端扎许多小孔,就可以制成“喷水壶”;把数个塑料饮料瓶竖直排放,用皮球投掷,可以玩保龄球游戏;把大号饮料瓶一切为二,取顶端的一半做成捉球器,将气球充气到比捉球器口径稍小的大小,用长度适中的线绳拴紧，线绳的另一端缠在瓶口螺纹上，用瓶盖旋紧，让幼儿手持捉球器捕捉气球，使气球刚好落进捉球器内。

2. 利用乡土材料制作玩具

乡土材料的选用可因地制宜、因时而异，如南方的竹子、北方的冰雪，山区的奇石、沿海的贝壳，夏天的花草、秋天的树叶，等等。乡土材料除了可作为游戏中的替代物，如一些植物、石头、贝壳可作为游戏中的"饭菜"以及"餐具"等，也可直接作为玩具，如种类、大小不同的贝壳可用来玩事物分类、大小比较与排序及数数等游戏，还可经过加工制作成种类繁多的玩具，如树枝可以制成弓箭，树叶可以制成粘贴画，石子可以盖成"小房子"，沙子可以做成沙袋，有的水果可以雕刻成各种小动物，等等。

思考与讨论

蛋壳外形圆滑，质地坚硬，防水防潮，内部又有一定的空间，所以可以做成很多玩具，如小碗、小船、不倒翁等。蛋壳玩具属于上述"几类玩具的制作示例"中的哪类玩具？

本章作业

一、复习本章内容，列出本章内容四级目录总结表

二、填空题（将下列各题的正确答案填在横线上）

1. 幼儿游戏是幼儿的____活动，是幼儿的____活动，是幼儿生活中____与____相统一的活动。

2. 幼儿游戏有助于培养幼儿的合群行为、提高幼儿的交往能力、增强幼儿的集体荣誉感，这是幼儿游戏在幼儿________发展中的作用。

3. 幼儿游戏的分类方法很多，主要有从幼儿的____发展角度进行分类、从幼儿的____发展角度进行分类和从幼儿的____发展角度进行分类。

4. 幼儿在园一日的创造性游戏时间，小班一般为________分钟，中班一般为________分钟，大班一般为________分钟。

5. 目前幼儿教师使用较多的幼儿游戏观察法包括________、________、________。

6. 幼儿游戏的语言指导形式包括________、________、________。

7. 表演游戏的指导包括指导幼儿________、指导幼儿____________、指导幼儿________等方面。

8. 规则性游戏的指导包括____________________、__________________、____________________、____________________等几个方面。

9. 幼儿在游戏中的发展水平主要包括________和________发展水平。

10. 幼儿玩具具有________、________、________三个基本特征。

三、判断题(正确的填"√",错误的填"×")

1. 幼儿游戏是幼儿自觉的学习过程。(　　)

2. 幼儿游戏都是幼儿在无所事事的时候被动的消极的活动。(　　)

3. 幼儿通过游戏可以促进积极情感的发展,幼儿在游戏中一定不会出现消极情绪。(　　)

4. 小班和中班幼儿以开展创造性游戏为主。(　　)

5. 对小班幼儿,一般要为其提供成品游戏材料。(　　)

6. 幼儿在游戏中的个性发展水平即幼儿个人性格方面的发展水平。(　　)

7. 教师对幼儿游戏的指导和幼儿游戏的自主性是相互冲突的。(　　)

8. 幼儿游戏常规是指在规则性幼儿游戏中幼儿必须遵守的游戏规则。(　　)

9. 自制幼儿玩具难以严格执行国家安全卫生标准,所以不存在安全卫生标准问题。(　　)

10. 幼儿对玩具的玩法可能有超越教师之处,所以教师在指导幼儿的同时,也要虚心向幼儿学习,以完善自己的教育活动。(　　)

四、选择题(将正确选项的代号填在括号中,每题可能有一个或多个正确选项)

1. 下列游戏中,属于角色游戏的是(　　)。

A. 问候舞　　B. 小交警　　C. 猜谜语　　D. 堆雪人

2. 下列游戏中，属于表演游戏的是（　　）。

A. 娃娃家　　B. 拔萝卜　　C. 投彩球　　D. 搭桥

3. 下列游戏中，属于结构游戏的是（　　）。

A. 吹泡泡　　B. 抢椅子　　C. 小建筑师　　D. 绕口令

4. 下列游戏中，属于智力游戏的是（　　）。

A. 三只羊　　B. 石头剪刀布　　C. 平衡木　　D. 小蝌蚪找妈妈

5. 下列游戏中，属于体育游戏的是（　　）。

A. 下跳棋　　B. 骑木马　　C. 敲铃鼓　　D. 拍手歌

6. 下列幼儿游戏的观察，适用扫描观察法的是（　　），适用定点观察法的是（　　），适用追踪观察法的是（　　）。

A. 了解个别幼儿在游戏过程中的综合表现

B. 了解一个区域内幼儿游戏的情况

C. 了解参加游戏的每个幼儿使用了什么材料

7. 幼儿游戏评价中的教师指导评价主要包括（　　）。

A. 游戏进程指导　　B. 游戏方法指导

C. 常规建立与应用指导　　D. 游戏结束指导

8. 下列玩具中，属于形象玩具的是（　　）。

A. 呼啦圈　　B. 雪人　　C. 魔方　　D. 积木

9. 下列玩具中，属于体育玩具的是（　　）。

A. 跳棋　　B. 平衡木

C. 绒毛小熊猫　　D. 自制塑料小喷壶

10. 下列玩具中，属于音乐玩具的是（　　）。

A. 跷跷板　　B. 响铃

C. 套塔　　D. 自制蛋壳不倒翁

五、问答题

1. 给出下列术语的含义。

(1) 幼儿游戏。

(2) 创造性幼儿游戏。

(3) 规则性幼儿游戏。

(4) 交叉式介入指导幼儿游戏、垂直式介入指导幼儿游戏、平行式介入指导幼儿游戏。

2.经典幼儿游戏“老狼老狼几点了”和“娃娃家”，分别突出锻炼了幼儿哪些方面的能力？

3.为什么教师要注意定期更换幼儿游戏区？

4.教师参与幼儿游戏中，对幼儿游戏指导有什么意义？

5.在角色游戏中，对于小班、中班、大班幼儿，应如何做好角色分配与扮演的指导工作？

6.幼儿游戏环境主要包括哪些方面？

7.选择幼儿玩具应遵循哪些原则？

六、实践题

1.自制玩具展评。

根据玩具的分类，结合自己的经验，以学习小组为单位搜集废旧或乡土游戏材料，每组至少自制两种幼儿玩具。其中，一种事先拟定，各小组相同；另一种由各小组自行创意设计并制作。全班开展一次自制幼儿玩具展评，各小组制作的同种玩具评出制作优胜奖，各小组自行创意设计制作的玩具评出创意设计优胜奖。各获奖小组推荐代表，介绍本组制作和创意设计方面的体会。

2.教学方案设计讲评。

搜集“和我一起唱”系列绘本，其中一册为《划船歌》，开展一次教学方案设计与讲评活动。每个学习小组自行选取《划船歌》中具有游戏情节的一个片段，每位同学都设计该片段的教学方案。先在小组内开展讲评，各组推选一名小组优胜者，参加全班教学方案设计与讲评。全班评选教学内容选材优胜奖、设计优胜奖、讲解优胜奖，在教室举办一期教学设计方案展览。

第六章

幼儿园日常生活活动、节日活动及娱乐活动

本章引言

幼儿园日常生活活动、劳动活动、节日活动以及娱乐活动，和幼儿园教学活动、游戏活动一样，是教师在一定的教育目的指引下，有计划地引导幼儿主动活动的过程，是丰富幼儿知识，锻炼幼儿技能，培养幼儿良好生活习惯、学习习惯及个性品质的重要途径。所以，幼儿园日常生活活动、劳动活动、节日活动、娱乐活动都是幼儿园的教育活动。

有关劳动活动的内容我们已经在第一章中进行了学习。本章我们学习幼儿园日常生活活动、节日活动及娱乐活动。

第一节　幼儿园日常生活活动

本节我们学习幼儿园日常生活活动的含义及特征、内容和要求，幼儿园日常生活活动对幼儿的教育作用，以及组织指导幼儿园日常生活活动应当注意的问题。

一、日常生活活动的含义及特征

幼儿园日常生活活动是指幼儿一日在园活动中的生活环节和一些每

天都要进行的日常活动，包括入园和离园、盥洗、进餐、饮水、如厕、睡眠、过渡活动和自由活动以及散步等。

由上述可见，幼儿一日在园活动中，日常生活活动时间较长、内容丰富、形式多样。其中，盥洗、进餐、饮水、如厕具有重复性，盥洗、饮水、如厕还具有随机性，过渡活动、自由活动则具有灵活性，因此幼儿园日常生活活动具有重复性、随机性、灵活性。另外，在这些日常生活活动中，幼儿要从学习最具体的生活技能开始，解决自己生活的实际需要。例如，使用勺子吃饭、使用牙刷刷牙，穿脱衣服、系解鞋带，等等。幼儿每学会一种自我服务的技能，不仅能享受到成功的喜悦，而且能树立起自立、自强的意识。可见，幼儿园日常生活活动是保育和教育结合得最紧密的幼儿园活动形式。

二、日常生活活动对幼儿的教育作用

幼儿园日常生活活动对幼儿的全面发展起着重要的促进作用。

（一）日常生活活动与幼儿体育密切相关

其一，日常生活活动保证了幼儿获得合理的营养、充足的睡眠；其二，幼儿在活动中通过教师的引导、指导，经过反复训练，培养良好的生活和卫生习惯。这些都是促进幼儿健康从而完成体育任务所不可缺少的手段。

（二）日常生活活动中渗透着幼儿的智育

幼儿需要学习的粗浅知识，包括与他们衣食住行相关的具体的生活知识、卫生保健知识、安全知识等。在日常生活活动中，教师结合各个生活环节的特点，可以让幼儿运用感官感知和认识生活用品的性能、用途及使用方法，并对幼儿进行观察、思考等方面的智力训练。

（三）日常生活活动对幼儿品德的形成有多方面的影响

幼儿在日常生活活动中，通过学习必要的生活技能，做到自己的事情自己做，提高了自理能力，培养了自主性、独立性，有利于形成优良个性。另外，生活常规的训练以及生活活动中的待人、接物、处事等，为幼儿与同伴的交往提供了机会，使幼儿得到规范自己行为、适应集体生活的教育，促进了幼儿的社会化。

（四）日常生活活动是幼儿美育的开始

生活的环境美、人们的形象美和言谈举止美，是幼儿最熟悉、最容易感知的对象，是幼儿的启蒙美育，发展了幼儿对美的感受力甚至表现力，引导幼儿逐步形成对生活的积极态度。

（五）日常生活活动能使幼儿得到充分的劳动教育

日常生活活动与幼儿的自我服务劳动紧密相连，另外，日常生活活动中也组织开展一些集体性的劳动，如绿化和美化环境、饲养动物、帮厨等。通过参加各种形式的劳动，幼儿可以懂得劳动最光荣、劳动最崇高、劳动最伟大、劳动最美丽的道理，培养爱劳动的品质和习惯，逐步树立崇尚劳动、尊重劳动的观念，长大后能够辛勤劳动、诚实劳动、创造性劳动。

思考与讨论

请列举日常生活活动开发幼儿智力的实例，并具体说明该项日常生活活动开发了幼儿哪方面的智力。

三、日常生活活动的内容和要求

（一）入园和离园

入园和离园是幼儿一天集体生活的开始和结束，也是教师对幼儿进行个别教育和开展家长工作的有利时机。

1. 入园

入园前，教师要对活动室的卫生、安全进行检查，准备图书或供幼儿自选的玩具及其他有关材料。

入园时，教师要以亲切和蔼的态度接待幼儿和家长，按要求进行晨检，做好与家长的交接工作。如有家长和教师交流，教师要认真听取家长的陈述，耐心答复家长的问题，还可对家长进行必要的科学指导。教师要组织陆续入园的幼儿在室内进行分散、自由的活动，也可以安排一些值日工作或委以任务。

在整个入园过程中，教师应注意抓住机会主动进行随机教育。例如，培养幼儿保持整洁的仪容仪表入园、有礼貌地向老师问好和向家长道别、遵守常规、积极参加活动和值日生工作、认真完成教师委托的任务等方面的良好习惯。

思考与讨论

幼儿入园时，家长告诉教师孩子有点发烧，教师该如何处理？

2. 离园

离园时，教师要组织、指导幼儿参加离园前的整理活动，包括整理活动室环境和个人用品、检查个人的仪容仪表是否整洁等。整理结束，教师可简要评定幼儿在园一日的表现，安排集体性或者分散性的安静活动，让幼儿在自由放松的环境中等待家长。家长来园，教师可视具体情况简要向家长介绍幼儿在园一日重点情况，和家长交流教育幼儿的意见，指导幼儿向家长问好、向教师告别。

教师要严格执行幼儿接送制度，保证幼儿的安全，照顾好不能按时离园的幼儿并和家长协调好幼儿的交接。

思考与讨论

幼儿和小伙伴因为争抢玩具打架，鼻子碰出血了，教师已经及时进行了处理，还需要在家长来园接孩子时告诉家长吗？

（二）盥洗、进餐、饮水、如厕、睡眠

1. 盥洗

盥洗是幼儿在园一日比较频繁的活动。幼儿园要因地制宜设立科学、合理、适用的盥洗设施，倡导采用流动水洗手、洗脸。教师要指导幼儿学会洗手、洗脸和刷牙等技能，养成饭前、便后、活动结束、手脏时主动洗

手，早、晚刷牙，临睡前洗脸、洗脚，定期或根据需要洗头、洗澡、剪指甲，根据需要随时使用纸巾保持清洁等良好习惯。

指导幼儿盥洗，不仅要指导幼儿学会盥洗的方式方法，还要指导幼儿认识并学会使用盥洗用具，例如教幼儿认识水龙头、肥皂和洗手液、毛巾等，教幼儿学会开、关水龙头，涂抹肥皂或洗手液，使用、叠放毛巾等。

思考与讨论

请说出六步洗手法和七步洗手法的区别。

2. 进餐

进餐是幼儿在园一日重要的生活活动，教师要为幼儿的进餐做好以下主要工作。

(1) 为幼儿创造整洁安静、轻松愉快的进餐环境

禁止在就餐时批评、训斥、体罚和变相体罚幼儿，要掌握每个幼儿的进食量和进食速度，不能强迫幼儿进食，不能盲目地采用比赛的方式催促幼儿进食。

(2) 培养幼儿文明卫生的进餐习惯

教会幼儿正确使用餐具的技巧并做到个人餐具个人专用，懂得初步的进餐礼仪，养成饭前洗手、细嚼慢咽、不口含食物说话、不大声笑谈、定时定量、不无故剩饭菜、饭后漱口擦嘴、平时少吃零食、饭前和睡前不吃零食以及保持自身、桌面、地面整洁等良好的饮食和卫生习惯。

(3) 对幼儿进行初步的营养卫生教育

多数幼儿对吃什么是很关心的，不少幼儿还有挑食的问题，教师要结合当日当餐膳食菜肴，指导幼儿认识人体所需要的基本营养素，让幼儿大致知道从哪些食物中可以获取这些营养素，指导幼儿认识偏食挑食、暴饮暴食对身体健康的不利影响。此外，教师要注意对幼儿进行饮食卫生教育，指导幼儿初步了解“病从口入”的道理。例如，有些食物尽管可以生吃，但是若已经不新鲜、未洗净或未消毒，都是不能吃的；还要注意不吃霉变的食物，不吃被有毒物质污染的食物。

除了以上几个方面，教师还要注意照顾到有特殊情况的幼儿的饮食。例如，有的幼儿肠胃不好，有的幼儿轻微发烧，他们的饮食该如何安排，都需要教师格外留心。

思考与讨论

吃饭时，双唇随着口腔咀嚼食物的节奏不断开合是好习惯吗？为什么？

3. 饮水

保证幼儿每天喝足够和清洁的温开水，是教师重要但又容易被忽视的职责。教师除了自己明确水对幼儿健康的重要性外，还要教育幼儿知道水是人体不可缺少的营养素之一。幼儿在园一日生活日程中要安排集体饮水的时间并建立饮水常规。此外，要允许幼儿根据自己的需要随机喝水，指导幼儿学会自己使用饮水器具取水、喝水，讲究饮水卫生，如不喝生水、少喝冷饮等，养成喝水的好习惯。

思考与讨论

幼儿对水的需求量高于成人，这是针对哪方面因素而言的？

4. 如厕

如厕是对幼儿尤其是小班幼儿来说难度比较大的日常生活活动。

幼儿园要保持厕所清洁，对幼儿进行潜移默化的文明教育。教师要告诉幼儿憋尿、憋便对身体的危害，教育幼儿明白随地大小便是不文明的行为，指导幼儿学会使用便器、厕坑、手纸的方法，对年龄小的幼儿及特殊幼儿要给予具体帮助。要建立幼儿如厕常规，培养幼儿定时大、小便的习惯，但是要注意在集体如厕时间之外，允许有需要的幼儿随时如厕。

5. 睡眠

睡眠环节是幼儿养成良好睡眠习惯及锻炼自我服务能力的最佳时机。教师要保证幼儿一日在园的睡眠时间，为幼儿创设舒适的睡眠环境。

要指导幼儿学会穿脱衣裤、鞋袜，整理衣物、被褥，并采用正确的睡眠姿势。要建立寝室常规，如睡前如厕、衣物摆放在指定位置、躺卧时不玩玩具、不口含玩具、睡醒即起床、寝室内轻轻走路和说话、不妨碍他人睡眠等。

思考与讨论

睡眠时用嘴呼吸有什么坏处？

（三）过渡活动和自由活动

1. 过渡活动

过渡活动是指幼儿从一个活动到另一个活动之间的转换活动。例如，两次教学活动之间的活动，进餐前、入睡前、如厕后的生活环节，都属于过渡活动。这种活动时间短暂、形式灵活，不仅使教学和生活等活动环节转换自然，避免了不必要的排队、静坐甚至散乱等消极等待现象的出现，而且丰富了幼儿的教学、生活等内容。

过渡活动的安排，要以上下两次活动的内容、形式、活动量，以及上下两次活动之间的时间长短为依据。例如，幼儿刚刚进行了活动量比较大的体育游戏，或者下次活动是活动量比较大的劳动活动，中间一般就要安排比较舒缓的、放松性的过渡活动；进餐前、入睡前、离园前，都不能安排活动量过大的过渡活动；两次室内活动之间，最好安排室外过渡活动。

2. 自由活动

自由活动是让幼儿在包括活动内容、活动材料等方面都由自己选择的活动。需要说明的是，有些自由活动是根据幼儿在园一日活动计划安排的，有些自由活动是结合幼儿在园一日发生的随机事件临时相应安排的。例如，下雪天引导幼儿玩雪，一般就是随机安排的自由活动。

要开展好幼儿的自由活动，就要处理好幼儿的自由和教师的组织指导之间的关系。教师要在充分尊重幼儿自由-自主性的基础上，做好活动的保障和引导工作，为幼儿提供比较充分的自由活动的时间、有安全保障的活动空间、比较充足的活动材料，尽量满足幼儿的兴趣需求；注意观察幼儿的表现，鼓励、支持幼儿自发的探索活动，尤其要注意引导、鼓励性格内向的幼儿积极参与自由活动特别是集体性自由活动；指导幼儿遵守活动常规、服从安全管理、学会和同伴合作、活动结束后积极整理场地等。例如下雪天引导幼儿玩雪的活动中，教师可以鼓励幼儿走到户外，观赏雪花的漫天飞舞，观察雪花的颜色和形状，体会雪花的气味、味道和温度，引导幼儿将雪花和棉花、白糖、食盐做比较，还可以鼓励幼儿在雪地里堆雪人、跑步、打雪仗。这样的活动既能激发幼儿的激情，又能让幼儿学到很多知识、技能、经验，还能让幼儿锻炼身体、增强意志，可谓一举多得。

（四）散步

幼儿园的散步活动从形式上看是一种相对自由、轻松愉快的集体活动，其意义在于锻炼幼儿身体，培养幼儿的耐力、毅力及组织性，扩大幼儿的眼界，增长幼儿的知识，增进幼儿美的体验和热爱家乡、热爱生活的情感，加深师幼之间的交往，并为教师提供随机教育和个别教育的机会。

散步可以在本幼儿园内进行，也可以在附近公园、社区公共活动场所甚至宽敞的人行道等进行。事先要明确沿途的安全卫生状况，在保证安全的前提下开展散步活动，制定并让全体幼儿明确散步常规。散步虽然是集体活动，但幼儿可以在队列中相对自由地活动，如走走停停、玩玩讲讲。教师在保证幼儿安全的前提下，要引导幼儿注意观察环境，启发幼儿寻找谈话主题，指导幼儿围绕主题发表谈话内容等。

思考与讨论

汽车等车辆通行的马路边的人行道可以作为幼儿散步的场地吗？为什么？

四、组织指导日常生活活动应当注意的问题

《幼儿园工作规程》第二十六条和第二十七条指出：幼儿一日活动的组织应当动静交替，注重幼儿的直接感知、实际操作和亲身体验，保证幼

儿愉快的、有益的自由活动；幼儿园日常生活组织，应当从实际出发，建立必要、合理的常规，坚持一贯性和灵活性相结合，培养幼儿的良好习惯和初步的生活自理能力。为了贯彻上述要求，组织指导幼儿日常生活活动时应当注意以下方面：

（一）加强幼儿生活技能的练习

任何一种生活技能都是在经常性的要求和长时间的练习中形成的。生活技能的练习过程是幼儿多种感官和身体动作参与活动的过程。幼儿通过模仿和练习，边学边做，在实践活动中养成生活自理能力、卫生行为习惯和独立精神。

要根据幼儿的年龄特点、个别差异和班级的实际情况选用生活技能的训练方法。要给幼儿提供动手操作的机会，以引起幼儿的兴趣，让幼儿愿意重复地去做，在做中学。可提供一些幼儿不会操作或者操作起来有困难的材料让幼儿练习。例如，教幼儿学习使用筷子时，可以提供筷子、棉花球、豆子、花生米等；教幼儿学习穿、脱衣服和系鞋带时，可以提供布娃娃的衣服和带鞋带的鞋子等。引导幼儿反复练习操作，尽可能使其在较短时间内掌握一项生活技能。

有些对幼儿来说相对复杂的生活技能，例如穿脱衣服（尤其是扣纽扣和穿脱套头类衣服）、提裤子、穿袜子、穿鞋子（尤其是系鞋带），洗手、洗脸、刷牙等，可以采用分解动作的方法，让幼儿按步骤练习操作。尤其是已经有比较明确的步骤如七步洗手法这样的生活技能，更应该按照步骤指导幼儿练习，为了便于幼儿记忆，还可以把各个步骤的要领编成儿歌或者顺口溜，教幼儿学唱、记忆。

（二）建立并引导幼儿学会遵守科学合理的活动常规

日常生活活动常规对幼儿提出了具体的规范化的要求，是幼儿必须遵守的日常生活的行为规则。它使幼儿知道什么时候做什么、应该怎么做，有利于幼儿自制行为能力的提高和良好行为习惯的养成。建立并引导幼儿学会遵守科学合理的日常生活活动常规，是教师组织管理幼儿日常生活行为行之有效的方法。

日常生活活动常规必须符合幼儿身心发展的特点，与各种日常生活活动的内容及幼儿自理能力、行为习惯培养的要求紧密结合。常规应当是可操作的，有助于幼儿进行活动，切忌规定过细、限制过多。常规还要渗透安全管理和安全教育的因素，培养幼儿的自我保护意识和能力。

常规教育是教师帮助幼儿理解、掌握、熟悉行为规范的过程，要从少到多、从易到难地逐步提出要求，最好针对幼儿的理解接受能力，通过形象化地讲解、示范，让幼儿掌握要领。引导幼儿执行常规时，不能操之过急，要允许幼儿出现反复，但是要注意持之以恒，既不能朝令夕改，又不能半途而废。

（三）注意保育和教育相结合

幼儿园日常生活活动是对幼儿进行保育的途径，也是对幼儿进行教育的机会。教师在开展幼儿日常生活活动、对幼儿进行保育的过程中，要充分发挥日常生活活动在幼儿全面发展教育中的积极作用，抓住一切可以利用的机会，丰富幼儿的生活卫生常识，培养幼儿的良好生活卫生习惯，锻炼幼儿的生活自理能力和社会化行为，引导幼儿热爱生活、热爱劳动，从而做好幼儿教育工作，实现日常生活活动的课程目标。

思考与讨论

你认为对大多数幼儿来说，穿袜子和穿鞋子这两种生活技能哪种更难掌握？为什么？

第二节　幼儿园节日活动和娱乐活动

本节中，我们学习幼儿园节日活动的含义及教育作用、组织幼儿园节日活动的基本要求、幼儿园节日活动的几种形式及其组织、幼儿园迎新活动和毕业欢送活动，幼儿园娱乐活动的含义、教育作用及组织。

一、幼儿园节日活动

(一) 幼儿园节日活动的含义及教育作用

1. 幼儿园节日活动的含义

本书中所指的幼儿园的节日活动，包括为庆祝党和国家纪念性节日如建军节、党的生日、国庆节等开展的节日活动，为庆祝传统的民俗节日如端午节、中秋节、春节及少数民族地区庆祝本民族重大节日等开展的节日活动，为庆祝国际性节日如"三八"妇女节、"五一"劳动节、"六一"儿童节、公历新年(即元旦)等开展的节日活动，为庆祝幼儿生日和迎接新生、欢送毕业生等开展的活动。

2. 幼儿园节日活动的教育作用

每次节日活动都是对幼儿进行全面发展教育的一次很好的机会。从迎接节日活动的到来到庆祝节日活动的举行，幼儿自始至终都沉浸在节日的欢乐气氛中，这种发自内心的愉快情绪非常有利于幼儿的身心健康。节日到来之前，幼儿亲身参加排练节目、布置活动环境等一系列节日活动的准备工作，不仅是对幼儿学习成果的检验，也提升了幼儿很多方面的知识、技能，培养了幼儿兴趣、情感、团结协作等多方面的良好个性品质。节日到来时，美轮美奂的节日盛装、丰富多彩的欢庆活动，尤其是家长们的参与等，营造的浓厚节日氛围带给幼儿久久难以忘怀的美的感受。

每个节日都具有各自不同的思想内涵和不同的纪念意义，每次节日活动都会以不同的形式进行，这其中可以对幼儿进行有针对性的教育。例如，在欢庆国庆节活动中，幼儿不仅加深了对我们国家的名称、国旗、国徽、国歌的印象，还在情感上自然地把自己与国家、民族联系起来，受到了最直接、最生动的爱国主义教育。在庆祝传统民族节日活动中，幼儿初步了解了一些我国的民间习俗和风土人情，感受到了民族传统文化的内涵，增强了民族自尊心。一年一度的"六一"儿童节，是幼儿很早就期盼的自己的节日，从活动的准备到活动的开展，他们都以主人公的姿态参加，表现出很高的积极性。这样的活动对幼儿释放天性、塑造个性、提升自信，学会创造、学会欣赏、丰富内心，具有非常积极的促进作用。有的家长甚至说，自己的孩子过完“六一”好像比原来长大了，可见“六一”儿童节对幼儿全面健康成长的作用。

思考与讨论

你对自己幼儿时期的“六一”儿童节还有印象吗？你觉得自己过“六一”儿童节留下的最深刻的印象是什么？

（二）组织幼儿园节日活动的基本要求

1.活动要有计划、有准备地进行

要加强节日活动的计划性，将节日活动的安排纳入全园和各班保育与教育工作计划当中，将节日活动的准备与平日的保育和教育工作结合起来。例如，在语言课、音乐课上，利用故事、诗歌、歌曲、图片等介绍与节日有关的知识；在音乐课的时间内排练表演类节目；在美工活动和劳动活动时间内组织幼儿布置活动场地等。这样一来，既不会因为节日活动的开展打乱原来的保育和教育秩序，也不会增加教师和幼儿的负担。教师引导幼儿在轻松愉快的气氛中开展节日活动，不仅保证了节日活动的效果，而且使节日活动和日常保育与教育活动相互促进。

2.活动内容和形式要突出不同节日的特色

不同节日具有不同的特色，要按照不同节日的内涵和意义，开展形式多样又能表现节日特色的活动。例如，除了上面已经讲过的国庆节、“六一”儿童节活动外，“三八”妇女节时可组织幼儿开展“我爱妈妈”教育活动，号召幼儿为妈妈制作节日小礼物；“七一”党的生日、“八一”建军节时，可以邀请当地有影响的党员模范代表、军人英模代表来园和幼儿一起联欢，请他们对幼儿进行革命传统、爱党爱国、拥军爱民教育，还可以组织大班幼儿走访当地的英模代表人物、部队驻地、荣军医院，参观革命展览馆等；教师节时可以组织幼儿自制小红花，开展“平时老师奖我小红花，节日我送老师小红花”活动；元宵节时可以组织幼儿进行制作灯笼、挂灯笼的游戏活动；清明节时可以组织中、大班尤其是大班幼儿瞻仰烈士陵园、祭扫墓地；端午节可以组织幼儿一起吃粽子，开展讲学屈原故事会活动；中秋节可以组织幼儿一起吃月饼、赏月亮，开展中秋故事会活动；元旦可以组织联欢；等等。

3. 活动内容和时间安排要适合幼儿

节日活动的内容既要有积极的意义，又要适合幼儿，能为幼儿所理解和接受。通常的做法是，把成人在节日中常做的事有选择地加以简化，变成幼儿能做也喜欢做的内容和形式。例如，端午节期间，可以将幼儿分组，将各组幼儿的板凳以组为单位排成一只只“龙舟”，各组选出一名幼儿喊节拍指挥本组幼儿，搬动板凳一起向前移动，组织幼儿开展“赛龙舟”游戏。

节日活动的时间既要够用又不宜过长，不能让幼儿感到时间紧张、不能尽兴，也不能让幼儿感到松散或疲劳，从而失去对活动的兴趣。

4. 活动的开展要尊重幼儿的主体地位，要面向全体幼儿

教师组织节日活动，从活动的准备过程到节日活动的正式进行，都要注意以幼儿为主体，要让每个幼儿都有参与的机会。活动的计划要和幼儿协商来制订，活动的准备要让幼儿广泛参与，活动的正式进行要让幼儿当主角。要根据幼儿的不同特点设计多种形式、安排多种角色、分配多种任务，使不同特点的幼儿都有机会参与到活动中去，在展示自我的同时得到锻炼和提高。例如，组织节日表演活动时，要确定哪些幼儿参加表演、表演哪些节目，可以先让幼儿报名，待确定节目单以后，可以让没有表演任务的幼儿参与场地的布置、观众的迎接、纪念品的保管和发放，甚至可以临时委派有的幼儿以具体任务，切忌只让少数某一方面有“特长”的幼儿充当某一活动的“演员”，其余幼儿都做观众。

5. 活动结束后要注意总结和巩固活动效果

活动结束后，要注意组织幼儿通过适当的方式如谈话、绘画等对活动加以总结，让幼儿回忆自己对节日活动的印象和感受。如有可能，把节日活动的环境布置保留一段时间，这样更能加深幼儿对节日活动的认识，巩固节日活动的教育效果。

思考与讨论

某幼儿教师针对本班幼儿特点，一个学期举行几次唱歌、跳舞、绘画、体育、手工、讲故事等专项活动，分别组织有相应特长和爱好的幼儿参加，这样的方式算不算是面向全体幼儿开展活动？

（三）幼儿园节日活动的几种形式及其组织

1. 全园庆祝会

“六一”儿童节、国庆节、元旦等重大节庆日时，可以组织全园庆祝会，各个班级一般都要组织幼儿参与表演节目，有时还会从各班级中选拔相应特长突出的幼儿组团表演节目或参与庆祝会相应工作。

全园庆祝会演出的节目要内容丰富、形式多样、安排紧凑，小班幼儿的节目一般要靠前安排。要以幼儿节目为主，可以穿插个别的成人节目，而且成人节目要符合幼儿身心特点，最好具有幼儿节目的特点。

全园庆祝会一般会有简短的开始仪式，如领导、老师、家长、来宾、幼儿代表发表讲话或祝词。无论是讲话还是祝词，都要注意内容紧扣主题、积极向上、简要精练，语言生动有趣、符合幼儿特点。

结合演出进行或者在演出以后、庆祝会结束以前，根据节日特点或活动内容，可安排赠送奖品、纪念品环节，活跃庆祝会气氛，让幼儿高高兴兴地结束活动。

全园庆祝会的时间一般不宜超过一个小时，其间要注意观察幼儿的表现，可视情况需要安排小班幼儿及有特殊情况的中、大班幼儿安静地提前离场。

2. 全园联欢、游艺活动

除了全园庆祝会外，全园性的庆祝活动还有全园联欢、游艺活动。这类活动娱乐性强，而且方便每个幼儿参与活动，若组织得好，会带给幼儿很大的快乐和满足，给幼儿留下美好的印象。组织全园联欢或游艺活动时，可以分别利用各班活动室，或在室外划分活动区域并根据活动性质对各个区域有针对性地具体布置。可以分班级进行，也可以打破班级界限组织不同班级幼儿混合在一起进行。要注意调控联欢或游艺活动的节奏。活动开始最好有简短仪式，如有人宣布“为了庆祝某某节日某某联欢或游艺活动开始”；活动的中间环节应热闹有序，可以结合一些竞赛性项目的进行，颁发一些幼儿喜爱的小奖品，为了调动幼儿参与活动的积极性，还可以赠送一些小礼物；设置多个活动场地时，要设法避免出现有的场地拥挤、有的场地冷清的情况；要把握好活动结束的时机，如参加活动的幼儿大都参加了项目、奖品或礼品基本发放完毕等，避免出现虎头蛇尾，甚至活动还没有结束就已经冷场的现象。

3. 慰问活动

在“三八”妇女节、“五一”劳动节、“七一”党的生日、“八一”建军节、教师节、重阳节等节日，可以组织幼儿对有关单位和人员开展相应的慰问活动。既可以到慰问对象所在地开展慰问，又可以邀请慰问对象来园接受慰问。一般是教师带领幼儿对慰问对象开展慰问，如有可能，邀请家长一起参加慰问是一种很积极的做法。为了充分发挥慰问活动对幼儿的教育作用，不论采取哪种形式，从组织幼儿排演慰问节目、准备慰问品，到慰问活动的全过程，都要围绕当次慰问的主题开展活动。

4. 班级庆祝活动

班级庆祝活动范围小、形式灵活，便于组织。组织班级庆祝活动时，要注意内容和形式应突出主题、体现特色。除了师生，还可以邀请家长参与活动。这里以班级生日聚会为例，介绍班级庆祝活动的开展。

幼儿园的班级生日聚会，可使幼儿深切感受到老师的关爱、小朋友们的祝福、班级集体大家庭的温暖，使幼儿体验到童年的快乐和幸福，是幼儿特别喜爱的活动之一。

一般情况下，为班级同一月份出生的幼儿集体举办生日聚会，特殊情况下也可以为一个幼儿单独举办生日聚会。

生日聚会前，教师要和幼儿尤其是过生日的幼儿一起商定活动的日期、内容和形式，当然，有时也会有意“留一手”，现场给过生日的幼儿一个惊喜。最好是邀请过生日的幼儿的家长参加生日聚会，并希望家长为自己的孩子和同月份出生的幼儿准备简单而有意义的生日礼物。日期、内容和形式确定以后，除了邀请家长，还要准备好节目、送给过生日幼儿的礼物、布置场地的材料等其他物品；要选派好聚会主持人，而且要让主持人熟悉聚会程序，如有必要，可以事先简单排练，起码要将有关事项通知有关幼儿；布置场地时，可以制作有幼儿情趣的图卡，如画上幼儿生肖的卡通形象或者过生日的幼儿的形象，标上幼儿的生日，用以装点活动场地或者送给幼儿。具体开展活动过程中，教师可为过生日的幼儿戴上花环或头饰，以示祝贺幼儿；其他幼儿可以为过生日的小伙伴送上一句话或者一件自制小礼物等表示生日祝福；可以表演原来准备好的节目，还可以有现场随机性节目；家长可以给幼儿带来生日蛋糕或糖果，在过生日的幼儿发表生日聚会感言、许下美好愿望后，请全班小朋友在“祝你生日快乐”的歌声中分享美食。

思考与讨论

说说你的幼儿园生日聚会。你的幼儿园生日聚会给你留下的最深刻的印象是什么？

（四）幼儿园迎新活动和毕业欢送活动

幼儿园新生开学和在园幼儿的毕业，可以说是幼儿园自身的重要节日，幼儿园迎新活动和毕业欢送活动是幼儿园重要的活动。

1. 迎新活动

幼儿园迎新活动的目的是让家长和幼儿了解幼儿园、信任幼儿园，并让新入园幼儿初步适应幼儿园环境。迎新活动并不仅仅体现在家长带幼儿来园报到的那一天，而是一个阶段性的工作，其内容和形式可在一段时间内视情况而定，其组织工作一般包括以下几个环节。

幼儿正式入园以前，可以举办“幼儿园开放日”活动，请家长带幼儿来园参观。教师要和家长及幼儿互相认识、初步了解，要引导家长和幼儿参观幼儿园大环境和活动室、盥洗室、厕所、寝室，在采取卫生安全措施的基础上，参观幼儿园食堂（厨房），要向家长和幼儿介绍作息时间、课程安排等教育活动概况，最好组织家长和幼儿参观在园幼儿的保育和教育现场情况。在整个参观接待过程中，教师要态度热情、方法科学、服务周到，客观介绍幼儿园情况，耐心解答家长和幼儿的问题。

幼儿入园第一天，教师可以请家长陪同幼儿参加几项日常活动，如晨检、室内自由活动、早餐、如厕、盥洗，组织一次幼儿、家长甚至教师共同参加的集体活动尤其是娱乐性活动，增强教师和幼儿以及家长之间的交流，放松幼儿心情，促进幼儿对新环境的适应。

幼儿入园第一周，可以有组织地开展几次教师自我介绍、点名、幼儿自我介绍并相互认识的活动，可以有准备地安排在园幼儿的迎新活动如迎新演出等。新入园幼儿的活动以娱乐性活动、游戏活动、生活活动为主，时间要短，形式要灵活，活动材料要充足。

在整个迎新活动中，教师要加强巡视、观察，尽早记住幼儿的名字，引导幼儿及时、大胆和教师交流，尤其是提出自己的问题，引导幼儿和邻座小朋友主动相互认识、交流、交往，及时发现幼儿的特殊情况并随时做好相应处理，尽最大努力帮助、引导幼儿尽早适应幼儿园环境。

2. 毕业欢送活动

幼儿结束在幼儿园的生活，即将进入小学学习，对幼儿、幼儿家庭、幼儿园来说都是一件大事、好事、喜事。所以，在幼儿离园前，要组织全园或者班级性的毕业欢送活动，祝贺幼儿顺利结束幼儿园阶段的生活，激发幼儿对小学生活的向往，唤起幼儿即将成为一名小学生的责任感。

全园性的毕业欢送活动可邀请家长、小学教师代表、小学生代表、在园小朋友参加。除了安排即将离园的幼儿代表演讲，幼儿园领导、教师致毕业贺词外，还可以请参加活动的各方代表做简短讲话。园长要向毕业班幼儿颁发毕业证书，向幼儿赠送毕业纪念品或小学学习用具等礼物。从某种程度上讲，欢送演出也是即将离园幼儿的毕业汇报演出，教师要通过灵活多样的形式，尽最大努力安排每名即将毕业的幼儿参加。欢送会前后，教师要组织家长、幼儿等拍好毕业纪念照。

毕业欢送活动时间尤其是欢送会中讲话和节目演出时间不宜过长。欢送活动过程中，往往会出现感情要好的幼儿之间、有些幼儿和老师之间恋恋不舍的情景，教师要理性、耐心地处理好这种情况，如提醒幼儿以后可以保持联系，相互交流、相互学习、相互促进，保持并加深同学、师生情谊；教育幼儿把目光放得更加长远，不仅可舒缓幼儿的情绪，而且有利于幼儿今后的发展。总之，要努力营造良好的欢送活动气氛，让幼儿对在园生活留下美好的印象，带着对幼儿园生活的美好记忆走进新的环境。

思考与讨论

你在幼儿园毕业时得到过毕业证书吗？如果得到过毕业证书，你还能回忆起毕业证书的样子吗？还能回忆起自己拿到毕业证书那一刻的心情吗？还能找到你的毕业证书吗？

二、幼儿园娱乐活动

（一）幼儿园娱乐活动的含义及教育作用

1.幼儿园娱乐活动的含义

幼儿园的娱乐活动是指通过幼儿喜闻乐见的文艺形式或者带有游戏性质的手段，以丰富幼儿生活、给幼儿带来快乐为主要目的的活动，包括观看电影、电视、网络等新媒体和融媒体节目，开展歌舞等表演活动，进行娱乐性游戏，举行小型游艺会等。

2.幼儿园娱乐活动的教育作用

幼儿园中积极向上、情趣盎然的娱乐活动富有吸引力和创造性，幼儿非常愿意观赏甚至参与其中。幼儿观赏和参与娱乐活动，在增添乐趣的同时，还能增强体质、启迪智慧、熏陶情操，让其在欢声笑语中得到多方面潜移默化的教育。

（二）幼儿园娱乐活动的组织

幼儿园娱乐活动分全园性娱乐活动和班级性娱乐活动。不论开展哪类娱乐活动，都要注意艺术性和思想性相结合，还要注意符合幼儿身心特点，即遵循教育性、艺术性、可接受性的原则。

1. 全园性娱乐活动的组织

全园性娱乐活动不仅在内容和组织形式等方面要兼顾各年龄班的幼儿，而且参与人数多、组织难度大，安全问题更加突出，所以，组织次数不宜太多。这里以郊游为例介绍全园性娱乐活动的组织开展。

对于小班后期、中班、大班幼儿，幼儿园可以根据学年或学期计划，分别组织全园幼儿开展春季、秋季郊游活动。

组织幼儿郊游活动，首先要确定郊游的具体时间、郊游目的地、郊游内容，其实这三者一般都是结合起来考虑的。郊游目的地一般不宜离幼儿园太远，多数选在市区近郊的公园或距离社区不太远的河滩、树林、湿地、田野等。郊游内容一般根据所选择的目的地、确定的郊游时间、参加郊游的幼儿年龄段、教育计划的要求等选定。

其次，要规划好来回路线和出行方式，来回路线都要确保畅通、安全。至于出行方式，一般都是使用校车作为交通工具，也有幼儿园根据具体情况采用灵活的出行方式，例如近途郊游中，组织大班幼儿、体力好的幼儿步行，小班幼儿、体力差的幼儿乘坐交通工具。

第三，做好以上计划后，教师要通知幼儿和家长，还要告知幼儿和家长有关安全要求、需要做好的准备，诸如幼儿需要穿戴和准备的衣物、食物和饮用水等，教师则要带领幼儿准备好照相和绘画工具、计划开展的活动所需要的材料等物品，幼儿园还要组织教师做好可能出现的意外事故的应急预案。集合出行前要注意点名和检查准备情况，出行过程中要注意安全，到达目的地后要再次集合点名，说明活动安排和提出有关要求，做好准备后再正式开始散步、绘画、照相、游戏、歌舞等郊游主题活动。不少郊游活动还要组织幼儿用餐。活动结束，要注意组织幼儿收拾垃圾、清理场地、整理物品，布置好活动结束后的作业，最后安排返程，将幼儿安全带回。有的郊游活动有家长参加，教师在整个郊游过程中要协调、发挥好家长的作用，但是提醒家长，要协助幼儿郊游，而不要带领幼儿郊游，更不要在郊游过程中做幼儿的保姆。

2. 班级娱乐活动的组织

幼儿园的娱乐活动多以班级为单位组织开展。

(1) 小班幼儿娱乐活动的组织

小班幼儿的娱乐活动一般时间较短,为 15～20 分钟,内容也相对简单,可以为欣赏中、大班或者成人表演,由教师演示各种娱乐玩具,由教师引导幼儿自己玩娱乐玩具,观看一些有趣味的幼儿动画片等。小班后期,可以组织幼儿表演学唱过的儿歌、讲故事猜道理、玩一些有趣味的简单游戏尤其是集体游戏,还可以组织幼儿观看一些有趣味、有意义的视频短片等。

(2) 中班幼儿娱乐活动的组织

中班幼儿的娱乐活动时间可以相对延长一点,在 30 分钟左右,内容也要相对丰富。例如,欣赏、表演的范围都可以有所扩大,游戏的难度也可以增加,活动中可以增加语言表达的成分,还可以增加竞赛的成分。若条件允许,可以组织本班幼儿和小班幼儿开展联欢性娱乐活动。不论开展哪种形式的娱乐活动,都要掌握幼儿思维形象化的特点,将活动材料如玩具形象、表演动作、语言表达、音乐效果等几种因素相结合,使娱乐活动既生动有趣又能被幼儿接受、理解,以调动幼儿欣赏和参加的积极性,增强活动效果。

(3) 大班幼儿娱乐活动的组织

大班幼儿的娱乐活动时间可以达到 40～50 分钟,娱乐活动的内容不仅要有趣味性,还应该有一定的知识性、技能性,有些娱乐活动还可以增加比赛环节。活动的选择、准备和开展,都要尽可能发挥幼儿的自主性、积极性、创造性。除了自己班级进行娱乐活动外,还可以组织大班幼儿为小、中班幼儿开展力所能及的表演活动或者联欢性娱乐活动。

思考与讨论

请列举自己参加过而且感到有意义的全园性幼儿园娱乐活动和班级娱乐活动的例子,并谈谈活动的意义所在。

本章作业

一、复习本章内容，列出本章内容四级目录总结表

二、填空题（将下列各题的正确答案填在横线上）

1.本书中所指的幼儿园教育活动形式主要包括________、________、________、________、________、________、________。

2.幼儿园日常生活活动，是指幼儿一日在园活动中的____环节和一些每天都要进行的____活动。

3.幼儿园日常生活活动具有______、______、______，是____和____结合最紧密的幼儿园活动形式。

4.日常生活活动既可以培养幼儿的自主性、独立性，又可以促进幼儿的____________。

5.日常生活活动中，____和____是教师开展个别教育和家长工作的有利时机。

6.过渡活动是指幼儿从一个活动到另一个活动之间的____活动。

7.幼儿园节日活动的形式主要包括________、________、________、________、________。

8.幼儿园娱乐活动最基本的要求是要给幼儿带来______，同时，还能使幼儿得到多方面潜移默化的教育。

9.组织幼儿园娱乐活动，要遵循______、______、______的原则。

三、判断题（正确的填"√"，错误的填"×"）

1.日常生活活动与幼儿体育没有直接关系。（　　）

2.日常生活活动不仅能让幼儿学到生活常识，还能锻炼幼儿的观察、思考能力，其中，锻炼观察、思考能力是对幼儿的智育。（　　）

3.日常生活活动与幼儿的集体性劳动关系最密切。（　　）

4. 幼儿离园以后的一切教育由家长负责，幼儿园教师无权干预。（　　）

5. 日常生活中使用六步洗手法即可。（　　）

6. 幼儿遇到特殊情况，可以随地大小便。（　　）

7. 自由活动时，幼儿想干什么、想怎么干，都是可以的。（　　）

8. 幼儿教育学中所讲的散步，实际上是一种集体活动。（　　）

9. 幼儿园节日活动可以安排成人活动内容，但是要符合幼儿身心特点，最好具有幼儿节目的特点。（　　）

10. 幼儿园迎新活动是指新入园幼儿报到的那一天，幼儿园开展的迎接新入园幼儿的活动。（　　）

四、选择题（将正确选项的代号填在括号中，每题可能有一个或多个正确选项）

1. 喝水的好习惯包括（　　）。

A. 根据需要随机喝水　　B. 喝卫生的温开水

C. 使用卫生的饮水器饮水　　D. 只喝超市卖的瓶装水

2. 幼儿在园午睡后，如未如厕，（　　）。

A. 不用洗脸，只洗手即可

B. 既不用洗脸，也不用洗手

C. 应洗手、洗脸

D. 幼儿自愿或者教师根据具体情况安排

3. 午餐后、午睡前，可以安排幼儿进行（　　）等过渡活动。

A. 集体跑步　　B. 集体或自由唱歌

C. 静坐　　D. 安静的自由活动

4. 关于幼儿园节日活动对幼儿的教育作用，下列说法最恰当的是（　　）。

A. 每次节日活动都是对幼儿进行全面发展教育的机会

B. 不同的节日活动对幼儿具有不同的针对性教育作用

C. 教师最好把选项 A 和 B 两个方面结合起来

D. 对于有节假日的节日，教师要协调家长发挥好家长在节日期间对幼儿的教育作用

5. 中班幼儿的娱乐活动时间一般为(　　)比较合适。

A. 15～20 分钟　　B. 30 分钟左右

C. 40～50 分钟　　D. 60 分钟左右

五、问答题

1. 请谈谈你对饭前饮水和饭后饮水的看法。

2. 组织指导幼儿日常生活活动应当注意哪些问题?

3. 幼儿园的节日活动形式包括哪几类?

4. 组织幼儿园节日活动应遵循哪些要求?

5. 有人说,学前教育不属于学历教育,颁发毕业证书没有意义。你对此有什么看法?

6. 若你成为幼儿园老师,你认为小班、中班、大班最好分别开展哪些娱乐活动?若你成为幼儿园领导,你认为幼儿园最好开展哪些全园性娱乐活动?

六、实践题

1. 根据学校食堂菜谱,开展一次班级"编谜语、猜菜谱"活动,评出优胜者,在班级宣传栏出一期"学谜语、猜菜谱"专栏。

2. 选取幼儿园日常生活中幼儿某项生活技能的练习过程,编写出顺口溜(口诀)或者儿歌,组织一次训练幼儿生活技能的顺口溜或者儿歌比赛。先以学习小组为单位初选,各组推选出代表,然后参加班级比赛,将获奖作品张贴到班级宣传栏中,供大家学习、借鉴。

第七章

幼儿园与家庭、社区的合作

本章引言

为了综合利用各种教育资源，共同为幼儿的发展创造良好的条件，幼儿园应当根据《幼儿园工作规程》的要求，主动与幼儿家庭沟通、合作，加强与社区的联系、合作，注意与小学阶段教育的相互衔接。

从本章开始，我们学习、探讨幼儿园与家庭和社区的合作、幼儿园与小学的衔接等有关内容。

本章中，我们主要学习幼儿园与家庭、社区的合作。

第一节　幼儿园与家庭的合作

幼儿园和幼儿家庭的合作，是幼儿园和幼儿家庭为促进幼儿身心全面健康发展而开展的相互交流、相互配合、相互促进的双边互动活动。

下面在比较幼儿园教育与家庭教育差异的基础上，学习、探讨幼儿园与家庭合作的任务及意义、途径和方法。

一、幼儿园教育与家庭教育的差异比较

幼儿园与家庭同是幼儿阶段最重要的生活、成长环境，共同承担着培

养幼儿全面发展的任务，二者在教育目标上是一致的，但是，二者毕竟是两种不同的教育，所以具有多个方面的不同之处。

（一）教育者与受教育者关系上的差异

幼儿园教育中，教师和幼儿之间的关系具有选择性。幼儿入哪个幼儿园接受教育、到哪个班级接受教育，从某种角度讲，是可以选择的；幼儿从小班升入中班再升入大班，也有更换教师的机会；幼儿随着年龄的增长，会升入小学，教师和幼儿之间的师幼关系从形式上讲也就结束了。

家庭教育中，教育者（即家长）和被教育者（即幼儿）之间的关系是不可选择的，这是由家长和幼儿之间的天然的血缘关系决定了的，正所谓“出身是无法选择的”。这种天然的血缘关系决定了家庭教育有其优势，例如家庭教育的亲情性、随机性、连贯性等，但是如果处理不好，也会产生消极作用，例如家长的溺爱、子女的逆反、多种教育因素的分歧甚至冲突给家庭教育带来的消极甚至副作用等。

思考与讨论

你还记得自己在幼儿园时期的老师吗？如果记得，请说出老师给你留下的最深刻的印象是什么。

（二）教育内容上的差异

幼儿园教育的教育内容，是国家根据一定的培养目标，按照幼儿园的性质、任务以及幼儿不同年龄段的生理和心理发展水平来确定的，由国家教育主管部门制定具体的教学大纲加以指导，具有系统性、科学性、相对稳定性。

家庭教育的内容具有随机性，较幼儿园教育灵活机动，除了以生活内容为主，其他方面也比较广泛。

（三）教育形式上的差异

幼儿园的教育活动包括教学活动、游戏活动、日常生活活动、劳动活动、节日活动、娱乐活动等，都是有目的、有计划、有组织、有检查甚至有考核的，而且一般是集体性活动。

家庭教育一般是家庭对子女随机进行的个别教育、个别指导、个别训练，即家庭教育具有随机性、个别性。

（四）教育方法上的差异

幼儿园教育在尊重幼儿身心发展规律、遵循幼儿教育规律的基础上，通过专业、科学的方法将知识、技能、经验等传授给幼儿，具有显著的专业性。例如，幼儿教师一般通过讲解、示范、提问、练习等，让幼儿掌握知识、形成技能、发展智力；一般通过说服教育、树立榜样、适当奖惩等，培养幼儿的道德认知，训练幼儿的行为习惯。

家庭教育主要通过家庭环境的熏陶、家长言行的示范和教育等，培养和塑造幼儿的个性品质。此外，家庭的亲情关系使得家长的情绪和言谈举止对幼儿有明显的感染作用，家长的态度很容易引起幼儿的共鸣。可见，家庭教育主要通过渗透和感染来培养和影响幼儿。

思考与讨论

在幼儿时期，你的家长都是怎么教育你的？请举例说明。

（五）教育时间上的差异

从幼儿在园接受教育的时间来看，幼儿园教育的时间是集中的。例如，除了国家规定的假期，幼儿每周五天在园，每天又要按照规定的时间在园。而从幼儿接受教育的整个过程来看，幼儿园教育又具有阶段性。例如，幼儿接受幼儿园教育的年龄段为三至六岁，其中又分为三至四岁的小班、四至五岁的中班和五至六岁的大班。

从家长教育活动实施的频次来看，家庭教育具有随机性，而从家长教育活动实施的周期来看，其显著特点就是具有连贯性。一般来讲，一个人从出生起很长时间内，可能都要接受家长的教育，我们中国人尤其如此。

二、幼儿园与家庭合作的任务及意义

正是因为幼儿园教育和家庭教育存在差异，所以，幼儿园在发挥好自身作为专业教育机构教育作用的同时，协调好幼儿园教育和家庭教育的关系，开展全面、积极的家园合作，具有多方面的积极意义。

（一）全面了解幼儿及家庭情况，为针对性地开展教育打下基础

了解入园幼儿的出生情况、成长状况如环境与经历以及幼儿的个性特征，是幼儿园和家庭合作的基础内容。

幼儿出生时的特殊情况会对幼儿以后的成长产生影响。例如，早产儿相对来说身体素质可能差一些，免疫力可能要低一些；母亲为高龄产妇的婴幼儿除了身体素质外，性格方面可能也有些特殊；出生时就带有某种身体缺陷的婴幼儿，生活方面、性格方面可能都有其特殊性；等等。

幼儿入园前所处的家庭状况对幼儿的发育成长影响很大。例如，祖辈带养的孩子、单亲家庭的孩子、问题家庭的孩子，可能会出现被溺爱、父爱或母爱缺失、有暴力倾向等问题，其实，不同职业的父母教养的孩子，其发育和成长状况也具有这样或那样的不同。

每个幼儿从出生到入园的几年间，由于先天气质和后天家庭教育的关系，往往会表现出一定的个性差异。有的性格平和，有的性格急躁；有的做事利索，有的做事邋遢；有的生活自理能力强一些，有的表现出生活以外的某些特长；等等。

幼儿园在协调与幼儿家庭合作的过程中，更加全面深入地了解了幼儿入园前的基本情况，才能有针对性地对幼儿进行保育和教育，尤其是针对家庭教育的短板对幼儿进行教育。当然，家长应该全面客观地向幼儿园提供孩子的基本信息，协助幼儿园尽快形成对自己孩子客观正确的评价，便于幼儿园教育的顺利开展。

思考与讨论

父母是孩子的镜子，孩子是父母的影子。请说说自己对这句话的理解和评价。

（二）让家长了解幼儿园及幼儿在园情况，促进家长积极配合

《幼儿园工作规程》指出，幼儿园可采取多种形式，指导家长正确了解

幼儿园保育和教育的内容与方法。其一,要通过多种途径向家长宣传幼儿园的办学理念、办学模式,幼儿园领导和老师的辛勤付出,幼儿园办学成绩和实际困难等;其二,幼儿园还要积极开拓渠道,通过多种方式让家长充分了解幼儿在园一日饮食情况、起居状况和教育教学过程与结果,尤其是当幼儿出现特殊情况时,更要及时、全面、客观地告知家长,最大限度地争取家长的理解和支持。

幼儿园只有积极主动地向家庭包括社区宣传幼儿园的办学,实行“开门办学”,使幼儿园的办学得到外界广泛深入的了解,才会使外界消除对幼儿园的陌生感,形成对幼儿园的接纳态度,自觉在多个方面支持幼儿园的办学,例如认可幼儿园的教育模式、配合幼儿园对幼儿开展教育、利用自己的教育资源支持幼儿园的教育活动、对幼儿园的教育提出建议等,从而为幼儿园开展工作创造良好条件,促进幼儿园教育质量的提高。

(三) 帮助家长提高育儿水平、创建良好家教环境

一般的家长,由于经历、文化、职业等因素的限制,在养育孩子方面往往有这样或那样的欠缺,幼儿园作为正规的专业教育机构,对家长养育孩子水平的提高有引导之责,应当发挥自身在专业方面的优势,积极主动地向家长传递科学的养育理念,有针对性地向家长宣传科学育儿知识,帮助家长提高育儿水平和能力。

当然,幼儿园还应当引导幼儿清楚认识自己与家长的血缘关系及亲密关系,从而使其树立自我意识、归属感以及尊老爱幼的积极情感,引导幼儿正确认识、自觉接受所在家庭的积极教育。

幼儿园通过帮助家长提高育儿水平、引导幼儿自觉接受所在家庭的积极教育,可以协调好家长和幼儿的关系,形成良好的家庭教育氛围,也促使幼儿园教育的效果得到巩固和加强。

正如《幼儿园工作规程》中指出的那样,“面向幼儿家长提供科学育儿指导”“帮助家长创设良好的家庭教育环境”是幼儿园的任务之一,是幼儿园和幼儿家庭合作的重要内容。

(四) 让家长参与幼儿园管理,促进幼儿园工作的开展

《幼儿园工作规程》要求,幼儿园应当认真分析、吸收家长对幼儿园教

育与管理工作的意见与建议，充分利用家庭的有利条件，丰富和拓展幼儿园的教育资源。根据上述要求，幼儿园除了保障家长的知情权外，还要保障家长的参与权，鼓励和引导家长直接或间接地参与幼儿园的管理。

家长参与幼儿园的管理，主要体现在决策与监督两个方面。

从决策层面讲，家长的参与有利于实现幼儿园决策的科学化、规范化和制度化。例如，幼儿园通常会根据有关政策向家长收取一定的保教费用，对于收取费用的依据和费用的使用，家长作为买单者，有知情权和使用方面的决策参与权，从而保障保教费的使用特别是在幼儿教育的直接投入方面符合有关规定和幼儿园实际。

从监督层面讲，家长的参与不仅能保障幼儿园的决策得到认真落实，而且能够促进幼儿园管理的人性化、高效率。例如，幼儿园制定了比较完备的设备维护责任制，要求对幼儿园内的活动设施定期进行检查、维护。但是，由于各种因素的影响，设施有时可能得不到及时完善的检修，这时，家长的监督很可能会促使这一现象得到改进。

这里需要说明，关于充分利用家长的教育资源，并不像有人想象的那样，单纯指家长对幼儿园提供实际的尤其是物质和经济方面的支持，其实，家长的知识、技能、经验等软性资源有时比物质的支持更有价值。

思考与讨论

如果你是一名家长，你能对你曾经学习过的幼儿园提供哪些软性的支持？

幼儿园和家庭之间的合作，使幼儿园与家长在幼儿教育思想、教育原则、教育模式等方面达成统一认识、形成合力，使幼儿接受的来自幼儿园和家庭两方面的学习经验更具有一致性、互补性、连续性。这样，既能提高幼儿参与幼儿园教育活动的积极性，又能促进幼儿在家庭中的表现向积极的方向发展。可以说，幼儿园和家庭之间良好的合作为幼儿身心健康发展创造了良好的条件，从而促进了幼儿全面和谐发展，这是幼儿园与家庭合作的最终目的。

三、幼儿园与家庭合作的途径和方法

幼儿园与幼儿家庭的合作有多种途径，每种途径的实施都有很多方法。这里将幼儿园与家庭的合作分为个别合作和集体合作两个大类，然后分别介绍各类合作中的合作形式和每种合作形式的具体方法。

（一）个别合作

幼儿园和家庭最常见的个别合作方式就是幼儿教师利用幼儿入园和离园的时机当面与家长开展的个别交流。除此以外，还有以下几种方式：

1. 利用现代通信联系

当教师需要和家长联系，二者又不能及时见面的时候，现代通信手段如电话、短信、邮件、QQ、微信等，就成了最方便的联系方式。

在上述联系方式中，首选电话（包括 QQ 和微信等形式的通话），尤其是急需联系时更是如此。如有必要，最好的方式是视频通话。采用其他方式如文字留言、语音留言、图片和视频，对方不一定能及时打开收看、收听。

有的教师认为，采用上述方式时，即使是视频电话，内容、态度都不用太讲究，因为毕竟不是当着家长的面，其他诸如文字、语音留言，发送图片、视频资料更是如此。甚至有教师认为，不能当面发的火、说的话，可以通过这种形式发，可以通过这种形式说。这些认识是不对的。虽然有些不能当面交流的情况采用这种方式可能便于交流，但是，不论采取哪种方式都要注意自己的态度和方法，注意在和家长联系以前对沟通的内容加以斟酌。

思考与讨论

教师采用现代通信手段或网络平台与家长联系，如果方法不当，照样会给自身带来被动的情况，有时造成的被动局面甚至比和家长当面接触更大。你是否能设想出这样的一些情形？请举例说明。

2. 通过《家园联系手册》联系

《家园联系手册》是幼儿园编制的和幼儿家庭联系的小册子，内容一般包括幼儿园简介、园历、教师名单和简历、作息制度、幼儿园主要活动安排、幼儿在园表现、幼儿园对家庭教育的意见和建议、家庭基本情况、幼儿在家表现、家长教育幼儿情况、家长意见和建议等。教师使用《家园联系手册》，采用书面形式和家长进行联系，向家长报告幼儿在园情况，征求家长的意见和建议。家长除了填写幼儿在家情况、家长教育幼儿情况之外，还需要填写对幼儿园的意见和建议等。幼儿园和家长通过《家园联系手册》建立常规性联系。

3. 家庭访问

家庭访问简称家访，是教师直接走进幼儿家庭开展合作的形式，可以使教师实地、详细、深入了解幼儿的家庭状况、幼儿在家表现、家庭教育等方面需要了解的情况，还有助于教师和家长情感的深入交流。

家访一般分为新生家访、学期开始或结束家访、假期家访、突发事件家访、特殊家庭幼儿定期家访、问题幼儿家访、生病幼儿慰问等。

在家访过程中，教师可以介绍幼儿在园表现、取得的成绩、需要改进的方面，根据需要，有针对性地访问幼儿及幼儿家庭需要帮助的问题，尽力拿出解决方案，与家长共同努力，促进幼儿健康成长。

在家访过程中，教师要以关心爱护幼儿为出发点，针对不同家长的特点，以诚恳的态度与家长交流，注意倾听家长的意见和建议，切忌向家长告状、推脱教育责任甚至训导家长。对一些特殊家庭包括特殊家长、特殊幼儿，要格外尊重，格外讲究方法。

在家访过程中，除了以上工作外，教师还要抓住机会，宣传《家长家庭教育基本行为规范》，有针对性地指导家长提高育儿水平，更好地开展幼儿家庭教育工作。

思考与讨论

根据你的体会或者了解，为什么有的幼儿害怕教师家访？

（二）集体合作

幼儿园和家庭之间的集体合作方式很多，这里主要介绍以下七种：

1.家长会

家长会是幼儿园在幼儿教育过程的某个阶段如学期初、中、末等，集中与家长交流幼儿教育问题的一种集体合作形式。召开家长会，幼儿园应当事先准备关于幼儿近期发展状况的详尽资料，包括平时收集、记录的幼儿的各种作品和典型表现等，并做出科学、客观的评价，让家长尽可能详尽地了解自己孩子的在园表现，便于家长有针对性地开展家庭教育。同时要向家长给出科学、可行的建议，让家长学到科学适用的家庭教育方法与手段，提高家长的教育能力，推动家庭教育质量的提高。还要注意为家长提供充分的发言与讨论机会，允许家长对幼儿园教育提出意见和建议，教师要耐心听取并认真做好答复。

家长会时间尤其是幼儿园单向传达的时间不宜过长，要保障与家长交流的时间，要尽量照顾到所有需要交流的家长。对于特殊情况尤其是“问题孩子”的情况，要注意和家长单独交流、协商。

思考与讨论

有的教师将幼儿在园表现分成上、中、下或好、中、差，并且在家长会上集中公布名单和具体表现，你认为这种做法妥当吗？为什么？

2.家长委员会

家长委员会简称家委会，在幼儿园协调下，由全体家长推选部分家长作为委员组成，也可由家长自愿组织产生。家委会是幼儿园和家庭之间的一座桥梁。《幼儿园工作规程》指出，家长委员会在幼儿园园长指导下，对幼儿园重要决策和事关幼儿切身利益的事项提出意见和建议；发挥家长的专业和资源优势，支持幼儿园保育教育工作；帮助家长了解幼儿园工作计划和要求，协助幼儿园开展家庭教育指导和交流。

3.家长学校

幼儿园家长学校是幼儿园内部附设机构，一般采用专家讲座、教师报告会、家园对话会、家长论坛等形式，面向家长普及幼儿家庭教育知识、技能、经验，促进幼儿园和家长相互沟通、协调，家长之间分享经验、互相借鉴、取长补短。每次活动，一般先根据幼儿发展状况、家庭教育的需要、幼儿园工作计划等拟定一个主题，再根据主题展开。为了巩固和促进活动效果，还可以在活动后续过程中预留任务，甚至跟踪服务，采用适当方式搜集调查活动效果，为拟定下次活动主题做参考，便于家长学校的活动保持内容的实用性和系统性，从而促进家长家庭教育水平的不断提高、幼儿园和家庭合作的不断深入。

4. 家长开放日

家长开放日也称幼儿园开放日，是指幼儿园在指定的日期向家长开放，邀请家长来园，实地参观幼儿园办学环境、办学水平及办学成绩，现场观摩幼儿园保育和教育活动具体开展情况，深入观察幼儿在园生活和学习等各方面实际情况。

在家长开放日，幼儿园应当以坦诚的态度、开放的胸怀迎接家长，欢迎家长在参观和观摩过程中发现和指出幼儿园在硬件、软件等方面存在的不足，对客观存在的问题要做出整改承诺，否则也要耐心解释，争取家长的理解。

有的幼儿园还制度性地规定日期并向家长公开，开展家长咨询日活动，允许家长在活动日来园，针对家庭教育中需要解决的问题等事项进行咨询。负责咨询的可以是幼儿园领导、有经验的教师或专业咨询人员，也可以是聘请的园外专家。

根据来园家长的数量多少以及咨询问题的类型，幼儿园可以对家长分别开展单独咨询或集中咨询。所以说，幼儿园和家长之间的这种合作方式，既有个别合作的性质，又有集体合作的成分。不论以哪种方式开展咨询，负责咨询的人员都要以热情的态度给家长以科学而有针对性的解答、指导。如有必要，可以和家长协商制订阶段性甚至长期指导计划，直到双方都感觉满意。

5. 网络信息平台

目前，幼儿园和家长开展集体合作的网络信息平台主要有短信平台、

QQ群、微信群等。幼儿园和家长通过网络信息平台进行合作，多以宣传幼儿园开展活动情况、推送幼儿学习目标和学习内容、发布与幼儿有关的具体通知、指导家长开展家庭教育等内容为主。例如，有的幼儿园开通了网络短信平台，把每天幼儿在园的学习目标和内容发给家长；有的幼儿园和家长建立微信群，幼儿在园的进餐都可以通过视频连线具体展现；有的教师建立了班级QQ群，和家长之间保持随时联系。

必须注意，需要个别发送、联系的信息不能在"群"里发送，否则容易造成难以消除的影响。

6. 亲子活动

亲子活动是幼儿园为促进家长与孩子之间的情感联系，增进家长与孩子之间及家长与幼儿园之间的交流、沟通和合作而组织的一类教育活动。亲子活动既可以作为一种正式的活动纳入课程计划中，又可以作为课外活动利用课余时间甚至节假日时间开展；既可以在园内进行，又可以在园外进行；既可以集体组织进行，又可以在幼儿园指导下以幼儿家庭为单位开展。

作为课程活动，亲子活动有明确的教学目标，主要在教师指导下进行。例如，幼儿园开展体育活动时，邀请家长到幼儿园和孩子一起参加亲子运动会。作为课外活动，亲子活动可以利用节假日等业余时间进行，还可以在幼儿园指导下以幼儿家庭为单位开展。例如，幼儿园请家长带领孩子利用节假日时间，到广场、社区等，以散发幼儿园集中印制的环保宣传材料、现场向人们讲解环保知识、捡拾公共场所垃圾等方式，开展的"争做环保小卫士"活动，就是一种以幼儿家庭为单位、在园外开展的亲子活动。

思考与讨论

幼儿园开展的迎新活动和毕业欢送活动是否具有亲子活动的成分？是否属于亲子活动？

7. 家园联系园地

很多幼儿园都会在入园大门一侧墙壁、活动室外的走廊等方便家长观看的空间设置专栏，公示幼儿园作息时间表、入园收费标准，展示幼儿园介绍资料、活动开展情况资料，推送家庭教育、幼儿保健、疾病预防等资料，供家长等来园人员观看、了解。有的班级还在教室外墙等方便家长观看的地方设置专栏，介绍本班近期教育情况、幼儿发展情况、有关家园合作的教育内容、家教指导资料等。上述两类专栏都属于家园联系园地。

第二节　幼儿园与社区的合作

幼儿园与社区的合作，是指幼儿园与其所在的社区及幼儿家庭所在的社区相互沟通、相互配合、相互促进，共同为幼儿健康成长服务的双边互动活动。本节在说明社区与社区教育特点的基础上，学习幼儿园与社区合作的任务及意义、途径与方法。

拓展阅读

《幼儿园工作规程》第五十五条

幼儿园应当加强与社区的联系与合作，面向社区宣传科学育儿知识，开展灵活多样的公益性早期教育服务，争取社区对幼儿园的多方面支持。

一、社区及社区教育的特点

（一）社区的特点

社区是人们在一定地域范围内以生活为主要内涵所组成的社会共同体。目前我国的社区主要包括农村村民委员会辖区所组成的社区和城镇居民委员会辖区所组成的社区。另外，近年来开发的大型综合性住宅小区，都按照有关要求成立了管理与服务机构，还配套设置了幼儿园，这样的小区实际上也是一个社区。

就目前我国社区的现状来看，一个成熟的社区如农村社区、城镇原居民社区、机关企事业单位生活区社区，就是一个微型的小社会，在受到外界大环境影响的同时，有着社区自身的价值判断与行为标准。即使是一些新建社区如大型商品房住宅小区社区，虽然社区中的居民个别交往不多，但是总体上也会认同并遵守基本的道德准则与行为规范。

（二）社区教育的特点

社区是与幼儿园关系最密切、对幼儿影响最大的社会大环境，社区教育具有以下特点：

1. 社区教育具有广泛性

同一个社区中，居住着不同成长经历、不同文化背景、不同职业的形形色色的人们，具有吃、穿、住、行和健身、娱乐等各种服务设施和服务网络。幼儿在社区中能够观察甚至接触到形形色色的居民，能够感知甚至体验到方方面面的生活，并对自身社会认知、社会情感、社会行为等许多方面产生影响。所以说，社区教育具有广泛性。

2. 社区教育具有随机性

社区教育一般没有专职的教育工作者，也没有系统的教育内容，基本是通过社区创建的生活和人文环境以及社区中发生的不确定性事件作为教育契机来实现的，这就是社区教育的随机性。

3. 社区教育具有渗透性

社区内人为创建的如宣传栏等宣传教育环境、组织开展的社区活动以及生活在社区中的人们有意无意间形成的社区舆论环境，所承载和体现的诸如价值观念、道德观念等因素，必然会对幼儿的认知、情感、行为等产生潜移默化的影响，使幼儿在不自觉中接受和内化其中的某些观念。可见，社区是通过渗透性途径对幼儿进行教育的。

4. 社区教育具有复杂性

社区教育的复杂性，除了源自社区教育上面所说的广泛性、随机性外、渗透性，还源自其他种种原因，这导致社区教育既具有积极因素，又可能产生消极倾向。如虽然社区有着自身基本的道德准则与行为规范，但不一定被所有的社区成员所认可，社区成员之间遵守这些道德准则与行为规范的自觉性往往也不一样。此外，社区舆论的主流是积极的，可是往往也有消极的倾向。

二、幼儿园与社区合作的任务及意义

幼儿园是为社区服务的幼儿教育机构，本身就存在于社区当中，是社区生活必不可少的部分，与社区的合作是幼儿园的必然选择，开展好与社区之间的合作对幼儿园具有多方面的积极意义。

（一）向社区宣传幼儿园，使社区了解、支持幼儿园

幼儿园应主动向社区宣传幼儿教育的重要性，宣传本社区幼儿园办学理念和办学模式，让社区居民充分了解幼儿园教育的重要性，了解本社区幼儿园办学实际情况尤其是办学特色及发展规划等办学优势。

当社区居民充分认识到幼儿教育的重要性，深入了解了幼儿园，全面接纳了幼儿园，幼儿园便真正融入了当地社区生活，并与当地社区实现和谐相处，更好地发挥作为专业幼儿教育机构对社区幼儿教育的积极引导作用。

当社区居民通过幼儿园的宣传引导，对幼儿教育的认识和理解程度提高以后，反过来又会关注和关心幼儿园，从各方面积极支持幼儿园，这样一来，又促进了社区与幼儿园的合作得到进一步加强。

（二）向社区普及幼儿教育知识、提高居民幼儿教育水平

幼儿园要发挥正规、系统的学前教育机构的辐射功能，利用一切可能的机会，采取各种方式，积极主动地向社区广泛宣传科学的幼儿教育观念和方式方法，使社区居民在重视幼儿教育的基础上，树立科学的幼儿教育观念，学习科学的幼儿教育方式方法，为社区幼儿的健康成长创造正确的社会舆论导向和良好的社会氛围。

事实上，社区居民的幼儿教育水平提高以后，也会更加重视幼儿教育，更加积极支持幼儿园工作。

（三）挖掘社区丰富资源，为自身建设与发展服务

无论是城市社区还是乡镇甚至农村社区，其内部和附近都有着丰富的自然资源和社会资源，如山水、绿地、交通网络、公园、超市、医院、物业公司、健身广场、文艺大舞台等。幼儿园和社区合作，可以为幼儿提供更

大的活动空间，同时也节省了幼儿园在硬件方面的投入。

社区内有着丰富的人文教育资源。例如，社区内的居民，从耄耋老人到嗷嗷待哺的婴儿，年龄段众多，往往又具有不同的文化背景、职业类型、人生经历，幼儿园可以通过和社区的合作，调动蕴藏在社区居民身上的积极因素，为幼儿园教育服务。此外，社区内还存在社区服务机构创建的宣传专栏等文化教育园地，都可以作为幼儿园教育的人文教育资源。

通过与社区合作，幼儿园可以利用社区的教育资源引导幼儿认识社会、了解社会，并初步理解人与人、人与环境的共生关系，激发幼儿对社会公共生活的兴趣，使其萌发社会意识、公民意识，培养爱家乡和爱祖国的情操、爱护环境和关心社会的责任感以及良好的道德行为习惯。

做好上述几方面的工作即可拓展幼儿园教育空间和教育资源，为幼儿园自身建设与发展提供很好的服务，而且节省了幼儿园自身的办学成本。

（四）参与社区文化建设，与社区发展相互促进

作为社区内专门的教育机构，幼儿园具有得天独厚的文化优势。幼儿园应当积极发挥这种优势，主动参与甚至引领社区文化建设，向社区居民宣传我们国家的优秀传统文化、中国特色社会主义文化，协助社区管理与服务机构，引领社区居民坚定社会主义文化自信，树立积极向上的生活态度，培养良好的生活方式，在促进社区精神文明建设的同时，也为幼儿健康成长创造良好的社会生态环境。

幼儿园参与社区文化建设，不仅能够活跃社区文化生活，促进社区精神文明建设，而且能够促进幼儿园和社区的深入了解，促进幼儿园和社区的进一步和谐相处。此外，幼儿园参加社区文化建设，也是对自身水平和能力的检验甚至挑战，有助于幼儿园检视自身办园过程中存在的不足，从而促进幼儿园管理水平和教育质量的提高。

三、幼儿园与社区合作的途径和方法

（一）发挥幼儿园自身优势，为社区教育服务

1. 幼儿园利用自身人力资源优势为社区服务

幼儿园可以加入社区“三优”（优生、优育、优教）工作网络中，发挥自

身优势，协同社区力量，向社区居民宣传“优生、优育、优教”知识；定期或不定期地面向社区开办教育和文化宣传专栏、发放宣传材料，向社区居民宣传科学的育儿理念、知识、方法；开办幼儿教育等专题讲座、专家咨询，提高社区居民的育儿水平，为社区居民在育儿等方面的问题释疑解惑；帮助社区策划和组织各种文化宣传活动，组织幼儿排演相关节目参与社区文化宣传活动。

2.幼儿园利用自身设施资源优势为社区服务

幼儿园可以利用自身设施优势，通过与社区共享为社区服务。例如，利用周末和节假日向社区开放幼儿园，提供园内设施包括玩具、教具、图书等，供社区家长和幼儿使用。

3.幼儿园通过提升自身形象对社区产生影响

幼儿园美化自身环境，提高教师和工作人员的素质，培养幼儿文明习惯等积极做法，都可以对社区精神文明建设起到示范、促进作用。例如，幼儿园对幼儿开展环保教育，往往会使幼儿家长在幼儿的监督下改掉自己乱扔垃圾、随地吐痰、在公共场合抽烟等不良习惯。

4.开办亲子园、亲子班

亲子园或亲子班是指幼儿园利用现有教育资源，为社区三岁以下婴幼儿或个别未接受幼儿园教育的三岁以上幼儿提供非正规学前教育的教育模式。

一般地，亲子园在幼儿园内有固定的场所和时间安排，参加的家长按时带孩子前来，幼儿园会配备教师给以专业指导，有的还会配备教材。主要采取亲子游戏的方式让家长与孩子互动，在孩子获得有益经验的同时，促进家长教育观念的转变和教育水平的提高。相对亲子园来说，亲子班组织比较松散，主要在周末和节假日等业余时间举办，参与的家长和孩子也不一定固定，教师介入也较少，主要利用幼儿园的场地、玩具等教具开展随机教育活动。

（二）利用社区多种资源，为幼儿园教育服务

1.利用社区自然资源为幼儿园教育服务

幼儿园可以利用社区内和社区附近有特色的自然资源如山水、绿地

等，引导幼儿亲近大自然，以幼儿喜闻乐见的方式组织幼儿开展保护自然和探索自然等活动。

2.利用社区社会资源为幼儿园教育服务

幼儿园可以利用社区社会资源开展许多教育活动。例如，在做“超市”游戏以前，可以组织幼儿到超市参观，认识超市里的各类商品，了解商品的摆放，观摩购物过程；根据需要，在社区专门的宣传栏中宣传幼儿园办学、展示幼儿园成绩、推介幼儿园特色、推广幼儿教育知识和方法等；利用社区水电设施，组织幼儿开展以认识水、电为主题的科学教育活动，并开展以节约水电、爱护社区水电设置为主题的“争做社区小主人”活动；参观社区小学，引导大班幼儿认识社区小学并积极准备升入小学。

3.利用社区人力资源为幼儿园教育服务

社区具有丰富的人力资源，可以为幼儿园提供多方面的服务。例如，邀请社区居委会领导或者社区居民代表参与幼儿园管理，积极争取社区对幼儿园硬件和软件建设方面的支持；请社区居委会有关人员用浅显易懂的语言向幼儿做社区历史、现状、未来发展等方面的报告；请社区医院的医生、护士等有关人员到幼儿园开展幼儿预防疾病、健康生活等方面的讲座；利用重阳节的机会，组织幼儿看望本社区内部分老人，培养幼儿尊老爱幼的美德等。

本章作业

一、复习本章内容，列出本章内容四级目录总结表

二、填空题（将下列各题的正确答案填在横线上）

1.相对于家庭教育来说，幼儿园教育的内容具有________、________和相对稳定性。

2.从教育方法来看，相对于家庭教育，幼儿园教育具有显著的________。

3.《幼儿园工作规程》指出，幼儿园可采用多种形式指导家长正确了解幼儿园____和____的内容、方法。

4.《幼儿园工作规程》第五十五条：幼儿园应当加强与社区的联系与合作，面向社区宣传______，开展灵活多样的公益性______，争取社区对幼儿园的多方面支持。

5.社区“三优”是指____、____、____。

三、判断题(正确的填“√”，错误的填“×”)

1.幼儿园和幼儿家庭在幼儿的教育目标上往往不一致。(　　)

2.幼儿家长对幼儿园收取保教费有知情权，但对保教费的使用没有监督权。(　　)

3.在家庭教育中，教育者(即家长)和被教育者(即幼儿)的关系是不可选择的。(　　)

4.幼儿园和幼儿家庭合作的基础内容就是了解幼儿家长职业、文化等状况。(　　)

5.幼儿家长参与幼儿园的管理，主要体现在对幼儿园办学的知情权和监督权上。(　　)

6.幼儿园充分利用家长的教育资源，表现在家长对幼儿园的物质和经济支持上。(　　)

7.社区教育资源包括自然资源和社会资源两个方面。(　　)

8.开办亲子园和亲子班，是幼儿园利用自身人力和设施资源为社区服务。(　　)

四、选择题(将正确选项的代号填在括号中，每题可能有一个或多个正确选项)

1.下列现象中，属于幼儿出生带来的情况的是(　　)，属于幼儿所处家庭特殊情况的是(　　)，属于先天气质加上后天培养形成的状况的是(　　)。

A.早产儿　　B.音乐特长　　C.单亲家庭　　D.幼儿偶然感冒

2.下列家园合作方式中，属于个别合作方式的是(　　)。

A.网络信息平台　　B.家园联系手册

C.家长开放日　　D.家园联系园地

3.社区中，家长聚在一起(甚至当着孩子的面)往往会议论谁家的孩子好、谁家的孩子差，而这种好或差的标准就是学习成绩的好或差，结果让不少孩子最终把学习成绩的好或差作为评判自己好或差的标准。这种影响，体现了社区教育的（　　）。

A. 广泛性　　B. 随机性　　C. 渗透性　　D. 复杂性

五、问答题

1. 有的教师认为，现在的通信手段很发达，与家长联系很方便，幼儿入园、离园时还有机会和家长见面，又要填写《家园联系手册》，所以没有必要再进行家访了。你对这种观点持什么态度？为什么？

2. 请说说幼儿园亲子活动的性质和开展亲子活动的形式。

3. 为什么说社区教育具有复杂性？

4. 有的幼儿教育工作者认为，作为专业幼儿教育机构，幼儿园参与社区文化建设会影响幼儿园自身的工作。你如何看待这种观点？

六、实践题

全班同学以学习小组为单位，在教师指导下各组分别联系一所幼儿园，并各自深入所联系的幼儿园，其中一半的组别调查“幼儿园与家庭的合作”，另外一半的组别调查“幼儿园与社区的合作”。调查内容主要包括幼儿园与家庭及社区合作的内容、途径、方法、取得的成效及存在的问题。调查结束后，以小组为单位进行讨论，在讨论的基础上推选执笔人撰写调查报告。调查报告包括调查方法，幼儿园与家庭及社区合作的内容、途径、方法、取得的成效及存在的问题，对于存在的问题，要提出解决的建议。在班级举行一次“幼儿园与家庭及社区合作调查研讨”，出一期“幼儿园与家庭及社区合作调查研讨专栏”。

第八章

幼儿园与小学的衔接

本章引言

《幼儿园工作规程》要求，幼儿园和小学应当密切联系、互相配合，注意两个阶段教育的相互衔接。本章在对幼儿园教育与小学教育的差异进行比较、对儿童升入小学后面临的主要困难进行分析的基础上，根据《幼儿园工作规程》《关于大力推进幼儿园与小学科学衔接的指导意见》，学习幼儿园与小学衔接主要是幼儿园入小学准备教育指导有关内容。

第一节　幼儿园与小学的差异及儿童升入小学后的困难

一、幼儿园教育与小学教育的差异比较

幼儿园教育与小学教育的差异是多方面的。

（一）教育教学的任务与形式不同

幼儿园教育阶段属于非义务教育阶段，幼儿主要通过各种形式的主题实践活动获得各种感性经验和知识、技能。幼儿的主导活动是丰富多彩的游戏，幼儿教师的工作主要是根据幼儿的兴趣和需要，创设各种条

件，使幼儿在活动中获得德智体美劳各方面的发展。幼儿园没有考试，没有严格意义上的家庭作业。

小学教育阶段属于义务教育阶段，小学生有明确的学习任务，学生的主导活动是上课，学生主要通过课堂教学，掌握比较系统的科学文化知识和技术，获得德智体美劳各方面的发展。小学生有严格的考试，有一定的家庭作业。

（二）作息方式与管理模式不同

幼儿园阶段，作息时间比较灵活，幼儿的生活节奏比较宽松，没有严格的约束。幼儿教师的职责是在对幼儿做好保育的基础上开展教育活动。

小学阶段，作息制度较为严格，学生的生活节奏快速而紧张，学校对学生的纪律和行为规范方面的要求带有强制性。教师对学生生活方面的照料较少，学生生活主要靠自理。

思考与讨论

在幼儿园开展活动的过程中，某幼儿对活动中的某一环节产生了特殊的兴趣，在其他幼儿进入活动的下一个环节时，该幼儿还在继续该环节的活动。这种现象在幼儿园教育中允许吗？如果你在幼儿园教育过程中遇到了这种现象，该如何处理？

（三）师生关系的广度和深度不同

幼儿园阶段，每个班都有固定的教师整日与幼儿生活在一起，教师与幼儿接触的时间长、机会多、涉及面广，可以说，幼儿园阶段教师与幼儿关系非常密切。

小学阶段，虽然每个班都有固定的班主任，每门课都有一位教师，但是，多数教师都是一人带几个班级的课程，教师与学生的接触主要是在课堂上。相对于幼儿园阶段，教师与学生之间接触时间短、接触机会少、接触面窄。

(四) 环境布置方式与设备选择机会不同

幼儿园阶段,生活与学习整个环境的布置生动、活泼,充满童趣,环境布置往往还会随着教育活动内容的变化而变化。环境中摆放了丰富的玩具等设备材料供幼儿选择、操作,摆放方式以有利于幼儿活动为原则。

小学阶段,教室的环境布置相对比较严肃,课桌椅成套固定摆放,教室内自由活动空间较小,教室内基本没有玩具等设备材料可供选择。

(五) 家长及社会的期望和要求不同

幼儿园阶段,随着现代教育观念的普及,总体看,虽然家长和社会都认识到教育要抓早、抓小,但是幼儿教育是初识教育、快乐教育,还是绝大多数家长甚至全社会的共识,家长、幼儿园、社会对幼儿的要求相对宽松,幼儿没有非完成不可的学习任务,压力小、自由多。

小学阶段,家长、学校及社会对学生的要求则变得比较严格。学生在学校里要学习各门规定的课程,回家要完成各种规定的作业,要定期不定期地接受各种各样的考试、考核,任务重、自由少、压力大。

从上述比较可以看出,从幼儿园的幼儿变成小学的学生,儿童的生活、学习都会发生巨大的变化,面临各种新的挑战,因此做好幼儿园教育和小学教育的衔接具有重要意义。

二、儿童升入小学后面临的主要困难

根据调查统计,儿童升入小学后面临的主要困难包括以下几个方面:

(一) 生理和心理适应方面

刚入学的一个阶段,原有的生活规律被打乱了,不少儿童不习惯小学连续上课的方式,不习惯小学晚上做家庭作业,感到比较疲劳,食欲不振、睡眠不足、体重下降,有的儿童甚至短期内出现这样或那样的疾病。这种生理上的不适应现象被形象地称为“水土不服”。当然,是否会出现“水土不服”以及持续时间长短,也因人而异。

除了生理方面的“水土不服”,有的儿童还出现了学习及人际关系等方面的障碍。这样一来,除了个别本来就对上小学有畏难情绪的儿童,甚至原来对上小学向往的儿童也有的产生了心理上的不适应,出现了想“打退堂鼓”的现象。

(二)社会适应方面

这方面主要表现为以下几点:

1.缺乏主动性及任务意识,坚持独立完成任务的能力不足

幼儿园阶段,考虑幼儿的自理能力不足,家长和教师往往对幼儿的生活和学习尽可能多地给予照顾,有的家长或教师有时甚至直接包办,幼儿失去了不少独立完成任务、锻炼生活和学习能力的机会,久而久之,导致有些幼儿在生活和学习上产生依赖,主观上任务意识薄弱,完成任务的主动性较差,克服困难的意志力薄弱,客观上坚持独立完成任务的能力表现出不足。有的幼儿甚至连自己应当做而且能做的事情也不自己做,如有的幼儿完全依赖家长给自己整理书包,自己却做“甩手掌柜”,就是很典型的例子。

2.缺乏规则意识,执行规则的能力不足

幼儿园阶段,家长和教师考虑到幼儿由年龄决定的身心特点,为了幼儿的快乐成长、个性化成长,非常重视快乐教育、个性化教育。这种观点是正确的,做法是积极的,但是在教育实践中,有的家长和教师对快乐教育和个性化教育的“度”把握不好,削弱了幼儿的规则意识培养,久而久之,导致有些幼儿缺乏规则意识,执行规则的能力表现出不足。例如,有的儿童刚入小学时上课随便说话、搞小动作,在公共场合乱扔垃圾、大声喧哗,等等。

3.缺乏群体意识,人际交往能力不足

现代家庭中,孩子大都很少,一个孩子往往是几个成年人的中心,加上经济社会发展带来的生活质量的提高等因素,家长往往超前、超标准满足孩子的生活、学习、娱乐等各方面的需求,在这样的环境中成长起来的孩子,尽管在幼儿园里也会有教师对他们进行群体意识培养、集体主义教育,但是到了小学的集体生活中往往仍然表现出群体意识的缺乏和人际交往能力的不足。例如,有的儿童不敢和小朋友交往,有的儿童不喜欢和

小朋友交往，有的儿童不知道怎么和小朋友交往，等等。

（三）学习适应方面

儿童升入小学后学习适应方面的困难，主要表现在学习习惯、基本学习能力、感知经验、对小学学习模式的适应等方面。例如，学习习惯方面，有的小学生写作业不细心，写完又不检查，总是出错，甚至老是完不成作业；有的小学生课本用了不长时间就烂了。基本学习能力方面，有的小学生看书、写作业的姿势不正确，早早就戴上了近视眼镜；有的甚至书写时总是不能正确地握笔。感知经验方面，有的小学生即使对学过的简短课文也难以清楚地讲述；有的小学生对简单的图形变化也不能明确地辨别。其他方面也有很多问题，不再枚举。

对于绝大多数儿童来说，学习不适应的原因中智力因素反而在其次。

思考与讨论

有的小学新生常常忘记家庭作业，回家后不知道该做什么。出现这种现象，说明小学生存在上述哪些方面的不足？

第二节　幼儿入小学准备教育的任务、途径与方法

《教育部关于大力推进幼儿园与小学科学衔接的指导意见》（教基〔2021〕4 号）附件中指出：帮助幼儿科学做好入小学准备教育，是幼儿园教育的重要内容。

幼儿园应将入学准备教育有机渗透于幼儿园三年保育教育工作的全过程，帮助幼儿做好身心准备、生活准备、社会准备和学习准备等各方面准备，实现从幼儿园到小学的顺利过渡。

一、身心准备

幼儿入小学教育中的身心准备教育包括向往入学、情绪良好、喜欢运

动且动作协调几个方面。

（一）向往入学

幼儿向往入学，具体表现为初步了解小学，对小学生活充满期待；希望成为一名小学生，愿意为入学做准备。为了引导、帮助幼儿做好这方面的准备，幼儿教师应当做到：

1. 帮助幼儿建立积极的入学期待

教师要注意发现每个幼儿对小学学习生活的兴趣点，多从正面引导，减少幼儿对小学学习生活的压力和负面感受。例如：组织幼儿讨论、分享对小学的认识、期待和担心，通过同伴的交流和老师的针对性引导，强化入学期待，缓解入学焦虑。

2. 帮助幼儿初步了解小学生活

尤其是在大班下学期，可以通过参观小学，与小学生面对面交流、体验小学课堂等方式，帮助幼儿初步了解小学的学习生活。

（二）情绪良好

幼儿情绪良好的表现主要包括能经常保持积极、稳定的情绪；遇到困难和不开心的事情，不乱发脾气，不迁怒于他人。为了引导、帮助幼儿做好这方面的准备，幼儿教师应当做到：

1. 帮助幼儿获得积极的情绪体验

教师自己要经常保持良好的情绪状态，以此感染和影响幼儿；以欣赏、接纳的态度对待幼儿，对幼儿的合理需求给予及时、有效的回应。尤其是要注意避免因教师的不当做法给幼儿带来负面情绪，如在集体面前比较幼儿之间的长处和不足、大声呵斥幼儿、总是表扬别的孩子已经学会了什么等等。

2. 帮助幼儿学会恰当表达和调控情绪

教师要注意用适宜的方式表达情绪，以平和的心态处理不愉快的事情，为幼儿作出榜样；选择能给幼儿带来情绪情感体验的故事、角色扮演活动等，引导幼儿恰当表达消极情绪，学习积极应对和化解的方法。例如：发现幼儿不高兴时，接纳他的消极情绪，在他平静后主动、耐心地听他讲述不开心的事情和原因。

（三）喜欢运动且动作协调

这方面主要表现为积极参加多种形式的户外活动、能连续参加体育活动半小时以上、能使用简单的工具和材料。为了引导、帮助幼儿做好这方面的准备，幼儿教师应当做到：

1. 鼓励幼儿积极参加户外活动

充分保证幼儿每天的户外游戏和体育活动时间；提供方便、灵活多样的体育活动材料，开展多种形式的游戏和体育活动；鼓励、支持幼儿选择自己喜欢的活动。

2. 引导幼儿发展大肌肉动作

根据大班幼儿运动能力发展特点和个体差异，适当增加运动量和运动强度，提高动作的协调性和灵活性，增强力量和提高耐力；鼓励幼儿坚持锻炼，不叫苦、不怕累。

3. 引导幼儿锻炼精细动作

在日常生活和游戏中鼓励幼儿学会正确、熟练地扣扣子、系鞋带、使用筷子；提供画笔、剪刀、小型积塑等工具和材料，支持幼儿进行画、剪、折、撕、粘、拼等各种活动，锻炼手部小肌肉动作。

二、生活准备

幼儿入小学准备教育中的生活准备教育包括生活与卫生习惯、生活自理、安全防护、参与劳动几个方面。

（一）生活与卫生习惯

良好的生活与卫生习惯表现为保持规律作息，坚持早睡早起、睡眠充足；保持良好的个人卫生，有自觉洗手的习惯，有保护视力的意识。为了引导、帮助幼儿做好这方面的准备，幼儿教师应当做到：

1. 逐步调整幼儿一日作息

在充分保证幼儿自主游戏时间的前提下，大班下学期适当延长单次集体活动的时间，适当减少午睡时间；协调家长配合幼儿园调整作息安排，提醒幼儿早睡早起、按时入园；教师和家长以身作则，以规律作息的习惯影响幼儿。

2. 帮助幼儿养成良好的卫生习惯

在日常生活中注重引导幼儿养成自觉洗手的习惯；不在光线过强或过暗的环境中读写画；连续使用电脑、手机等电子产品的时间不超过15分钟。

（二）生活自理

幼儿生活自理，主要表现为能按需喝水、如厕、增减衣服；坚持自己的事情自己做，能分类整理和保管好自己的物品；有初步的时间观念，做事不拖沓。

思考与讨论

结合自己的体会，说说生活自理能力对小学生活有哪些积极作用？

为了引导、帮助幼儿做好这方面的准备，幼儿教师应当做到：

1. 指导幼儿做好个人生活管理

大班下学期，适当减少一日生活中的统一安排，帮助幼儿逐步学会根据自己的需要喝水、如厕，根据天气变化和活动需要增减衣物。

2. 引导幼儿学会分类整理和存放个人物品

幼儿园和家庭都应提供存放幼儿个人物品的设施设备，指导幼儿逐步学会分类整理和收纳衣物、图书、玩具、学习用品等。

3. 引导幼儿逐步树立时间观念

通过多种方式，引导幼儿在日常生活和游戏中感受时间，学会按时作息，养成守时、不拖沓的好习惯。

（三）安全防护

幼儿安全防护包括能自觉遵守基本的安全规则和交通规则，有自我保护的意识；知道基本的安全知识，遇到危险会求助等方面。为了引导、帮助幼儿做好这方面的准备，幼儿教师应当做到：

1. 增强幼儿自我保护的意识和能力

关注幼儿自我保护意识和能力发展的个体差异，引导幼儿了解校园、社区、交通等环境中的安全要求，学会保护自己。例如：在陌生环境中，学会注意设备设施、人群聚集等情况带来的不安全因素。

2. 指导幼儿学会求救的方法

指导幼儿在遇到危险时，能提供必要的信息，选择有效的求助方法，如知道向成人求助或拨打求救电话。

(四) 参与劳动

幼儿参与劳动，主要表现为能主动承担并完成分餐、清洁、整理等班级劳动；能做一些力所能及的家务劳动。为了引导、帮助幼儿做好这方面的准备，幼儿教师应当做到：

1. 引导幼儿承担适当的劳动任务

和幼儿一起制订班级劳动计划，鼓励幼儿自主确定任务分工并有计划地完成。在幼儿参与劳动的过程中，教师要关注他们完成任务的情况，及时予以鼓励和指导。

2. 鼓励幼儿参与力所能及的家务劳动

教师要指导不仅家长以身作则，还要做好家务劳动分工，而且科学指导幼儿学习正确的家务劳动如摆放碗筷、餐后整理餐桌、洗碗、扫地、扔垃圾等的方法。

3. 引导幼儿尊重身边的劳动者，珍惜劳动成果

帮助幼儿了解父母及老师、食堂厨师、幼儿园保安等的工作特点，讨论他们付出的劳动给自己带来的服务和便利，学会尊重和珍惜他人的劳动成果。

三、社会准备

幼儿入小学准备教育中的社会准备教育包括交往合作、诚实守规、任务意识、热爱集体等几个方面。

(一) 交往合作

幼儿的交往合作，主要表现为能和同伴友好相处，乐于结交新朋友；

能与同伴分工合作共同完成任务，遇到困难互帮互助，发生冲突时尝试协商解决；能主动向老师表达自己的想法和需求。为了引导、帮助幼儿做好这方面的准备，幼儿教师应当做到：

1. 扩展幼儿的交往范围

为了扩大幼儿的交往范围，要积极鼓励幼儿和不同年龄的伙伴、成人交往，认识新伙伴。例如：组织跨班级、跨年龄的游戏活动；为幼儿创设自由交往的机会，丰富幼儿交往经验。

2. 丰富幼儿分工合作的经验

为了丰富幼儿分工合作的经验，要积极创设条件，引导和支持幼儿合作开展活动，体验合作的重要性。当意见不一致时，鼓励幼儿认真倾听同伴的想法和建议，说明理由，学习协商解决问题，达成一致；当同伴遇到困难时，鼓励幼儿提供力所能及的帮助；当相互之间遇到冲突时，指导幼儿尝试用协商、交换、轮流、合作等方法解决，不争抢，不欺负同伴。

3. 营造宽容接纳的师幼交往氛围

用尊重、接纳的态度与幼儿交流，鼓励他们表达自己的想法和需求，不简单用对错评价幼儿，肯定幼儿的积极想法，满足幼儿的合理需求。

（二）诚实守规

幼儿的诚实守信，主要表现为能遵守游戏和日常生活中的规则；知道要做诚实的人，说话算数。为了引导、帮助幼儿做好这方面的准备，幼儿教师应当做到：

1. 增强幼儿规则意识，提高幼儿自觉守规的能力

在日常生活和游戏活动中引导幼儿与同伴讨论制定活动规则并自觉遵守，培养幼儿的规则意识。尤其到幼儿大班下学期，更要注意指导幼儿遵守集体活动的基本规则，做到举手提问、轮流发言，别人讲话时认真倾听、不随意打断等。

2. 培养幼儿诚实守信的品质

对幼儿诚实和守信的行为及时予以肯定，发现幼儿说谎、说话不算数时不要简单批评和惩罚，要耐心了解原因，积极引导，帮助幼儿做到知错

就改。

（三）任务意识

幼儿的任务意识主要表现为理解老师的任务要求，能向家长清晰地转述并主动去做；能自觉、独立完成老师安排的任务。

思考与讨论

培养幼儿的任务意识，对幼儿的小学生活有哪些作用？

为了引导、帮助幼儿做好这方面的准备，幼儿教师应当做到：

1. 强化幼儿的任务意识

为了强化幼儿的任务意识，可以在大班下学期有意识地布置一些与入学准备相关的任务，如准备明天要带的玩具材料和学习用品、每天自己整理小书包等，为适应小学生活做准备。

2. 培养幼儿独立完成任务的能力

教师要积极创造条件，通过直接对幼儿给以持续性的任务安排，鼓励、支持幼儿独立完成任务。

（四）热爱集体

幼儿热爱集体，主要表现为喜爱自己的班级和幼儿园；愿意为集体出主意、想办法、做事情；初步形成爱家乡、爱祖国的情感。为了引导、帮助幼儿做好这方面的准备，幼儿教师应当做到：

1. 培养幼儿的集体荣誉感

为了培养幼儿的集体荣誉感，教师要积极营造温暖的集体氛围，创造条件和机会，鼓励、支持幼儿为班级和幼儿园的集体活动定计划、做准备并积极参与。例如，和幼儿共同策划，开展节庆、参观、运动会、主题游戏等多种活动，帮助他们在参与活动的同时体验成就感、荣誉感。

2. 激发幼儿爱家乡、爱祖国的情感

为了激发幼儿爱家乡、爱祖国的情感，教师要注意以生动有趣的形式开展爱家乡、爱祖国的教育。例如，参观博物馆、科技馆等当地文化场馆，帮助幼儿感受与体验家乡和祖国的发展变化;鼓励幼儿结合节假日外出旅行等经历,分享自己家乡的风景名胜、风物人情、特色美食等;结合升旗活动,向幼儿介绍国旗、国歌。

四、学习准备

幼儿入小学准备教育中的学习准备教育包括好奇好问、学习习惯、学习兴趣、学习能力等几个方面。

(一)好奇好问

幼儿的好奇好问,主要表现为对身边的新事物感兴趣,有好奇心和探究欲;喜欢刨根问底,乐于动手动脑。为了引导、帮助幼儿做好这方面的准备,幼儿教师应当做到:

1. 保护幼儿的好奇心和主动性

教师要接纳、鼓励幼儿对新事物的观察、提问等探究行为,避免简单打断或否定幼儿的奇思妙想。例如:把幼儿有浓厚兴趣的问题作为集体讨论的话题,鼓励幼儿分享自己的发现和观点,支持他们进一步的探究想法和行动。

2. 支持幼儿持续的探究行为

注意分析幼儿在探究活动中可能获得的发展,尽力提供充足的时间、丰富的材料支持幼儿持续、深入进行探究,寻找问题的答案。

(二)学习习惯

幼儿是否形成了学习习惯,主要表现在以下几个方面:是否能专注地做事,分心时在成人提醒下调整注意力;是否能坚持做完一件事,遇到困难不放弃;是否乐于独立思考并敢于表达;做事是否有一定的计划性。为了引导幼儿形成学习习惯,幼儿教师要注意:

1. 支持幼儿专注持续地完成任务

为了支持幼儿专注持续地完成任务,尤其在大班下学期,可以有意识地增加需要一定专注力和坚持性才能完成的游戏和其他有关活动,保证幼儿有充足的活动时间能够专注地完成任务。对需要多次探索的活动,要提供足够的时间和空间，鼓励支持幼儿持续完成，避免因活动频繁转换干扰幼儿专注做事。

2. 鼓励幼儿独立思考

为幼儿提供充分的时间思考、讨论和表达自己的观点，接纳幼儿不同的想法。在讨论过程中鼓励幼儿积极补充同伴的观点，并说明理由；对别人的观点有不同意见时敢于大胆提出质疑并陈述自己的观点。

3. 引导幼儿有计划地做事

在一日活动开始前向幼儿介绍当天的活动安排，鼓励他们说一说自己完成活动任务的计划。活动进行到一定节点时，和幼儿一起回顾他们的计划和完成情况，分析原因并调整。鼓励幼儿尝试有计划地安排自己的活动，如尝试安排自己周末的单项活动甚至整个日程安排。

（三）学习兴趣与学习能力

1. 幼儿学习兴趣和学习能力的表现

（1）幼儿学习兴趣的表现

幼儿具有学习兴趣的表现包括：对大自然和身边的事物有广泛的兴趣，努力寻找答案；喜欢阅读，乐于和他人一起看书、讲故事，遇到问题经常通过图书寻找答案；对生活情境中的文字符号感兴趣，愿意用图画、符号等方式记录自己的想法和发现；愿意用数学的方法尝试解决生活和游戏中的问题，体验解决问题的乐趣。

（2）幼儿学习能力的体现

幼儿的学习能力体现在以下几个方面：在集体情境中能认真听并能听懂他人说话，有疑问时能主动提问；能较清楚地讲述一件事情；能说出图画书的主要情节，并有自己的理解和想法；在绘画、拼图等活动中，能识别上下、左右等方位；能认识并书写自己的名字；能在教师指导下，尝试运用数数、排序、简单的统计和测量等数学方法解决日常生活中的问题。

拓展阅读

兴趣是最好的老师，让幼儿喜欢学习、爱上学习，具备一定的学习能力比学到多少知识更重要。

幼儿具有浓厚的学习兴趣和基础学习能力有助于入学后适应不同学科新知识、新技能的学习，更加主动、持久、投入地学习。

2.幼儿学习兴趣和学习能力的培养

为了培养幼儿的学习兴趣和学习能力，幼儿教师应当注意：

(1) 为幼儿提供广泛接触自然和社会的机会

经常带领幼儿接触大自然，参加一些有意义的活动，帮助幼儿开拓视野，积累丰富的感性经验，培养广泛的兴趣。

(2) 培养幼儿的倾听和表达能力

组织幼儿围绕生活和游戏中感兴趣的事情进行讨论，分享自己的发现以及探究的过程、方法；给幼儿充分的时间，鼓励和引导幼儿表达，接纳幼儿不同的想法，不轻易打断幼儿讲话；对注意力不集中或不持久的幼儿，通过适当的方式吸引他们参与到活动中来；鼓励幼儿听不懂时要主动提问，对幼儿的提问及时予以回应；坚持每天和幼儿聊一聊，说一说今天做的事情或看过的书等，帮助幼儿学习按照一定的顺序、比较完整地进行讲述。

(3) 培养幼儿的阅读兴趣和能力

根据幼儿的阅读兴趣和活动需要提供和更换图画书，并给予幼儿充足的阅读时间；鼓励幼儿自主阅读，保护他们对符号、文字的兴趣和敏感性；经常和幼儿一起讨论书中内容，加深他们的阅读兴趣和理解，鼓励幼儿根据情节、图书画面对故事结果进行预测或续编、创编故事；通过绘画、手工、搭建、表演等方式再现故事情节、人物关系，促进幼儿语言、情感、社会性等多方面的发展。

(4) 保护幼儿的前书写兴趣

大班下学期，有意识地运用文字和符号辅助幼儿记录和总结游戏的过程、想法，让幼儿感受文字符号在日常生活中的功能和意义。例如：鼓励幼儿用图画、符号、文字等方式为自己的活动区、生活活动设施等制作标识，记录游戏的过程、故事情节、愿望等。

(5) 做好必要的书写准备

养成幼儿自己扣纽扣、系鞋带的习惯，锻炼手部精细动作，促进手眼协调；在绘画拼图等活动中认识上下、左右等方位，通过"跳房子""给小动物找家"等游戏，帮助幼儿认识田字格的结构；幼儿有自发书写行为时，可以示范正确的书写姿势，帮助幼儿学习由上至下、由左至右的运笔技能，但不宜进行机械训练，也不宜简单评判写得对不对、好不好，重在保护幼儿写画的兴趣。

(6) 引导幼儿尝试用数学的方法解决日常生活中的问题

发现和学习解决生活中和数学有关的问题。例如：通过统计每天出勤人数、测量记录身高和体重的变化、自主管理进餐和睡眠时间等方式，帮助幼儿体验运用数学方法解决问题的乐趣。

五、开展幼儿园入小学准备教育应当注意的问题

1. 既全面准备又渗透融合

幼儿入学准备教育要以促进幼儿身心全面和谐发展为目标，注重身心准备、生活准备、社会准备和学习准备几方面的有机融合和渗透，不应片面追求某一方面或几方面的准备，更不应用小学知识技能的提前学习和强化训练替代全面准备。

2. 既全过程准备又把握重点

入学准备教育是一个循序渐进的过程，幼儿园应从小班开始逐步培养幼儿健康的体魄、积极的态度和良好的习惯等身心基本素质。同时，应根据大班幼儿即将进入小学的特殊需要，围绕社会交往、自我调控、规则意识、专注坚持等进入小学所需的关键素质，提出科学有效的途径和方法，实施有针对性的入学准备教育。

3. 尊重幼儿身心发展与生活及学习规律

幼儿园应充分理解和尊重幼儿学习方式和特点，把入学准备教育目

标和内容要求融入幼儿园游戏活动和一日生活,支持幼儿通过直接感知、实际操作和亲身体验等方式积累经验,逐步做好身心准备、生活准备、社会准备和学习准备等各方面准备,实现从幼儿园到小学的顺利过渡。

4.避免为了幼小衔接而将幼儿园教育小学化

《幼儿园工作规程》明确要求,幼儿园不得提前教授小学教育内容,不得开展任何违背幼儿身心发展规律的活动。那种在幼儿园大班就开始以小学教学模式为主,提前将小学一年级教学内容体系化地完整教给幼儿的做法,是片面的、急功近利的做法,属于典型的幼儿园小学化倾向,是不科学的、不可取的,也是不被允许的。

5.协调各方力量共同做好幼小衔接

幼儿园要注意协调好家庭、社区、小学等各方面的力量,综合利用各种资源,共同做好幼小衔接工作。

幼儿园要注意提醒大班幼儿家长做好孩子即将升入小学的心理准备,帮助甚至督促孩子适应幼儿园作息时间的改变,完成大班布置的家庭活动,尽可能了解清楚即将升入的小学的情况,准备好孩子升入小学所需的报名材料,为孩子准备好小学需用的书包及学习用具等。

幼儿园在开展与小学衔接教育活动的过程中,要着重做好以下三个方面的工作:一是主动了解小学教育教学情况,例如熟悉小学教学计划的基本精神、各科大纲、教材基本内容,了解小学教育教学活动常规等,以便于开展有关幼儿入小学准备教育工作过程中心中有数,有据可依;二是了解往年幼儿升入小学后的表现,共同探索改进幼儿园工作的重点和措施;三是帮助小学教师了解幼儿园教育工作特点和幼儿身心发展水平,便于小学教师在幼儿入小学后有针对性地做好衔接工作。

在临近小学报名时,幼儿园除了提醒家长做好准备外,还要提前和社区尤其是社区小学联系、协调,尽可能帮助家长办理好幼儿升入社区小学的手续,将大班幼儿顺利送入小学。

本章作业

一、复习本章内容，列出本章内容四级目录总结表

二、填空题（将下列各题的正确答案填在横线上）

1.《幼儿园教育指导纲要（试行）》指出，幼儿园应与家庭、社区________，与小学________，综合利用各种教育资源，共同为幼儿的发展创造良好的条件。

2.增强幼儿体质是为了帮助幼儿做好升入小学的________准备。

3.幼儿对小学生活的态度与其升入小学后能否尽快____学校生活关系很大。

4.幼儿时期最基本的学习能力包括____的能力、____的能力和____的能力。

5.幼儿园要注意协调好____、____、____各方面的力量，综合利用各种资源，共同做好幼小衔接工作。

三、判断题（正确的填"√"，错误的填"×"）

1.幼儿园教育是人的终身发展教育中基础教育的基础。（　　）

2.小学教育是人的终身发展教育中的基础教育。（　　）

3.儿童升入小学后的不适应主要表现为小学知识难度大，以儿童的智力水平不能承受。（　　）

4.幼儿升入小学前所做准备是学习适应准备。（　　）

5.开展幼小衔接工作，要避免幼儿园教育小学化。（　　）

四、选择题（将正确选项的代号填在括号中，每题可能有一个或多个正确选项）

1.下列几种现象中，（　　）说明小学生缺乏群体意识。

A.需要别人帮助时不知道如何求助

B.处理和同学关系时以自我为中心

C.不敢在小朋友面前发表自己的意见

D. 不懂的问题不敢问老师

2. 下列几种现象中，(　　)说明小学生人际交往能力不足。

A. 不敢对自己不愿意的事说不

B. 不懂得如何交新朋友

C. 见了老师躲着走

D. 不喜欢和同学交朋友

3. 下列现象中，(　　)说明小学生缺乏任务意识，(　　)说明小学生缺乏完成任务的主动性，(　　)说明小学生缺乏意志力。

A. 认为写作业是给老师完成任务

B. 遇到不会做的题目就不做

C. 需要家长准备学习用具

D. 不按照老师要求的时间交作业

4. 幼儿升入小学前所做的下列准备中属于社会适应准备的是(　　)。

A. 主动性、独立性、意志力　　B. 任务意识和规则意识

C. 文明素养　　D. 人际交往能力

5. 幼儿升入小学前所做的下列准备中属于学习适应准备的是(　　)。

A. 学习习惯准备　　B. 基本学习能力准备

C. 感知经验准备　　D. 基本智力准备

五、问答题

1. 有的家长认为，幼儿园教育非义务教育，可以不让孩子进幼儿园，在家待到入小学年龄直接上小学，还省了一笔“入托费”。请根据幼儿园教育的目的、幼小教育的差异，说说自己对这种观点和做法的认识。

2. 有的幼儿教师认为，现在小学一至三年级都不提倡布置家庭作业，所以，幼儿园不应当采取为幼儿布置家庭活动任务的方式，培养幼儿幼小衔接中学习习惯方面的准备。说说你对这种观点的看法。

3. 幼儿入小学准备中的生活教育包括哪几个方面？简要说明如何做好这几个方面的准备教育。

4. 为什么说“培养幼儿喜欢学习而且具备一定的学习能力，比学到多少知识更重要”？

5. 简要说明如何培养幼儿的学习兴趣和学习能力。

六、实践题

将全班同学分成三个调研小组，在教师指导下各组分别联系一所小学，各自深入所联系的小学，专题调查“幼儿园与小学的衔接”。调查内容主要包括幼儿园与小学教育的差异、儿童升入小学后面临的困难、幼小衔接的任务与方法、幼小衔接过程中应当注意的问题。调查后以组为单位进行讨论，在讨论的基础上推选执笔人撰写调查报告，调查报告包括对于以上几个问题的调查方法、调查结论等，对于存在的问题，要提出解决的建议。在班级举行一次“幼儿园与小学衔接调查研讨”，出一期“幼儿园与小学衔接调查研讨专栏”。

第九章

幼儿园教育评价

本章引言

作为本书的最后一章，本章中我们学习幼儿园教育评价的有关内容，即在掌握幼儿园教育评价的含义、作用、分类等幼儿园教育评价基础知识的基础上，主要学习幼儿园教育评价的内容及标准、方法与步骤等内容。

第一节　幼儿园教育评价概述

作为本章基础知识，本节内容包括幼儿园教育评价的含义、作用及分类。

一、幼儿园教育评价的含义

评价是指依据一定的标准，通过适当的途径和方法，对事物的价值进行判断的过程。

教育评价是指依据某种教育价值观，通过某种途径和方法，对教育的价值进行判断的过程。

我们所说的幼儿园教育评价，是指贯彻党的教育方针，执行《幼儿园工作规程》《幼儿园保育教育质量评估指南》等有关幼儿教育政策、法规，采用科学的途径和方法，对幼儿园教育的有关方面进行科学的价值判断的过程。

二、幼儿园教育评价的作用

幼儿园教育评价，对幼儿园教育工作具有鉴定作用、诊断作用、改进作用和导向作用，是了解幼儿园教育的适宜性、有效性，调整和改进幼儿园教育工作，促进每一位幼儿全面和谐发展，提高幼儿园教育质量的必要手段。

（一）幼儿园教育评价的鉴定作用

幼儿园教育评价的鉴定作用，是指在幼儿园课程实施以后，通过幼儿园教育评价，对幼儿园课程教育目标的达成程度进行检查、检验。

（二）幼儿园教育评价的诊断作用

幼儿园教育评价的诊断作用，是指通过幼儿园教育评价，及时发现现行课程及其实施与预定的教育目标之间的差距以及存在的问题。

（三）幼儿园教育评价的改进作用

幼儿园教育评价的改进作用，是指通过对评价信息的及时反馈，引起幼儿园注意，有针对性地及时改进工作，使现行课程及其实施向更符合教育目标要求、更适合幼儿健康发展的方向及时改进，从而提高教育质量，促进幼儿健康发展。

（四）幼儿园教育评价的导向作用

幼儿园教育评价所依据的标准是按照《幼儿园工作规程》等的要求制定的，具有鲜明的方向性，会对幼儿园教育产生明确的导向性。

思考与讨论

如果以幼儿获得的知识和技能的多少作为教育活动效果评价的唯一或第一标准，会对幼儿园教育产生什么消极导向作用？

三、幼儿园教育评价的分类

根据不同的分类标准，幼儿园教育评价分为多种类型。

（一）按照被评价对象分类

按照被评价对象即参评对象分类，幼儿园教育评价主要分为幼儿发展评价和教师工作评价。

1. 幼儿发展评价

幼儿发展评价是指依据《幼儿园工作规程》等的要求，制订科学的评价方案，全面客观地了解和评估幼儿发展的水平和特点。

具体地讲，幼儿发展评价主要包括健康与动作发展评价、认知与语言发展评价、品德与社会性发展评价、艺术感受与表现能力发展评价、习惯与自理能力发展评价。

幼儿的行为表现和发展变化具有重要的评价意义，既是检测幼儿教育课程及其实施过程效果的重要手段，又是幼儿教育工作者因人施教的前提和改进工作的重要依据。

2. 教师工作评价

幼儿园教师工作评价是指依据党的教育方针、《教师法》和《幼儿园工作规程》等要求，对幼儿园教师的各项工作质量进行的评价。

具体地讲，幼儿园教师工作评价主要包括师德师风、科学理念、品德启蒙、安全防护、卫生保健、教育活动的设计与组织、对幼儿的管理、环境创设、与家长的合作等工作的评价。

进行幼儿园教师工作评价，可以使教师明确自己的优势，树立信心，发现自己的不足，扬长补短，不断提高自己的教育工作质量；可以使幼儿园管理者在管理幼儿园教育工作时克服盲目性、主观性，增强科学性、规律性。

（二）按照评价结果类型分类

这里所说的评价结果类型，是指对评价信息处理结果的描述或表达形式。按照这样的标准，幼儿园教育评价分为定性评价和定量评价。

1. 定性评价

定性评价是指根据评价项目的要求，观测并记录评价对象在某一环境中的状态或某一阶段变化过程的信息，在分析、研判记录内容的基础上，通过宏观的定性描述说明评价结果。例如，对幼儿的社会性发展的评价一般采用定性评价。

2. 定量评价

定量评价是指针对某一评价项目，事先确定量化指标，通过调查、测验等搜集评价对象的量化信息，而后对量化数据进行统计、分析，从而得出评价结论。例如，对幼儿的身体素质(体质)的评价一般采用定量评价。

(三) 按照评价的参照体系分类

按照评价的参照体系不同，幼儿园教育评价分为相对评价、绝对评价和个体内比较评价。

1. 相对评价

相对评价是以某一集合的平均状况为基准，对每个对象在这个集合中所处的相对位置进行评价。例如，在幼儿发展评价中，将一个班级幼儿身高、体重的平均水平作为基准，对每个幼儿在该班所处的位置进行的评价；在教师工作评价中，以整个幼儿园教师教育活动的平均水平作为基准，对该园每位教师教育活动的设计与组织水平进行的评价。

应当注意，相对评价是以某一群体的平均水平为基点的，其标准来源于某一群体，也只适用于该群体。

2. 绝对评价

绝对评价是指在评价对象的集合之外确定一个标准，将被评价对象的水平与这个标准进行比较，评价其所达到标准的程度。例如，对幼儿园进行的分级分类评价就属于绝对评价，在这一评价过程中，被评价幼儿园的水平必须和评价者所依据的客观标准相对照。将每位被评价的幼儿生长发育情况与客观标准相比较，对幼儿生长发育进行的评价，也属于绝对评价。

3. 个体内比较评价

这种评价也称个体内差异评价，是将被评价个体的过去和现在相比较，或将个体的有关侧面相互比较。例如，幼儿园将某个幼儿在语言、动作、社会性等方面的阶段性表现做前后比较，以评价该幼儿此阶段上述各方面的发展水平。

个体内比较评价对同一个评价对象，从纵向看，考虑到了个体在某一阶段前后的差异，是以发展的观点看问题；从横向看，考虑到了个体在有关各个侧面的差异，是以整体的观点看问题。所以，这种评价方式一般不会对被评价者造成压力，但是，却容易使被评价者自我满足。

在对同一对象进行评价时，为了使评价结果最大限度地客观公正，同时对被评价者产生最积极的效果，最好联合采用上述三种评价方式。

思考与讨论

教师想评估某一幼儿的身高、体重在本班全体幼儿中的位次，可以采取上述哪种评价方式？

(四) 按照评价的功能分类

按照评价功能的不同，幼儿园教育评价可分为诊断性评价、形成性评价和总结性评价。

1. 诊断性评价

这里所说的诊断性评价又称预测性评价，是指在教育活动开始之前，对参加活动的幼儿在活动所需具备的水平方面进行的评价。例如，幼儿刚入园时教师对幼儿在感知、语言、动作等方面进行的摸底测试，就属于诊断性评价。其目的在于通过评价了解幼儿的基本情况，制订切实可行的教育活动计划并在开展活动过程中因人施教。

2. 形成性评价

这种评价又称即时评价，是一种在活动计划实施过程中根据需要进行的动态式评价。例如，在幼儿园某课程进行过程的某一阶段，对幼儿接受该阶段课程教育后的发展情况进行的评价，就属于形成性评价。这种评价的目的在于及时了解活动开展的情况，根据需要适时调节，尽量缩小活动实际效果与目标效果之间的差距。

3. 总结性评价

这种评价是以预先设定的教育目标为基准，在活动完成以后，对评价对象达成目标的程度进行的评价。例如，幼儿园完成某项集体活动后进行的全面评价多属于总结性评价。总结性评价的目的在于全面了解活动开展的成果，在评价过程中往往对被评价者做出鉴定甚至划分等级等。

（五）按照评价的主体分类

按照评价的主体不同，幼儿园教育评价可分为自我评价和他人评价。

1. 自我评价

自我评价是指被评价者根据评价指标（项目），参照一定的标准，自己对自己开展的评价。例如，年终考核一般是教师先根据幼儿园的总体要求对自己的工作进行自评即自我评价。

积极的自我评价可使被评价者静下心来，客观全面地总结自己，发现优势，找出不足，促进自我在以后的教育实践中扬长补短、更好更快地成长。但是，由于自我评价主观性比较强，也容易出现评价要素不全、评价重点不突出、评价结果过高或过低的现象。

2. 他人评价

这种评价是指被评价者之外的其他人或组织对被评价者进行的评价。例如，幼儿之间开展的相互评价、教师对幼儿的评价、教师之间开展的相互评价、管理者对员工的评价、行政部门和督导系统对幼儿园开展的视导评价和督导评价等，都属于他人评价。

相对于自我评价，他人评价要客观一些，但是也需要评价者具备负责任的态度和一定的评价水平。

第二节　幼儿园教育评价的内容及标准

本节根据评价对象的不同，围绕幼儿发展评价和教师工作评价两个方面，探讨幼儿园教育评价的内容及标准。

一、幼儿发展评价

思考与讨论

什么是幼儿发展评价？幼儿发展评价包括哪些方面？

（一）健康与动作发展评价

健康与动作发展评价包括：生长发育水平，如身高、体重、视力等；大肌肉动作，如走、跑、跳、投掷、攀登等；小肌肉动作，如画、剪、折等。

生长发育水平的评价主要靠评价者用精确的测量仪器进行测量或专业人员进行检查来进行，有些项目如身高、体重等还需要评价者根据测量数据与相关常规模型数据做比较才能做出科学判断，对牙齿、眼睛等项目的健康评价要靠专业人员实施。这里主要介绍大、小肌肉动作发展状况评价。

大、小肌肉动作的评价可以通过观察、测试等多种方式进行。幼儿大、小肌肉动作发展状况评价参见表 9-1。

表 9-1 幼儿大、小肌肉动作发展状况评价参考表

类别	项目	评价标准		
		Ⅰ级	Ⅱ级	Ⅲ级
大肌肉动作	走	上体正直自然地走	上下肢协调地走	听信号步伐均匀地走
	跑	两臂在体侧自然地跑	协调、轻松地跑	听信号变方向变速跑
	跳	立定跳远 60 厘米	立定跳远 75 厘米	立定跳远 90 厘米
	平衡	能单脚站立 10 秒	能单脚站立 20 秒	能单脚站立 30 秒
	拍球	单手连续拍球 10 下	左右手交替拍球 15 下	单手运球 100 米
小肌肉动作	画	能用笔描出直线	会画圆圈并均匀涂色	能完成点线画并涂色
	剪	能沿画好的直线剪下	会剪简单的图形	会剪较复杂的图形
	折	会对边折、对角折	会折简单的物品	会折较复杂的物品
	穿珠	30 秒内穿珠子 5 个	30 秒内穿珠子 7 个	30 秒内穿珠子 8 个

在日常教育活动中，教师一般通过平时的观察来评价幼儿大、小肌肉的发展状况，参见表 9-2。

表 9-2　幼儿大、小肌肉动作发展状况日常观察评价参考表

类　别	项　目	评　价　标　准
大肌肉动作	走	上下楼梯是否稳健
	跑	跑步姿势是否自然，能否不跌倒
	跳	能否双脚同时跳，能否从高处往下跳
	平　衡	能否单脚站立，能否顺利走完平衡木
	接、掷	接传球、掷沙包是否自然
小肌肉动作	写、画	用笔动作是否准确、精细
	叠	是否会叠衣服
	穿、折	是否会用线穿东西，是否会系纽扣，是否会系鞋带
	揉	能否捏、搓泥团

思考与讨论

通过测试幼儿是否能自如地骑儿童三轮车，可以测评幼儿哪些方面的发展状况？

（二）认知与语言发展评价

1. 认知发展评价

认知发展能力的评价内容包括：感知能力，如空间知觉、时间知觉、观察力等；思维能力，如分类、想象、推理、守恒、数的概念等；知识经验，如动物、植物、季节、社会角色、音乐、美术等。由于知识经验的范畴很宽，这里只对感知能力和思维能力的评价标准与相应内容做简单介绍，参见表 9-3。

表 9-3　幼儿感知能力和思维能力评价参考表

类　别	项　目	评　价　标　准		
		Ⅰ级	Ⅱ级	Ⅲ级
感知能力	空间知觉	知道上下、里外	知道前后、高低、远近	知道以自身为中心的左右

续表 9-3

类　别	项　目	评价标准		
		Ⅰ级	Ⅱ级	Ⅲ级
感知能力	时间知觉	知道白天、黑夜、早晚	知道今天、昨天、明天	知道时间的某一点
	观察力	能感知事物的明显特征	能发现事物的功用	能发现相似事物的细微差别
思维能力	分　类	能根据事物的明显特征分类	能根据物体的功用分类	能根据概念分类
	想　象	能根据图形进行想象	能根据图形进行较丰富的想象	能根据图形创造想象
	推　理	能根据图形进行推理	能根据图形间关系进行推理	能根据图形间较复杂的关系进行推理
	守　恒	5以内数的守恒	10以内数的守恒	长度和体积守恒

思考与讨论

根据所学习的幼儿心理学等有关内容，说明幼儿思维能力中的“守恒”的含义。

2.语言发展评价

幼儿语言发展的评价包括说话的积极性、倾听、发音、词汇、语意理解、阅读、理解作品等方面，见表 9-4。表 9-4 中“评价标准”是逐步提高的，代表幼儿该项能力水平逐步提升。

表 9-4　幼儿语言发展评价参考表

项　目	评价标准
说话的积极性	呼叫其名字时，有反应；能主动说话；能和别人自然地说话；会提问、提要求；能主动参与谈话，表达自己的想法和感受
倾　听	能安稳地坐着静听别人讲故事；别人在另一地方呼唤时，会循声找到呼唤者；当字词重复出现时能正确辨认

续表 9-4

项　目	评　价　标　准
发　音	所说的话别人能听懂；口齿清晰、咬字准确
词　汇	正确地说出别人的姓名和物品名称；会用简单的动词、形容词和代词
语意理解	能听从教师简单的指示；对于其他幼儿的问题或要求，能及时正确地做出反应
阅　读	会一页一页地翻看图书，知道看文字书的方法；理解图书的主要内容；说出图书的主要内容
理解作品	知道故事角色和发生的事情；按照顺序说出故事情节；能概括故事的主题

思考与讨论

“会用完整的句子回答问题”可以列入“幼儿语言发展评价”哪一个项目中作为比较高的评价标准？

(三) 品德与社会性发展评价

品德主要包括个性品质和道德水平。品德与社会性发展评价的内容包括：自我意识，如独立性、自尊心、自制力、主动性等；情绪情感，如个人情绪控制与调节以及社会情感方面的关心他人、同情心、责任感等；道德行为，如遵守社会规则、礼貌、友爱、诚实、合作等；社会交往，如适应能力、交往能力、人际关系、解决冲突的能力等。

幼儿的品德与社会性发展都是在日常生活和其他教育活动中表现出来的，所以，其评价也主要依靠日常观察而非测量的方法。

幼儿品德与社会性发展评价参见表 9-5。

表 9-5　幼儿品德与社会性发展评价参考表

类　别	项　目	评　价　标　准		
		Ⅰ级	Ⅱ级	Ⅲ级
自我意识	自我认知	知道自己的姓名、年龄、性别	知道自己的爱好	知道自己的优、缺点

续表 9-5

类别	项目	评价标准		
		Ⅰ级	Ⅱ级	Ⅲ级
自我意识	自信心	对完成简单事情或任务有信心	对完成稍有难度的任务有信心	对完成有较大难度或没有做过的事情有信心
	独立性	在教师鼓励和要求下能做事	自己能做的事情不请求帮助	喜欢独立做事情和独立思考问题
	意志力	能有始有终做完一件简单的事	能坚持一段时间完成稍有难度的任务	经常在较长时间内主动克服困难、实现目的
	好胜心	在感兴趣的活动中努力做好	在竞赛活动中努力争取好成绩	做任何事情都努力争取好结果
情绪情感	表达与控制情绪	情绪一般较稳定，经劝说能控制消极情绪	情绪状态较好，一般能自己调解与控制消极情绪	情绪状态良好，能用恰当方式对不同情景做出适宜反应
	爱周围的人	热爱、尊敬父母	亲近班里的老师和小朋友	关心父母、老师和小朋友，喜欢帮助他们做力所能及的事
	爱集体	习惯上幼儿园，愿意参加集体活动	在教师引导下关心班级事情，为集体做好事	能主动关心班里的事，维护集体荣誉
道德行为	礼貌	在成人提醒下能使用礼貌用语	能主动使用礼貌用语	能在不同情境下主动使用礼貌用语，举止文明
	诚实	不说谎话，不随便拿别人的东西	做错事能承认，拾到物品主动交还失主或交公	做错事能承认并努力改正，不背着成人做禁止做的事情
	合作	能与小朋友一起游戏	喜欢与小朋友合作游戏和做事	能成功地与小朋友合作游戏与做事

续表 9-5

类别	项目	评价标准		
		Ⅰ级	Ⅱ级	Ⅲ级
道德行为	遵守规则	经提醒能遵守规则	能自觉遵守规则	能自觉遵守并维护规则
社会交往	与教师交往	对教师的主动交往能做出积极反应	有时能主动与教师交往	常主动与教师交往
	与客人交往	见到客人不害怕、不回避	对客人的主动交往有积极反应	能主动与客人交往
	与小朋友交往	对小朋友的主动交往能做出积极反应	有时能主动与小朋友交往	经常主动与小朋友交往
	解决冲突	与小朋友发生冲突时经成人帮助能和解	能用适宜的方式自己解决与小朋友的冲突	能帮助解决其他小朋友之间的冲突

思考与讨论

表 9-5 所列项目中，哪些属于个性品质方面的内容？哪些属于社会情感方面的内容？

（四）艺术感受与表现能力发展评价

幼儿对艺术的感受和表现能力即幼儿感受美和表现美的能力，包括对周围大自然和文学艺术的感受力、理解力，对音乐的感受力、理解力、表现力，对美术作品的感受力、理解力，用线条、构图、色彩、剪贴、折纸、泥土等进行创造和表现的能力等。

（五）习惯与自理能力发展评价

幼儿的习惯与自理能力发展评价的内容包括：生活习惯，如穿衣、进餐、如厕、个人卫生、环境卫生等；学习习惯，如学习兴趣、注意力、学习主动性等；自我保护能力，如躲避危险、安全意识等。

幼儿的习惯与自理能力是在日常生活和其他活动中表现出来的，所以，对这方面的评价需要在长期日常生活和其他活动中进行观察才能得出结论。

幼儿习惯与自理能力发展评价参见表 9-6。

表 9-6 幼儿习惯与自理能力发展评价参考表

类别	项目	评价标准		
		Ⅰ级	Ⅱ级	Ⅲ级
生活习惯	穿衣	能自己穿简单衣裤	能自己系扣子、拉拉链	会系鞋带，能穿各式各样的衣服
	进餐	能用勺子进餐，会清理桌面	会用筷子进餐，保持桌面整洁	进餐时保持桌面和衣服干净
	如厕	能自己如厕	大小便自理，便后会冲水	便后能整理好衣服
	个人卫生	在提醒下能做到饭前便后洗手	饭前便后主动洗手，会用手帕	经常保持手脸干净、服装整洁
	环境卫生	会收拾玩具，不随地大小便	能将果皮、纸屑放在指定地方	在公共场所不乱丢废物，不乱涂乱画
学习习惯	学习兴趣	对新奇事物感兴趣	对较多活动感兴趣，会问“为什么”	喜欢动手摆弄、自己寻找问题答案
	注意力	在学习活动中需要提醒、暗示	在学习活动中能自己调整注意力	在学习活动中能保持注意力集中
	学习主动性	经老师提醒能完成任务	能完成任务	能主动按时完成任务
自我保护	躲避危险	不玩、不触摸危险品	知道躲避危险	不独立上街，上街不乱跑
	安全意识	能意识到危险	知道避开危险	知道常见的解决安全问题的方法

思考与讨论

根据第七章、第八章学习的内容，结合你自己的理解，谈谈除了表 9-6

中列出的项目，幼儿需要养成的生活习惯和学习习惯还有哪些方面？

二、教师工作评价

思考与讨论

什么是教师工作评价？它包括哪些方面的内容？

（一）师德师风与科学理念评价

1. 师德师风

具有坚定的政治信仰，按照“四有”好教师标准履行幼儿园教师职业道德规范，爱岗敬业，关爱幼儿，严格自律，不发生歧视、侮辱、体罚或变相体罚等有损幼儿身心健康的行为。

思考与讨论

“四有”好教师的标准包括哪些方面的内容？

2. 科学理念

遵循幼儿身心发展规律和学前教育规律，尊重幼儿个体差异，坚持以游戏为基本活动，珍视生活和游戏的独特教育价值。

充分尊重和保护幼儿的好奇心和探究兴趣，相信每一个幼儿都是积极主动、有能力的学习者，最大限度地支持和满足幼儿通过直接感知、实际操作和亲身体验获取经验的需要。

不提前教授小学阶段的课程内容，不搞不切实际的特色课程。

（二）品德启蒙评价

1. 全面贯彻党的教育方针

落实立德树人根本任务，坚持保育教育相结合，将培育和践行社会主义核心价值观融入保育教育全过程，注重从小做起、从点滴做起，为培养德智体美劳全面发展的社会主义建设者和接班人奠定基础。

2. 注重幼儿良好品德和行为习惯养成

将幼儿良好品德和行为习惯养成潜移默化地贯穿于一日生活和各项活动中，创设温暖、关爱、平等的集体生活氛围，建立积极和谐的同伴关系。

帮助幼儿学会生活，养成自己的事情自己做的习惯，培育幼儿爱父母长辈、爱老师同伴、爱集体、爱家乡、爱党爱国的情感。

（三）安全工作评价

保证幼儿的安全，是幼儿教师在教育工作中首先必须考虑的问题。对幼儿教师的安全工作评价主要涉及以下内容：

1. 安全意识

幼儿教师的安全意识淡薄，将导致出现许多幼儿安全问题。表 9-7 列出了教师组织幼儿活动应有的安全意识的要求，教师应经常对照这些要求进行自我评价，以帮助自己树立牢固的安全意识，形成良好的安全习惯。

表 9-7　教师组织幼儿活动有关安全意识评价参考表

活动过程	应具备的安全意识
活动准备过程	制定对于幼儿来说简单明了、切实可行的活动规则，规则中一定要包含安全注意事项
	除了安排专门的活动教幼儿学习如何处理意外事故外，平时要在活动前教幼儿学习一些可能出现的意外事故的处理办法
	常备一些急救药品
	活动前注意检查场地是否安全
活动进行过程	教师在幼儿面前注意安全、正确地使用教具和工具
	注意引导幼儿学习安全的行为方式，改进不安全的行为
	幼儿从事踢球、追逐、攀爬、剪纸等具有一定危险性的活动时，注意面对面地具体指导和做好必要的防护
活动总结过程	注意总结活动准备过程中的安全工作准备情况和活动进行过程中的有关安全事项问题

2. 安全措施

为了防患于未然，幼儿教师必须制定相关安全措施，消除幼儿生活环境如活动室、寝室、盥洗室中的一切不安全因素，确保幼儿安全。

表 9-8 给出了活动室、寝室、盥洗室安全标准，供参考。

表 9-8　活动室、寝室、盥洗室安全标准评价参考表

活动场地	安　全　标　准
活动室	门、窗本身安全，有护窗
	室内装饰材料、家具及其油漆符合环保要求
	室内没有钉子，家具、墙边无棱角
	桌椅牢固、无棱角
	玩具等活动材料无毒、无害，易清洗
	插座、药品等放在幼儿拿不到的地方
寝　室	消毒灯开关安装在幼儿够不着的地方
	通道方便行走
	床的高矮适当
	无小球、小刀等杂物
盥洗室	地面清洁、防滑
	用具无棱角
	热水温度在 70 ℃以下
	消毒、清洁用品放在幼儿拿不到的地方

3. 应急能力

应急能力是发生事故时必备的能力，包括掌握必备的急救知识以及面对事件沉着、冷静的心态；遇小的事故时会自己处理，遇大的事故时先进行急救处理，然后将伤者送往专业医院治疗。

拓展阅读

《幼儿园保育教育质量评估指南》指出，幼儿教师要具有安全保护意识，认真落实幼儿园各项安全管理制度和措施，做好环境、设施设备、玩具材料等方面的日常检查维护，及时消除安全隐患。切实把安全教育融入幼儿一日生活，帮助幼儿学习判断环境、设施设备和玩具材料可能出现的安全风险，增强安全防范意识，提高自我保护能力。

（四）卫生保健工作评价

幼儿园卫生保健工作是幼儿全面发展教育的基础工作。幼儿园卫生保健工作评价主要包括以下几项内容：

1. 是否执行幼儿生活作息制度，幼儿一日活动安排是否合理

表 9-9 给出了执行幼儿生活作息制度和一日活动安排评价参考指标。

表 9-9　执行幼儿生活作息制度和一日活动安排有关评价参考表

评价项目	评 价 标 准
活　动	是否保证了幼儿充足的户外活动时间
	是否保证了幼儿的活动量
	是否给幼儿提供了适当的休息时间
	活动安排是否注意了动静交替
学　习	时间安排是否恰当合理
	活动内容是否符合幼儿的接受水平和身心特点
进　餐	进餐环境是否安静
	进餐前是否组织幼儿进行安静活动
	进餐前是否提醒并组织幼儿洗手
	是否营造了宽松的进餐心理环境

2. 是否为幼儿提供了能确保其健康的卫生环境

表 9-10 给出了是否为幼儿提供了能确保其健康的卫生环境的评价指标。

表 9-10　为幼儿提供确保其健康的卫生环境有关评价参考表

评价项目	评 价 标 准
室内卫生	定时开窗、通风换气，保持室内空气流畅、无异味
	室内干净、整洁，物品摆放整齐，无异味

续表9-10

评价项目	评　价　标　准
室内卫生	厕所清洁通风，随时打扫、定时消毒；便桶每次用后及时倾倒、刷洗干净，每日用消毒液浸泡
	玩具保持清洁，至少半个月清洗、消毒一次
	水果洗净削皮后再吃，饭桌先用消毒液擦洗，再用清水擦洗干净
	活动室内外墙体、窗台、卫生间墙面、地面、水池四周无污迹
幼儿个人卫生	个人卫生用品摆放整洁，专人专用，不相互污染
	饭前便后用肥皂和流动清水洗手，经常保持双手清洁
	饭后漱口，大、中班幼儿每天早晚刷牙
	随时喝到干净的饮用水
	各种卫生用品干净，便于取用
	定期洗头、洗澡
	每周剪手指甲一次，每两周剪脚趾甲一次
	保持幼儿服装整洁，衣服、被褥、床单勤洗勤换
	室内明亮、采光好；看电视时与电视屏幕的距离不小于电视对角线的六倍，一次时间不超过半小时，电视机安放高度适中

除了以上要求，幼儿教师还应具有传染病防控常识，认真落实传染病报告制度，具有快速应对和防控处置能力。

（五）教育活动的设计与组织评价

具体地讲，教育活动的设计与组织评价包括对教育活动的目标、内容、组织、效果以及教育技能几个方面的评价。

教育活动的设计与组织评价，应当根据《幼儿园工作规程》的要求，吸收新的教育理念、教育改革成果，结合参评幼儿园实际情况开展。

表9-11给出了一份教育活动设计与组织评价标准，供参考。

表 9-11　教育活动设计与组织有关评价参考表

评价项目	评 价 标 准
活动目标	根据幼儿的年龄特点和实际水平，设立相应的知识目标、能力目标、情感教育目标
	目标的设立明确具体、操作性强，体现一定的层次和梯度，能满足不同发展水平的幼儿的需要
	目标的确立体现素质教育的要求，保证幼儿德智体美劳全面发展
活动内容	根据幼儿的年龄特点和发展水平选择相应的活动内容；活动内容难易适中、容量恰当
	活动内容符合素质教育的要求，做到科学性与教育性有机结合
	活动以游戏为主线，内容丰富，形式多样，富有情趣
活动组织	根据活动需要创设环境，场地宽敞、整洁
	根据活动需要提供适用的操作材料，材料安全、卫生，便于操作，幼儿取放自由；充分利用废弃物
	严格遵守幼儿一日常规，不随意打乱作息时间；各项活动时间安排合理、衔接自然，无拖延等待现象
	活动形式多样，根据需要选择集体活动、小组活动、个别活动等形式，做到动静交替、室内外交替
	活动面向全体，突出幼儿的主体地位，尽可能为幼儿自主活动提供机会；幼儿情绪积极愉快，动手动脑
	教师发挥主导作用，具有教育智慧，专业技能运用娴熟，师幼互动和谐、民主
活动效果	幼儿对活动有兴趣，积极参与，正确运用感官感知事物，思维活跃，注意力集中，回答问题积极踊跃
	幼儿能熟练规范地使用常用的生活、劳动、学习工具及各种材料，动作发展协调
	活动巩固和强化了幼儿一日生活常规，对幼儿养成良好生活、学习和卫生等习惯有促进作用
	活动中，师幼感情融洽、配合默契、交往活跃和谐、合作愉快

续表9-11

评价项目	评价标准
教育技能	教师普通话标准，语言表达准确、规范、恰当
	教师能恰当地运用示范、演示等教学方法引导幼儿主动学习
	教师的教育方法机智灵活，有吸引幼儿注意和提高幼儿学习兴趣的个人技能
	能根据教育内容，对幼儿自然地进行品德教育

以上是针对某一项教育活动的设计与组织进行评价的参考标准，实际评价过程中，也可以以一日或者半日活动为单位，对教师的教育活动设计与组织进行评价。

（六）对幼儿的管理评价

幼儿教师对幼儿的管理水平体现在管理幼儿时的态度与方式上，也体现在幼儿的习惯养成和综合素质的发展上。所以，评价教师对幼儿的管理可以从师生关系和幼儿活动常规管理等方面着手。其中，常规管理情况的评价，可以从教师如何引导幼儿制定活动规则、怎样执行规则，以及教师处理幼儿冲突的能力等方面去考察。

教师与幼儿的关系及教师处理幼儿之间冲突能力评价参见表9-12。

表9-12 教师与幼儿的关系及教师处理幼儿之间冲突能力评价参考表

评价项目	评价标准
教师与幼儿关系	赏识幼儿，鼓励幼儿的点滴进步
	与幼儿交谈时总是态度和蔼、语气柔和
	蹲下来与幼儿平等对话，倾听幼儿的意见
	能开放地接受幼儿的各种情绪反应
	坚持原则但又能宽容幼儿的过错
教师处理幼儿之间的冲突	事先调查事情的前因后果
	引导幼儿学会自我控制，学会根据活动规则或常规要求自己解决问题
	及时制止可能产生不良后果的行为
	尊重规则，但解决问题时其重点不放在追究责任上
	少质问、少说教、少惩罚

拓展阅读

师幼互动

《幼儿园保育教育质量评估指南》指出，幼儿教师要保持积极乐观愉快的情绪状态，以亲切和蔼、支持性的态度和行为与幼儿互动，平等对待每一名幼儿；支持幼儿自主选择游戏材料、同伴和玩法，支持幼儿参与一日生活中与自己有关的决策；认真观察幼儿在各类活动中的行为表现并做必要记录，根据一段时间的持续观察，对幼儿的发展情况和需要做出客观全面的分析，提供有针对性的支持。不急于介入或干扰幼儿的活动；重视幼儿通过绘画、讲述等方式对自己经历过的游戏、阅读图画书、观察等活动进行表达表征，能一对一倾听并真实记录幼儿的想法和体验；善于发现各种偶发的教育契机，能抓住活动中幼儿感兴趣或有意义的问题和情境，能识别幼儿以新的方式主动学习，及时给予有效支持；尊重并回应幼儿的想法与问题，通过开放性提问、推测、讨论等方式，支持和拓展每一个幼儿的学习；理解幼儿在健康、语言、社会、科学、艺术等各领域的学习方式，尊重幼儿发展的个体差异，发现每个幼儿的优势和长处，促进幼儿在原有水平上的发展。不片面追求某一领域、某一方面的学习和发展。

（七）环境创设工作评价

幼儿园环境创设工作评价包括对物质环境创设的评价和对精神环境创设的评价。其中，对幼儿园物质环境创设的评价涵盖量的评价和质的评价两个方面，量的方面主要评价幼儿园物质环境各要素是否齐全、各种物资配备是否达标，质的方面主要评价所配备物质要素的质量水平。对幼儿园精神环境的评价重点在于是否有助于幼儿心理健康并形成和发展健康、个性、积极的社会性行为等方面。

幼儿园环境创设工作评价参见表 9-13。

表 9-13　幼儿园环境创设工作有关评价参考表

环境类型	评价项目		评　价　标　准
物质环境	墙饰布置		教育性强，幼儿的参与性强
			能反映近期教育主题及线索
			布局美观，富有童趣
			家园联系栏内容设计适当、清晰
	活动区角		内容丰富，有教育性
			标识明确，有启发性
			布局美观，便于幼儿观察、操作
			体现班级年龄特点
			有自制物，有可供利用的废旧物
			有多个区角，相互无干扰，材料适时更换
	图　书	整　体	全园(班)图书拥有量、人均拥有量达标
		读书区图书	图书种类多、适宜儿童
			书中主角容易得到幼儿的认同
			书中情景让幼儿熟悉或感兴趣
			图画和文字比例适当
			插图色彩搭配协调
			文字和插图都生动、有趣
			有圆满的结局
			有正面教育意义
			故事简短，最好一次可以读完
精神环境			幼儿园及班级气氛温暖、宽松、和谐、向上，充满爱和关心
			有利于幼儿德智体美劳各方面发展
			有助于幼儿自我概念、自信心的发展
			能激发幼儿的兴趣和内在的学习动机
			有利于鼓励幼儿探索与创新
			尊重幼儿个性权益，注重培养幼儿的良好品质

（八）与家长的合作工作评价

幼儿教师的家长工作评价涵盖的项目很多，其中，主要包括平时与家长的沟通、家长会、家长开放日、家长学校工作、吸引家长参加幼儿园活动等方面的评价。

表 9-14 列出了上述几个方面的评价标准，供参考。

表 9-14　教师家长工作有关评价参考表

评价项目	评价标准
平时与家长的沟通	准确地向家长介绍本园、本班教育教学情况
	主动与家长交流幼儿在园情况
	就家长对幼儿园工作的意见和建议及时改进并反馈
	与家长交流时态度和蔼、方法得当，与家长建立平等互信关系
家长会、家长开放日、家长学校工作	对家长指导和引导工作的积极性与质量
	是否注意对家长进行教育常识的培训
吸引家长参加幼儿园活动	家长参加幼儿园活动的频率
	家长参加幼儿园活动过程中的参与度
	是否为家长提供分享育儿经验的机会

第三节　幼儿园教育评价的原则、方式、方法、步骤

本节中，除了给出幼儿园教育评价的基本原则、基本方式、基本方法与步骤外，还专题介绍幼儿园教育评价中应当注意的问题，以促进幼儿园教育评价科学化、规范化、合理化。

一、幼儿园教育评价的基本原则

《幼儿园保育教育质量评估指南》提出的幼儿园教育评价的基本原则包括以下四个方面：

第一，坚持正确方向。坚持社会主义办园方向，践行为党育人、为国育才使命，树立科学评价导向，推动构建科学保育教育体系，整体提升幼儿园办园水平和保育教育质量。

第二，坚持儿童为本。尊重幼儿年龄特点和成长规律，注重幼儿发展的整体性和连续性，坚持保教结合，以游戏为基本活动，有效促进幼儿身心健康发展。

第三，坚持科学评估。完善评估内容，突出评估重点，改进评估方式，切实扭转"重结果轻过程、重硬件轻内涵、重他评轻自评"等倾向。

第四，坚持以评促建。充分发挥评估的引导、诊断、改进和激励功能，注重过程性、发展性评估，引导办好每一所幼儿园，促进幼儿园安全优质发展。

二、幼儿园教育评价的基本方式

《幼儿园保育教育质量评估指南》提出的幼儿园教育评价的基本方式包括以下三个方面：

第一，注重过程评估。重点关注保育教育过程质量，关注幼儿园提升保教水平的努力程度和改进过程，严禁用直接测查幼儿能力和发展水平的方式评估幼儿园保育教育质量。

第二，强化自我评估。幼儿园应建立常态化的自我评估机制，促进教职工主动参与，通过集体诊断，反思自身教育行为，提出改进措施。同时，有效发挥外部评估的导向、激励作用，有针对性地引导幼儿园不断完善自我评估，改进保育教育工作。

第三，聚焦班级观察。通过不少于半日的连续自然观察，了解教师与幼儿互动情况，准确判断教师对促进幼儿学习与发展所做的努力与支持，全面、客观、真实地了解幼儿园保育教育过程和质量。外部评估的班级观察采取随机抽取的方式，覆盖面不少于各年龄班级总数的三分之一。

三、幼儿园教育评价的基本方法

评价方法主要是指收集评价信息和处理评价信息的方法。幼儿园教育评价的基本方法主要包括观察法、访问谈话法、问卷调查法、档案评定法、测验法、统计分析法等。这些方法既可以单独选用，又可以综合运用，评价者要根据评价目的，结合自己的实际需要来选择。

（一）观察法

观察法是评价者在自然条件下对评价对象进行有目的、有计划的直接感知、记录，通过分析感知、记录的信息而获得结论的一种评价方法，是幼儿园教育评价中最基本的方法。

1.连续观察法

连续观察法也称日记法，既可用来评价幼儿发展，又可用来评价教师工作。例如，在评价幼儿发展时，对于幼儿自然表露的行为，只要评价者认为是有助于判断幼儿发展情况的，就可以用文字、录音、照相、摄像等方式真实地记录下来，通过分析研判记录的信息对幼儿发展状况做出评价。记录时间的长短和内容多少的取舍，可以根据评价的需要确定。时间上，教师可以从幼儿一入园就开始记录，连续半年、一年不等，或者选取幼儿入园后的某一阶段；内容上，可以包括幼儿的一切言行、情绪，活动特点及背景，成人态度及孩子反映等，也可以只侧重于某一方面的记录。

2.时间取样观察法

根据评价项目的要求，在规定的时间段采集观察对象的信息的方法，即时间取样观察法。这种观察方法，既适合于单一评价项目所需采集信息的观察，如一周内每天自由活动时间专门观察记录“幼儿的友好行为或攻击行为”，又适合于对评价对象进行综合评价所需信息采集的观察，如一周内每天生活活动时观察“幼儿的生活卫生习惯、行为习惯以及幼儿性格等的表现”，或每周随机三次观察“青年教师语言、教态以及引导幼儿共同进行探究活动”的情况。

运用时间取样观察法观察评价幼儿或教师时，要注意事先编制好观察记录表，以便于观察时记录。

利用时间取样观察法可以在很短时间内有目的地获取大量有关情况的资料，但是，有些被观察者的表现可能在我们未确定的时间内出现，因此会有遗漏的现象，这也是时间取样观察法的缺陷。

3. 事件取样观察法

观察者事先确定观察目的，根据观察目的选择某种或某类事件作为观察目标，当事件一出现时即进行观察并记录的方法，即事件取样观察法。这种观察法是针对事件的发生、发展、结束进行观察和记录，不预先规定观察时间，没有时间限制。

4. 行为核查法

评价者事先将要观察的行为编制好表格，然后检查行为是否出现，或行为表现的等级如何，并在观察记录表格所选的等级上做标记。例如，要评价幼儿的日常生活卫生习惯，教师就可以列出幼儿生活卫生习惯行为核查表，对幼儿日常生活卫生习惯进行评价。

这种方法一般用于幼儿发展和教师工作上一些非常外显的行为表现的评价。

5. 情景观察法

情景观察法又称情景测查法，是指观察者根据评价项目的要求，创设一定的情景，将被评价对象置于该情景中，观察其相应的表现并做出记录。例如，要了解幼儿的动手能力，就可以给幼儿提供一定量的材料及相应的工具，然后观察幼儿利用工具和材料的表现。

上面介绍了几种观察法，在实际运用过程中，不论采取哪种观察法，都要注意严格遵守客观性原则、采用恰当的记录方法、一人以上的观察结果应进行一致性检验。此外，对幼儿进行观察时，要将平时的观察记录和日常生活中与幼儿的谈话、交往及活动作品等结合起来；对教师工作进行评价时，要将平时在研讨、听课、交谈等活动中观察到的情况与学期末的阶段评价相结合。

思考与讨论

在同一时间段甚至是同一时间点，对同一观察对象开展的同一观察项目，不同的观察者往往会得出不同的观察结论，你能说出其中的原因吗？

（二）访问谈话法

访问谈话法简称谈话法，是通过与评价对象面对面的交谈收集评价信息的方法。访问谈话可分为个别谈话、团体谈话，临床谈话（即具备诊断与心理治疗双重功能的谈话），标准谈话、自由谈话等。

运用谈话法，能使评价者有机会依据评价要求获得广泛且详细的资料，补充其他方法收集资料上的不足，还可以使评价者有机会验证其他方法收集的评价信息是否真实可靠。此外，评价者在谈话中可以观察被评价对象的反应，从而加深对被评价对象的了解。当然，谈话法也有其自身的不足，如时间和精力花费多、所获得信息的可靠程度容易受谈话对象影响等。

运用谈话法时，评价者要事先拟定谈话内容，拟好谈话问题，评价者在与被评价者谈话时可采用文字、录音、视频等记录的方式将谈话资料记录保存下来。为了促成谈话取得积极效果，事先要注意考虑访谈对象的兴趣是什么、访谈对象对谈话中的哪些问题有所考虑并愿意回答、访谈对象能提供哪些与评价相关的信息、访谈对象的语言理解力如何等问题。

在对幼儿园教育评价尤其是对幼儿发展评价中，谈话法被广泛使用。例如，通过访问教师，可以了解幼儿发展上的大致特点；通过访问家长，可以了解幼儿在家的表现；在比较轻松自然的谈话氛围中就某方面的主题与幼儿展开谈话，可以更加直接地感受幼儿发展情况。

（三）问卷调查法

问卷调查法简称问卷法，是由评价者根据评价目的，向被调查对象发放问卷，要求被调查者以书面形式提供给评价者有关情况的一种广泛收集评价信息的方法。问卷法简便易行，能在较短的时间内收集到许多被评价者的较为广泛的材料，还便于统计分析，在幼儿园教育评价中被广泛应用于对家长和教师的调查。

要保证问卷法实施的质量，其中重要一环是设计与编制好问卷。一般来讲，问卷中调查题的形式有选择题、排序题、填充题、问答题等，选择题和排序题是由问卷编制者提供选择性答案的封闭性调查题，填充题和问答题是被调查者可以自由作答的开放性调查题。确定了调查题目的形式后，编拟具体调查题时要考虑使用什么样的词汇比较适合调查对象，怎样陈述才有利于调查对象的理解和回答，才能排除调查对象受到某种暗示的影响等因素。设计好题型、拟定好题目，按照调查要求配置问卷结构时，要注意在问卷标题之下，首先要有导语，以解释调查的目的和提供问题的方针，然后根据评价要求确定调查项目的数量和项目与题目的编排顺序，作答时间一般应控制在半小时以内。

（四）档案袋评定法

档案袋评定法简称档案评定法，是在 20 世纪 80 年代西方中小学评价改革运动中形成和发展起来的一种评价方式。简单讲，档案评定法是指将对被评价者的观察记录、测评表以及有关被评价者生活、学习、成长情况的相关资料收集起来，进行合理的分析和研判，从而了解被评价者的特点和状况，以及被评价者在发展过程中的努力、进步与成就。

在幼儿发展评价中采用档案袋评定法，一般要事先准备好幼儿成长记录袋作为档案袋。成长记录袋中收集的资料主要有：作品样本，如幼儿的绘画、泥塑、自制玩具等实物或影像资料，幼儿自编故事和表演节目的音、视频资料；观察记录，如文字记录及反映幼儿活动情况的影像资料；各种测验和调查的结果，如幼儿生长发育及体质测验数据、幼儿智能测验数据、幼儿提问记录、幼儿在家情况调查结果等。

档案袋评定法为幼儿发展评价和教师工作评价提供了真实而又丰富的信息，促进了评价的准确性，在使用这种方法进行评价时，要加强资料收集的计划性，同时，要让被评价者参与材料的收集，使材料更加全面、翔实，从而提高评价的透明度和说服力。

（五）测验法

测验法是针对评价对象和评价项目，运用教育测量的理论和方法编制或选择科学的测评量表（简称测量表），对评价对象进行测验，以获取评价信息的一种方法。

在采用测验法开展幼儿教育评价时，可以采用他人编制好的相应测量表。目前国内外已有一些成形的幼儿教育评价及教师工作评价的单项测验和综合评价测量表可供选择，如测量幼儿智力发展的《中国-韦克斯勒幼儿智力量表》等。也可以根据评价项目的要求和有关规范，结合本园实际，自行编制测量表。

无论是选用他人的测量表还是自行编制测量表，都要注意考量测量表的以下几个指标：第一，测验的信度，即测验的可靠性，一个好的测量工具必须稳定可靠，即多次测量结果要保持一致，否则摇摆太多、太大，便不可信；第二，测验的效度，即采用这个测量表进行测验，是否测到了它所想要测验的内容，其程度如何；第三，测验的难度，即测验的难易程度；第四，区分度，即同一个项目的测验对于不同水平的被测对象加以区分的程度，如果某项目的测验得高分的被测对象实际水平也高，得低分的被测对象实际水平也低，则该项目的测验区分度就高。

（六）统计分析法

统计分析法是指评价者按照一定的评价目的，建立起一定的评价指标体系，并通过观察、测验、调查等方法获取相关的数据资料，对这些数据进行分析处理，反映并揭示事物的本质属性，发现其规律。

统计分析法主要包括描述统计法和推断统计法，其中描述统计法是最基本的方法，它通过计算数据的集中趋势和离散趋势、相关系数等来反映数据的特征状况。

1. 集中趋势分析

代表一组数据典型水平或集中趋势的量数叫作集中量数，它反映的是数据大致趋向于某一点的情况。常用的集中量数是算术平均数，此外还有中位数等。例如，比较两个大班中幼儿身高、体重等生长发育水平，没必要将每位幼儿的身高、体重一一做比较，只要将能代表两班幼儿身高、体重发育水平的平均数对照，就能一目了然。

2. 离散趋势分析

对于一组数据，光用集中量数来描述是不全面的，最好同时再用表示一组数据的变异程度或离散程度的量数即差异量数加以描述。差异量数有几种表达形式，其中标准差是表示一组数据差异程度时最常用的差异量数。

关于统计分析法的具体计算方法，教育统计学中有详细介绍，有兴趣的同学可以进行深入学习。

思考与讨论

请同学们在老师指导下，通过查找资料、自学等方式，了解标准差的含义。

应当指出的是，上述幼儿教育评价的方法多数既可用来评价他人，又可用来自我评价，即评价者自己按照要求收集资料，对照要求进行自我剖析和评价。在幼儿园教育工作中，教师一般都能做到引导幼儿按照幼儿园教育的基本要求进行自我评价，从而引导幼儿建立自我反省意识，提升自我教育、自我发展的主动性和积极性，促进幼儿在反思中又好又快地成长。同时，教师也要经常对照幼儿园教育工作的要求，如对照一日活动组织与评价的标准，回顾、评价自己每天组织教育活动的情况，在反思中不断提高自己的工作质量。

思考与讨论

上述哪几种评价方法既可以用来对他人进行评价，又可以用来进行自我评价？

四、幼儿园教育评价的基本步骤

进行幼儿园教育评价，包括确定评价目标、根据评价目标设计评价方案、实施评价、反馈评价结果等基本步骤。

（一）确定评价目标

幼儿园教育评价目标的确定取决于评价目的，即评价者需要评价什么、被评价者在需要评价的方面需要达到的水平。例如，如果评价者想了解幼儿园教育工作的全貌，就进行全面的评价；如果评价者只想了解幼儿园某项工作如幼儿园卫生保健工作情况，或幼儿某方面发展水平如幼儿智力发展情况，则只要进行这些个别项目的评价即可。再如，如果需要定性评价幼儿的感知能力和思维能力，可参照表 9-3 幼儿感知能力和思维能力评价参考表制定评价标准。

思考与讨论

请制订“幼儿语言发展水平定性评价目标”。

（二）设计评价方案

根据幼儿园评价目标的要求设计评价方案，是实施幼儿园教育评价之前重要的准备工作。评价方案的设计一般从如下几个角度进行：

1. 分解目标，形成指标体系

幼儿园教育是一个大的系统（可称为母系统），这个系统包含着多个侧面、多个层次的小的系统（可称为子系统），各个子系统又包含多项具体的教育活动。从宏观上看，幼儿园教育有相应的总体目标；从微观上看，每项具体的教育活动都有自己具体的目标，而且每一层次的目标都可以分解，进而使幼儿园教育目标形成一个多层次的目标体系。分解后的目标体系中，处于最低层次、具有可操作性的目标具有指标性质，可以作为教育评价的指标。这样一来，幼儿园的目标体系便转化成幼儿园教育评价体系。

值得一提的是，具体的指标只能反映目标的某一方面或一部分，并不能反映总目标，只有整体指标体系才能反映出幼儿园教育的整体水平。

2. 界定标准，形成标准体系

通过分解幼儿园教育目标，使其变成可以测量的指标，最终形成幼儿园教育评价的指标体系。幼儿园教育是否达到了这些指标、达成度如何，还需要做出一定的价值判断，这就必须制定一个判断标准。

幼儿园教育评价标准或标准体系，是对评价对象的各项指标达到要求的程度在数量和质量方面进行价值判断的准则和尺度。在进行幼儿园教育评价时，必须以科学的态度认真做好制定幼儿园教育评价标准的工作，使幼儿园教育评价科学化、标准化，以促进幼儿园教育评价顺利进行。

3. 形成计量体系

幼儿园教育评价的计量是用评价标准对评价对象进行测定的过程。幼儿园教育评价的计量过程通常由以下两个基本要素构成：一是加权，即根据指标体系中各项指标的重要程度赋以一定的权数；二是记分，即根据各项指标所评等级的标度值和权数求得评价分值。加权和记分这两个要素相互联系、互为补充，形成一个有机的整体，这个整体就是幼儿园教育评价的计量体系。

（三）实施评价

1. 有关准备

有关准备工作主要包括两个方面：一是组织准备，即根据评价目的、评价内容等有关要求，成立与之相适应的评价班子如评价小组，评价前要对小组内的人员进行培训，并对参与评价的人员进行分工，使大家在实施评价时能做到各司其职、各尽其责；二是评价工具如评价方案、评价登记表、资料汇总表以及所需标准化测量工具等的准备。

2. 宣传发动

宣传发动的主要目的是统一评价者和被评价者的思想，防止产生消极甚至抵触情绪，使大家能以正常的心态接受评价，积极配合评价工作。

3. 搜集资料

这是评价实施的中心工作，也是最为艰巨的工作，要求评价者以科学的态度、正确的方法和良好的工作状态，尽可能运用多种方法搜集真实客观的数据资料，为科学评价服务。

4. 评分和汇总

在掌握大量有关资料的基础上，评价人员对每一具体的项目进行评分，对多项目的评分进行汇总，并进行初步的统计分析。有些评分和汇总可以上机完成，有些如访谈记录、作品等资料只能分门别类进行整理，以便对比分析。

（四）反馈评价结果

评价人员要对评价结果进行科学分析，写出评价报告，提供给有关人员参考，以促进幼儿园教育质量的提高。

教师教育工作的评价结果应该通过适当的方式反馈给教师本人，以便教师更好地了解自己的工作、及时改进自己的工作。幼儿发展情况的评价结果，除了及时反馈给教师外，还可以有针对性地反馈给幼儿家长，以便其采取积极的应对措施，促进幼儿又好又快地发展。例如，对幼儿身体素质的各项指标进行发展评价后，写出幼儿身体发展水平的报告，反馈给教师和家长，能使教师和家长更准确地了解幼儿的身体素质发展情况，促进教师的健康教育活动，并使家长对幼儿的养育更具有针对性。

五、幼儿园教育评价应该注意的问题

从 20 世纪 80 年代开始，我国幼儿园教育评价工作越来越受到关注，并逐渐成为幼儿园提高教育质量的重要管理手段。但是，从幼儿园教育的客观现实来看，幼儿园教育评价还存在着许多问题。为了尽可能避免出现评价的消极性，评价者应当注意如下几个方面的问题：

（一）树立正确的评价观

通过前面的学习，我们可以看出，幼儿园教育评价就是一种幼儿园教育的价值判断，以什么样的评价观为指导，就会导致什么样的评价结果。因此，在进行幼儿园教育评价的过程中，评价者在评价目的的确定、评价方案的制订、评价过程的实施、评价结果的运用等诸方面都要树立正确的评价观念。

（二）与日常教育工作相结合

《幼儿园教育指导纲要（试行）》指出，幼儿园教育评价应在日常活动与教育教学过程中采用自然的方法进行。这是因为，幼儿园教育评价并不是超越幼儿园日常工作的额外工作，它本身就是教育过程的一个重要环节，只有这样做才能保证评价信息的真实可靠。幼儿园或教师在评价幼儿的发展时，应随时观察幼儿的表现、及时调整教育行为；幼儿园评价教师时，要随时关注教师施教的情况，并进行评价。此外，将评价融入幼儿园日常工作，并不排斥某一阶段结束后的集中评价，两者应互为补充。

（三）充分、合理地运用评价结果

充分、合理地运用评价结果，是避免评价消极性、促进评价积极性的重要一环。教师在运用对于幼儿发展水平的评价结果时，要注意避免给幼儿发展带来消极影响。例如，要全面了解幼儿的发展状况，防止评价片面性，尤其要避免只重知识和技能，忽略情感、社会性和实际能力的倾向；要承认和关注幼儿的个体差异，在幼儿面前慎用横向比较，避免用划一的标准评价不同的幼儿；要以发展的眼光看待幼儿，既要了解现有水平，又要关注其发展的速度、特点和倾向等；明确评价的目的是了解幼儿的发展需要，以便提供更加适宜的帮助和指导，不可给幼儿乱贴标签，更不能将不成熟的评价结果公之于众。对教师工作的评价结果的发布方式要注意个别化，不能随意公布。应注意利用评价的诊断功能，引导教师通过评价发现自己的长处和不足，促进教师的成长。

思考与讨论

请查阅《幼儿园教育指导纲要（试行）》，说说幼儿园教育评价中，教育工作评价应重点考察哪些方面？

作为本章最后的内容，下面的“拓展阅读”介绍了“现代幼儿园教育评价的变化趋势”，如果大家认真阅读，相信对于更好地开展幼儿园教育评价会有积极的作用。

拓展阅读

现代幼儿园教育评价的变化趋势

一、评价功能的变化

注重评价在教育过程中的价值，评价的过程就是学习的过程；不仅将评价的标准作为一个目标，而且可以告诉被评价者应该怎么达到这个目标；评价的结果主要用来指导被评价者改进自己的行为；评价者和被评价者的关系从相互对立或紧张戒备的状态变为相互尊重、协同合作的关系；评价的方式从注重他人评价向注重自我评价发展。

二、评价目标的变化

以发展的眼光看待幼儿和教师，重视促进每一位幼儿和教师都获得最佳的发展。评价不是“选拔适合教育的儿童”，而是“创造适合儿童的教育”；评价不是“鉴别教师的优劣”，而是“促进教师不断成长”。

三、评价内容的变化

指标和标准应该具有多样性。根据不同的心理学、教育学理论依据建构的评价，有利于适应不同的情况；只要有利于促进人的发展，符合教育发展规律的评价，都是可以尝试的。

评价时应该全面、客观、辩证、科学地看待幼儿发展和教师的教育工作。例如，为适应社会对幼儿综合发展与终身发展的要求，评价的功能不应只是检查幼儿知识、技能的掌握情况，更应关注幼儿掌握知识、技能的过程与方法，以及与之相伴随的情感态度和价值观的形成；要承认和关注幼儿的个体差异，避免用整齐划一的标准教条地评价不同的幼儿，在幼儿面前慎用横向的比较。同时，评价内容也拓展到幼儿园教育的各个方面，如将教师与幼儿人数的比例、教师资格和受培训的情况、教育活动组织的情况、幼儿的发展状况等都纳入评价范畴，进行综合评价。

四、评价方法的变化

注意评价方法的多样化，采取定性与定量评价相结合的评价模式，注重评价过程中人文因素的影响。

五、评价类型的变化

在评价中，既要注意教育工作的客观效果如何，又要考察教师是怎样达到这样的效果的，幼儿在这一过程中又是怎样变化发展的；将对教育工作结果的评价与对教育工作过程的评价结合起来，对幼儿学习与发展结果的评价与幼儿学习过程的评价结合起来。

这里的教育工作过程包括以下几层含义：一是教师是如何遵循幼儿的身心发展特点，设计与组织适当的教育活动，达到教育效果的；二是在教育活动过程中幼儿是如何学习和发展的，教师又是怎样引导幼儿主动学习，并形成良好的个性、品德、情感的；三是教育工作过程中各要素对幼儿全面发展教育的整体影响如何。

六、评价主体的变化

重视参与与互动，自评与他评相结合，实现评价主体多元化。新的评价观念在强调全员（管理人员、教师、幼儿和家长）参与评价的同时，注重自我评价在促进人们客观地认识自我，不断地寻找新的生长点，获得在现有基础上的自我主动发展，以及弘扬民主气氛，增强主人翁意识，密切幼儿、教师之间的关系和幼儿园与教师的关系中的重要性。

本章作业

一、复习本章内容，列出本章内容四级目录总结表

二、填空题（将下列各题的正确答案填在横线上）

1. 幼儿园教育评价对幼儿园教育工作具有____作用、____作用、____作用和____作用。

2. 按照被评价对象分类，幼儿园教育评价主要分为____发展评价和____工作评价。

3. 按照评价功能的不同，幼儿园教育评价分为________评价、________评价和________评价。

4. 按照评价的主体不同，幼儿园教育评价分为____评价和____评价。

5. 保证____________是幼儿教师在教育工作中首先必须考虑的问题。

6. “四有”好教师包括________、________、________和________四个方面。

7. 幼儿园教育评价中最基本的方法是________。

8. 在调查问卷中，________和________属于封闭性调查题，________

和________属于开放性调查题。

9.统计分析法主要包括____________和____________，最基本的统计分析法是____________，它通过计算数据的________、________和________来反映数据的特征情况。

10.对幼儿园教育评价，最好在________和________过程中采用________的方法进行。

三、判断题(正确的填“√”，错误的填“×”)

1.相对评价的平均水平以有关法律法规颁布的水平为基准。(　　)

2.定性评价和定量评价最直观的区别在于评价结果的表述形式不同。(　　)

3.幼儿健康与动作发展水平评价包括生长发育水平评价和大、小肌肉动作发展水平评价。(　　)

4.引导幼儿扣纽扣、系鞋带，主要训练幼儿大肌肉穿、折动作发展。(　　)

5.幼儿的品德与社会性发展水平主要采取定量评价方式。(　　)

6.幼儿的习惯与自理能力主要采取定量评价方式。(　　)

7.评价幼儿教师对幼儿的管理可以从师生关系和幼儿生活常规管理方面着手。(　　)

8.教师能够蹲下来与幼儿对话、倾听幼儿的意见，说明教师认识到自己与幼儿在人格上是平等的。(　　)

9.临床谈话是具有诊断和心理治疗双重功能的谈话。(　　)

10.制订幼儿园评价方案时，要做好从指标体系到标准体系最终形成计量体系几个方面的工作。(　　)

四、选择题(将正确选项的代号填在括号中，每题可能有一个或多个正确选项)

1.下列评价中，属于相对评价的是(　　)，属于绝对评价的是(　　)，属于个体内比较评价的是(　　)。

A.某幼儿体重在班级同学体重中所占名次

B.某幼儿实际体重与国家标准体重的比较

C. 某幼儿学期开学与结束时体重变化比较

2. 下列评价中，属于诊断性评价的是（　　），属于形成性评价的是（　　），属于总结性评价的是（　　）。

A. 幼儿入园时教师对幼儿在感知、动作、语言方面的评价

B. 对幼儿接受某课程阶段性教育后发展情况进行的评价

C. 幼儿园完成某项集体活动后进行的评价

3. 下列不属于认知发展能力评价的是（　　）。

A. 观察能力评价　　B. 思维能力评价

C. 知识经验能力评价　　D. 社会交往能力评价

4. 下列评价中，不属于幼儿语言发展能力评价的是（　　）。

A. 倾听　　B. 发言　　C. 理解作品　　D. 推理

5. 下列属于幼儿品德与社会发展能力评价的是（　　）。

A. 自我意识　　B. 情绪情感　　C. 道德行为　　D. 交流判断

6. 教师解决幼儿间冲突的下列做法中，不正确的是（　　）。

A. 引导幼儿自我克制

B. 及时制止可能产生不良后果的行为

C. 为了培养幼儿的规则意识，解决问题的重点在责任追究

D. 少质问、少说教

7. 下列对幼儿园图书方面的评价不科学的是（　　）。

A. 全园图书拥有量和人均图书拥有量达标

B. 图书种类达标

C. 图书中文字和图画比例适当，文字和插图生动有趣

D. 故事情节起伏波折、复杂多变

8. 下列观察中，（　　）属于连续观察，（　　）属于时间取样观察，（　　）属于行为核查，（　　）属于情景观察。

A. 对某幼儿从入园开始一直观察至期中

B. 一周内自由活动时间专门观察幼儿友好行为和攻击性行为

C. 观察某肥胖幼儿就餐过程中的表现

D. 观察一组幼儿在新设置的漫画图书角 10 分钟内的表现

9. 能为幼儿园教育评价提供最真实的原始资料的评价方法是(　　)。

A. 观察法　　B. 谈话法　　C. 问卷调查法　D. 档案袋法

10. 下列幼儿园教育评价的方法中，既可以用来评价他人，又可以用来进行自我评价的是(　　)。

A. 观察法　　B. 问卷调查法　C. 档案袋法　　D. 统计分析法

五、问答题

1. 什么是幼儿发展评价？它包括哪些方面？

2. 什么是教师工作评价？它包括哪些方面？

3. 幼儿教师的安全工作评价包括哪些方面？

4. 幼儿园教育活动的设计与组织评价包括哪些方面？

5. 幼儿园教育评价的方法有哪些？

6. 在采用测量法进行幼儿园教育评价时，对测量表要注意哪几个方面的指标？

7. 幼儿教育评价主要包括哪几个步骤？

六、实践题

事先联系一所幼儿园，在教师指导下，通过班级讨论，分别选定一份幼儿发展评价标准、一份教师工作评价标准，制定相应评价方法。全班同学分成两组，深入该园，以组为单位分别对幼儿发展、教师工作实施评价，写出评价报告，经带队教师审查后和幼儿园领导、教师座谈，请对方对评价报告进行评价，便于检验评价标准、评价过程、评价结果是否科学、合理。回校后，各组对评价标准和评价方法进行完善，举行一次“幼儿园教育评价”专题研讨会。

参考文献

[1] 中华人民共和国教育部. 幼儿园工作规程. 2016-01-05.

[2] 中华人民共和国教育部. 幼儿园教师专业标准(试行). 2012-02-10.

[3] 中华人民共和国教育部. 幼儿园教育指导纲要(试行). 2001-08-01.

[4] 中华人民共和国教育部. 3—6 岁儿童学习与发展指南. 2012-10-09.

[5] 中华人民共和国卫生部,中华人民共和国教育部. 托儿所幼儿园卫生保健管理办法. 2010-09-06.

[6] 中华人民共和国教育部. 新时代幼儿园教师职业行为十项则. 2018-11-08.

[7] 中华人民共和国教育部. 关于大力推进幼儿园与小学科学衔接的指导意见. 2021-3-30.

[8] 中华人民共和国教育部. 幼儿园保育教育质量评估指南. 2022-2-10.

[9] 陈幸军. 幼儿教育学. 北京:人民教育出版社,2010.

[10] 关永春. 幼儿教育学基础. 北京:中国劳动社会保障出版社,2014.

[11] 杭梅. 五年制高等职业教育幼儿教育专业教学用书·幼儿教育学. 北京:高等教育出版社,2010.

[12] 霍力岩,潘月娟,黄爽,等. 学前教育评价. 北京:北京师范大学出版社,2000.

[13] 李季湄,教育部师范教育司. 幼儿教育学基础. 2 版. 北京:北京师范大学出版社,2017.

[14] 李生兰. 学前教育学. 3 版. 上海:华东师范大学出版社,2014.

[15] 杜克生,刘红,赵永超.实用幼儿教师职业礼仪教程.青岛:中国石油大学出版社,2022.

[16] 陈宝生.国之大计党之大计——新中国教育事业的历史成就与现实使命.人民日报,2019-09-10(13).

[17] 霍力岩.幼儿劳动教育:内涵、原则与路径.福建教育,2018,47:14-19.